SHOUDU
FAXUE LUNTAN

首都法学论坛

（第12辑）

主编　张世君

知识产权出版社
全国百佳图书出版单位

图书在版编目（CIP）数据

首都法学论坛，第12辑／张世君主编，—北京：知识产权出版社，2015.12
ISBN 978-7-5130-3733-4

Ⅰ.①首… Ⅱ.①张… Ⅲ.①法学—文集 Ⅳ.①D90-53

中国版本图书馆CIP数据核字(2015)第202045号

责任编辑： 彭小华　　**责任校对：** 董志英
特约编辑： 程　飞　　**责任出版：** 刘译文

首都法学论坛（第12辑）
SHOUDUFAXUELUNTAN
张世君　主编

出版发行： 知识产权出版社有限责任公司　　**网　　址：** http://www.ipph.cn
社　　址： 北京市海淀区马甸南村1号（邮编：100088）　　**天猫旗舰店：** http://zscqcbs.tmall.com
责编电话： 010-82000860转8115　　**责编邮箱：** pengxiaohua@cnipr.com
发行电话： 010-82000860转8101/8102　　**发行传真：** 010-82000893/82005070/82000270
印　　刷： 北京中献拓方科技发展有限公司　　**经　　销：** 各大网上书店、新华书店及相关专业书店
开　　本： 720mm×960mm　1/16　　**印　　张：** 14
版　　次： 2015年12月第1版　　**印　　次：** 2015年12月第1次印刷
字　　数： 235千字　　**定　　价：** 38.00元

ISBN 978-7-5130-3733-4

首都法学论坛（第12辑）

序

首都经济贸易大学法学院所主办的学术出版物《首都法学论坛》自2005年出版第一辑以来，至今已经过10个年头。10年中，《首都法学论坛》一直伴随着我国法治建设的进程而成长，希望它能对我国的法治建设贡献自己的力量，因此，我们始终在坚持。《首都法学论坛》系列出版物一直致力于对于法学理论与实务前沿问题的探索，在关注学术界最新研究成果的同时，也关心实务界的法治践行状况。本辑也并不例外，所收录的文章集结了近期学术界和实务界的优秀研究成果，期待能够为读者带来收获。

本辑《首都法学论坛》设置了“理论前沿”“实务研究”“法学教育”“法律书评”“青年法苑”“特稿专论”等栏目，作者包含了高校学者、实务精英以及青年学生。在“理论前沿”部分，汇聚了6篇高校学者的研究成果，分别研究了海峡两岸BOT法制建设与完善、政府资助科研项目科技成果的知识产权归属、《联合国国际贸易中应收款转让公约》的优先权规则、事业单位人事关系的法律调整、大学章程建设、合格境内个人投资者权利能力等，研究对象均为当前学界前沿问题，体现了作者敏锐的学术洞察力和深厚的理论功底。“实务研究”栏目收录了由法官、律师、企业法律顾问所撰写的4篇文章，他们运用案例分析、实证分析的研究方法，分别探讨了小额诉讼、商事侵权、保险金赔付、机顶盒侵权等热点法律实务问题。“法学教育”栏目刊载了1篇文章，是高校教学行政管理人员讨论法律硕士招生工作的研究文献。“法律书评“是本卷新设的栏目。刊载了法学后辈对前人法学著作研读后的心得体会。“青年学子”部分收录4篇文章，刊发部分比较优秀的在校博士后、博士研究生、硕士研究生的研究成果，其研究内容均很有借鉴意义。另外，本卷还设立“特稿专论”，拟刊发那些选题新颖、论证充分，但字数较多的长篇学术文章。前述稿件，组成本辑的《首都法学论坛》，供法学界各位同仁批评指正。

本辑《首都法学论坛》的出版与发行得到了首都经济贸易大学、知识产权出版社以及各位专家学者的鼎力支持。最后，请允许我们对所有向《首都法学论坛》供稿的作者以及帮助本书出版的有关人士表示由衷的感谢，正是由于你们的支持才有了《首都法学论坛》的今天。

《首都法学论坛》编委会
2015年6月

目　　录

理论前沿

政府与社会资本合作(PPP)制度的两岸比较研究

苏　南1

《联合国国际贸易中应收款转让公约》的优先权规则及其借鉴

杨　峰　刘先良23

论政府资助科研项目科技成果的知识产权归属

吴春岐　王立争34

大学章程建设：在尊严与变革中奋力前行

焦志勇43

合格境内个人投资者权利能力法律问题研究

李文华　杨明慧　满　鑫51

四维透视：事业单位人事关系的法律调整论

郑文睿59

实务研究

我国小额诉讼制度运行现状的实证分析

胡　波76

保险人与再保险人关于保险金赔付的案例分析

刘文骥88

从律师视角看商事侵权的含义和代理责任

吴　晨96

网络电视机顶盒侵权责任分析

孙　彦104

法学教育

法律硕士(非法学)专业研究生招生问题的思考
刘　影109

法律书评

国家建构中的法理学转型——兼评《立法者的法理学》
孙森森117

青年学子

论备付金的法律性质
张　娜129

仁道司法的内涵及其现代价值
李德嘉137

论孤儿作品的著作权保护
张　云148

特稿专论

论我国的遗嘱信托制度
卢　娜159

政府与社会资本合作(PPP)制度的两岸比较研究

苏　南*

摘要：中国所倡议筹设的亚洲基础设施投资银行及“一带一路”可能会带来庞大商机；成为两岸建设业拓展投资的机会，所以两岸的PPP制度及合同问题殊值探讨。本文探讨两岸PPP制度的立法背景、法律制度、投资合同之比较建议。本文以为，大陆目前调整BOT或PPP方式系以政策法规或部门规章为主，尚未有如台湾的“促进民间参与公共建设法”之专法；PPP法律制度似乎有待健全。相对于台湾目前的社会资本参与公共建设大都采BOT模式进行；而大陆则较多采用BT模式办理，值得台湾借镜。

关键词：PPP　合同　BT　两岸　BOT

一、问题意识

现行海峡两岸经济合作架构协议（ECFA）已于2010年6月29日签订。大陆对台湾诸多宽容经济措施甚高，彼此均积极推动双方协议事项，非但带动两岸进出口活动，对经贸关系发展发生正面效果。惟是否仍有努力的空间？值得探讨与研究，尤其在公共建设的两岸投资法制方面。2012年9月19日第四届 “世界经济调整中的两岸企业合作—从ECFA到两岸共同市场”在南京紫金山举行；达成金融合作和促进两岸产业升级与转型等重要共识。未来大

* 苏南，男，1956年生，台湾嘉义县人，中国政法大学法学博士、台湾云林科技大学教授、台湾交通大学土木工程博士、台湾中正大学法学博士候选人。

陆在推动基础设施建设时，似可参考台湾过去BOT的经验，若能进一步引进台湾资金参与，将能创造两岸项目融资合作契机，共同开发亚太基础建设的庞大商机。未来台湾金融业亦可加强对大陆BOT项目参与，及放宽与台商供应链有关之大陆企业的融资，以促使两岸产业及金融更密切交流[1]。此外，依据台湾“财政部”函[2]，陆资未来可依“促进民间参与公共建设法”赴台投资（非承揽）公共建设，即由大陆企业家带资金赴台投资担任台湾参与公共建设之民间机构(公司)的之股东，而非由其承揽营建工程[3]。而BOT为PPP建设投资制度之最重要类型，故对此议题的两岸比较研究即为本文探讨核心。

我国台湾地区的“政府”与社会资本合作(台湾称为公私协力)制度约经15年运作，已建立一定的制度及经验，促进民间参与案迄2015年4月底已完成签约1 004件，总签约金额约为6 730亿元（新台币），约增加17.5万人就业及增加政府净收入15 794亿元（新台币）的多赢成果[4]。另外，台湾“财政部”也表示，自2002年至2015年5月已签约促参案件1 258件，履约金额1兆852亿元，估计减少政府财政支出9 331亿元，增加政府财政收入包括税收、土地租金及权利金等6 793亿元新台币，创造17万就业机会[5]。台湾高铁、高雄捷运、台北101、台北“市府”转运站及早期类似机制之凯悦、晶华饭店均属于工程建设的成功案例。近年来，台湾每年平均约达百余案实行BOT方式办理，除了台北市外，新北市、高雄市、台南市等也都善用BOT方式招商投资。虽然引进民间资源决解政府财政不足窘境的BOT制度立意良善，但就法律而言，台湾高铁[6]、高雄捷运等，甚至今年沸沸扬扬的台北市“大巨蛋”、松烟及三创园区等的PPP建设投资大型BOT案，却相继出现

---

❶ 《国银拟加强参与大陆BOT》，载 http://www.chinatimes.com/newspapers/20131120000112-260205，最后浏览日期为2015年5月30日。

❷ 《台财促字第10300573321号函》，2014年5月6日。

❸ 《开放陆资投资促参概况》，载 http://www.pcc.gov.tw/epaper/10306/news_5.htm，最后浏览日期为2015年5月30日。

❹ 陈振川，《观念平台—搁置争议 以伙伴关系尽速完成大巨蛋工程》，《中时电子报》2015年5月26日版，载http://www.chinatimes.com/newspapers/20150526000067-260202，最后浏览日期为2015年6月28日。

❺ 《国内缺大型建设张盛和推公私营合作》，载《台湾联合晚报》2015年6月3日第A4版。

❻ 《台湾BOT案是政府无解的痛？》，《中时电子报》2013年9月25日版，载 http://www.chinatimes.com/newspapers/20130925001054-260202，最后浏览日期为2015年6月9日。

契约争议，台北市某首长认为“每件都合法，但都不合理”，质疑尽管五大BOT案都合法，却因为“贪婪的财团加上复杂的政商关系”，导致争议丛生；还有质疑投资经营者“假文创，真商场”，却遭BOT投资者，要求解约由台北市政府鉴价买回。本文以为，有些BOT案于政府于政策配套、初期审议及履约管理等，是否显有不足[1]，有待厘清。实务上，目前所争议之“大巨蛋”契约正在执行中，该建设尚未实际营运，契约风险及是否依约履行，甚至该案是否违法及暴利，究应由公正第三者或司法体系界定，或台北市政府认定，以免被质疑公权力滥用。本文以为，就全球基础建设投资而言，台湾的公共建设目前已接近饱和，加上政府财政短绌，未来台湾地区欠缺大型公共建设之商机，营造业势必要输出，而中国所倡议筹设的亚洲基础设施投资银行（Asian Infrastructure Investment Bank, AIIB）、“一带一路”[2]及进军越南基础建设等都是商机。进一步言，台湾未来可能没有高铁、海港可以建设，多出来的人力、资金及设备等一定要输出，而一带一路就是台湾营造业全球化和拓展两岸公共建设投资的好机会，所以对于两岸的公私合作建设投资之制度及法律问题，殊值探讨。

2014年底国务院发布的《关于创新重点领域投融资机制鼓励社会投资的指导意见》[3]提出在基础设施等重点领域进一步创新投融资机制，充分发挥社会资本特别是民间资本的积极作用。目前国家发改委正会同有关部门起草《基础设施和公用事业特许经营法》，但考虑目前尚缺乏国家层面的统一制度规范，民间投资权益保障机制不完善，行政审批程序繁琐等问题，影响社会资本参与的积极性，有碍特许经营的健全发展，故2015年5月5日国家发改委发布《基础设施和公用事业特许经营管理办法》，除了提出具体的融资政策外，并要求通过规定和制度安排，增强政府履约的意识，约束政府公权利，营造良好的投资环境，以启动社会投资，激发社会创新和创造的活力，

[1] “社论—柯文哲要赶快让BOT五弊案落幕”，载 http://www.chinatimes.com/newspapers/20150506000491-260109，最后浏览日期为2015年5月30日。

[2] “一带一路”是指丝绸之路经济带和21世纪海上丝绸之路，系一个合作发展的理念和倡议、双多边机制及区域合作平台。它贯穿中国的东部、中部和西部，非但连接主要沿海港口城市，而且不断向中亚、东盟延伸，有利于中国加快经济转型升级。

[3] “让民间资本融入公共服务”，载 http://scitech.people.com.cn/n/2015/0319/c1057-26714898.html，最后浏览日期为2015年6月14日。

增加公共产品和公共服务的供给[1]；即前述指导意见与办法建立了基础设施和公用事业的公私合作制度雏型，亦是本文探讨重点。

二、PPP精神及法律概念

(一)台湾方面

2014年10月举行APEC第21届会议，于联合宣言中大力宣示政府与社会资本合作（PPP）制度，公私部门以伙伴关系共为推动建设之重要性。台湾在2002年加入世界贸易组织（World Trade Organization, WTO），纳入政府采购协议(Government Procurement Agreement, GPA)。政府与民间的伙伴关系公平合理且平等互惠，是世界公认之BOT作业规范。实务上，但各会员国间仍存有不少采购障碍，欧美等外国商会常抱台湾的公共工程采购契约不合理，外资或民间常因“最大的风险就是政府”，而不愿参与。惟近年来，台湾的主管采购机关参考WTO-GPA及 国际工程顾问联盟（Federation Internationale des Ingenieurs-Conseils, FIDIC）而修改“政府采购法”及制定“促进民间参与公共建设法”（2000年公布施行，简称“促参法”）后，政府大力推动民间参与公共建设，善用民间资金及其创新经营与活力，活化土地及闲置设施。尤其于台湾的地方财政已届举债上限下，加上社会福利预算之排挤，致公共建设投资预算逐年快速下降之际，善用促参制度已成台湾地方政府施政之必要方法。

台湾地方政府于1990年代起财政短缺，体认“政府与社会资本合作制度”为当时的世界潮流，其概念为政府（public），民间（private）与伙伴关系（partnership）构成政府与社会资本合作（PPP[2]）；先进国家和开发中国家莫不建立法制以推动。BOT模式是PPP的一种，意指导入民间资金进行公共建设，包括设计、建设、营运及管理公共工程，如公路、桥梁、铁路、隧道、污水处理厂和垃圾焚化炉、机场等。本文认为，BOT模式具有下列优

---

[1] “基础设施和公用事业特许经营办法6月份实施”，载 http://big5.chinastock.com.cn/yhwz_about.do?methodCall=getDetailInfo&docId=4811612，最后浏览日期为2015年6月15日。

[2] PPP（Public-Private-Partnerships）系指公共建设领域的公私合伙关系，因为政府财政短缺，故由政府制定法律规范及提供土地或经济上诱因等，使民间愿意投入资金参与公共建设，完成后以取价收费方式提供民众使用。在此种关系中，政府与民间投资厂商系以一种合伙关系，办理公共建设，提供公共服务。

点：（1）节省政府财政；（2）引进民间的专业经营；（3）提高建设对民众需求的服务效率；（4）节省营运成本；（5）使公共建设成为融资工具，使资金有效运用；（6）提供较佳的人力服务效率[1]；及藉由民营企业的竞争制，使沈屙已久的公共建设除在提供公共利益外，也重视经济学上的效率。

就台湾法制而言，促进民间参与公共建设制度是与传统的政府采购公共工程制度不同的，除了必须依照促参法及相关法律、命令及行政规则外，亦须符合公正公开原则，以达成“台湾促参法”第1条规定：“为提升公共服务水平，加速社会经济发展，促进民间参与公共建设，特制定本法。”之立法目的。实务上，政府机关应依BOT个案规模及性质，就工程、法律及财务多方面进行客观专业评估，大型招商案须寻求专业技术服务或营建管理公司（Professional Construction Management, PCM）协助，再经公开评选、议约、签约程序，再进行工程兴建及营运管理等履约执行。进一步言，政府、民间既是伙伴关系，于契约上的法律关系究属私法或公法，虽然有公法说、私法说甚至公私法混合说，但本文认为应视个案争议事实而具体认定法律之适用[2]。进一步言，政府不应被质疑左手玩公法右手玩私法，而在推动BOT案件时除专业评估应该完善外，且对于未来市场及社经发展要有前瞻性（因BOT案履约期常常长达30-50年），必经过审慎考虑个案的财政投资及后续兴建、经营问题并确定政府政策后，才能启动促参案之招商、签约、兴建及营运，朝各方多赢之政策目标努力。本文以为，PPP建设投资案的民间参与机制、监督机制及信息公开均有待修法，使承办BOT案的公部门依法执行，似为解决上述之目前台北市BOT案有效方法之一。

“台湾促参法”第2条规定：“促进民间参与公共建设，依本法之规定。本法未规定者，适用下列供公共使用或促进公共利益之建设：（1）交通建设及共同管道，（2）环境污染防治措施，（3）污水下水道，（4）卫生医疗设施，（5）社会及劳动福利设施，（6）文教设施，（7）观光游憩重大设施，（8）电业设施及公用气体燃料设施，（9）运动设施，（10）公园绿地设施，（11）重大工业、商业及科技设施，（12）新市镇开发，

[1] http://www.ce E. S. Savas, Privatization and Public-Private Partnerships, smadrid.es/documentos/sem200601_md02_in.pdf（last visited Aug. 1, 2012）.

[2] 苏南，《BOT投资契约工程争议与仲裁研究》，载台湾中正大学法学集刊2011年10月第35期，第166-174页。

（13）农业设施（‘促参法’第3条第1项）”。同“法”第6条第1项规定：“民间机构参与公共建设之方式如下：一、由民间机构投资兴建并为营运；营运期间届满后，移转该建设之所有权予政府。二、由民间机构投资新建完成后，政府无偿取得所有权，并委托该民间机构营运；营运期间届满后，营运权归还政府。三、由民间机构投资新建完成后，政府一次或分期给付建设经费以取得所有权，并委托该民间机构营运；营运期间届满后，营运权归还政府。四、由政府委托民间机构，或由民间机构向政府租赁现有设施，予以扩建、整建后并为营运；营运期间届满后，营运权归还政府。五、由政府投资新建完成后，委托民间机构营运；营运期间届满后，营运权归还政府。六、为配合国家政策，由民间机投资新建、拥有所有权，并自为营运或委托第三人营运。七、其他经主管机关核定之方式。”前项中之第1款系Build-Operate -Transfer（BOT）方式；第2款及第3款皆系Build- Transfer – Operate（BTO）方式，两者主要不同为，第2款系政府无偿取得所有权，而第3款则由政府支付建设经费以取得所有权；第4款则系Rehabilitate-Operate-Transfer（ROT）方式；第5款系Operate-Transfer（ROT）方式，第6款则为Build-Own-Operate（BOO）方式[1]。实务上，台湾系采BOT模式为最多。

本文主张，虽然BOT法制立意良善，利用民间资源决解政府财政不足，前述之台湾高铁、高雄捷运、台北市“大巨蛋”等的PPP建设投资大型BOT案，却相继出现契约争议，本文认为政府在初期的审议，及后续的政策配套上，似乎显有不足之处。在初期审议时，政府就应该全盘考虑该BOT案的永续发展问题。虽然实行BOT模式之大型公共建设制度本就有提升全民福利之意，对于未来经济长期发展有所助力，赋予政府有着“不可倒”的压力；惟亦应考虑是否有比例原则之适用，即采用BOT案推行之际，就应以全民的成本效益分析之，即以“编列预算建设”与“民间BOT”两种方式的成本效益比较。由台湾高铁或高捷案例来看，当局似乎仅是着眼于“不用出钱”或“减少政府财政支出”之短利观点。至于“大巨蛋”、“ 双子星”、“美河市”、“松烟”及“三创园区”的台北市五大案，又被民众质疑当初若采地上权方式向投资商收取资金可能就不会有权利金及附属事业过高等争议。

---

[1] 洪国钦：《促进民间参与公共建设法逐条释义》，元照出版社2008年版，第57页。

甚至台北市政府也一度衡量是否让投资商依法收买而自办的可行性。本文以为，是否利用BOT模式推行大型公共建设，政府应考虑下列原则[1]：（1）该公共建设是否有急迫性？等不及由政府拨预算兴建。（2）是否由民间企业参与该公共建设，会带来比政府更好的兴建、营运效率？（3）该项目计划的财务计划是否具有自偿性？风险评估的面向及时间序列足够吗？（4）依BOT模式之精神，民间企业必须自己筹集资金，政府是否有必要协助民间融资甚至担保还款呢？（5）最重要的事，台湾的政党轮替是否会导致BOT案的政治风险及法律风险呢？此外，政府也不可误认为BOT案为“免费的午餐”，而需有“要付费”的认知，导正“BOT的精神就是政府不出资的”的错误想法。一个成功的BOT建设案，是可以经由民间企业参与而减少预算追加及早完工，以提供安全信赖的公共服务为最高指导原则，至于权利金多寡虽为次要考虑，但须符合商业交易的客观条件，财不会被民众质疑是否政府让利过多，甚至假BOT之名而有钱权交易之疑 。

(二)大陆方面

目前大陆财政部门积极启动 PPP模式（Public-private Partnership, 公私合作关系）的试点工作，以支持新型城镇化建设，改进政府公共服务，建立现代财政制度。运用PPP模式可以整合政府、社会和企业资金共同推动新型城镇化和基础设施建设，控制政府性债务和缓解财政支出压力，提高公共产品的供给效率[2]。2014年11月16日国务院发布《关于创新重点领域投融资机制鼓励社会投资的指导意见》[3]中提到推进市政基础设施投资运营市场化，主要内容包括改革市政基础设施建设运营模式、积极推动社会资本参与市政基础设施建设运营及加强县城基础设施建设及完善市政基础设施价格机制。该指导意见就建立健全政府和社会资本合作（PPP）机制，于第29条规定：“推广政府和社会资本合作（PPP）模式。认真总结经验，加强政策引导，在公共服务、资源环境、生态保护、基础设施等领域，积极推广PPP模式，

[1] 彭思远：《健全台湾BOT案之可行方法》，国政评论，载 http://www.npf.org.tw/post/1/6603，最后浏览日期为2015年6月21日。

[2] “各地财政积极探索运用PPP模式”，载 http://www.mof.gov.cn/xinwenlianbo/quanguocaizhengxinxilianbo/201404/t20140430_1074120.html，最后浏览日期为2015年6月5日。

[3] “国务院关于创新重点领域投融资机制鼓励社会投资的指导意见”，载 http://www.law119.com.tw/newdesign/compty2/chinalawview.asp?idno=230&keywords=，最后浏览日期为2015年6月15日。

规范选择项目合作伙伴，引入社会资本，增强公共产品供给能力。政府有关部门要严格按照预算管理有关法律法规，完善财政补贴制度，切实控制和防范财政风险。健全PPP模式的法规体系，保障项目顺利运行。鼓励通过PPP方式盘活存量资源，变现资金要用于重点领域建设。”第30条亦规定：“规范合作关系保障各方利益。政府有关部门要制定管理办法，尽快发布标准合同模板，对PPP项目的业主选择、价格管理、回报方式、服务标准、信息披露、违约处罚、政府接管以及评估论证等进行详细规定，规范合作关系。平衡好社会公众与投资者利益关系，既要保障社会公众利益不受损害，又要保障经营者合法权益。”而就政府与投资者双方的风险分担方面，第31条规定：“健全风险防范和监督机制。政府和投资者应对PPP项目可能产生的政策风险、商业风险、环境风险、法律风险等进行充分论证，完善合同设计，健全纠纷解决和风险防范机制。建立独立、透明、可问责、专业化的PPP项目监管体系，形成由政府监管部门、投资者、社会公众、专家、媒体等共同参与的监督机制。”但于2015年3月的两会（全国人大和政协会议的年度会议）上，全国工商联环境服务业商会也提交了《关于进一步完善环境基础设施领域PPP模式的提案》，表示在过去的二三十年间，虽然大陆积极尝试以PPP模式来发展基础设施及市政公共事业，但由于模式不完善、配套措施不健全等多方原因，PPP模式在大陆并未得到良好发展。该商会建议除应完善法律法规体系，明晰边界与责权分配外，亦应建立合理公平的风险分担机制，对经营管理问题、成本价格问题、政策导向问题等所引起的经营风险进行适当划分，并建立完善监督、赔偿机制等[1]。

进一步言，国务院要求各级地方政府建立健全的政府和社会资本合作的（PPP）机制，在公共服务、资源环境、生态保护及基础设施等领域，引入社会资本；除须严格按照预算管理的法律法规，完善财政补贴制度，切实控制和防范财政风险外，也应健全PPP模式的法规体系，保障项目顺利运行，通过PPP模式盘活存量资源，变现资金要用于重点领域建设。进一步言，须规范合作关系保障各方利益，政府有关部门要制定管理办法，发布标准合同模板，对PPP项目的业主选择、价格管理、回报方式、服务标准、信息披

[1] “让民间资本融入公共服务”，载 http://scitech.people.com.cn/n/2015/0319/c1057-26714898.html，最后浏览日期为2015年6月14日。

露、违约处罚、政府接管及评估论证等详细规定。于平衡社会公众与投资者利益关系方面，除了须保障社会公众利益不受损害外，也要保障经营者的合法权益。尤其要健全风险防范和监督机制，对于PPP项目的政策风险、商业风险、环境风险、法律风险等进行评估、论证，完善合同设计，健全争议解决和风险防范机制；以独立、透明、可问责、专业化的监管体系，形成政府监管部门、投资者、社会公众、专家、媒体等共同参与PPP项目的监督机制。至于退出机制方面，PPP项目的退出路径要明确，以保障项目持续稳定运行；换言之，项目合作结束后，政府应组织作好接管工作，妥善处理投资回收、资产处理等事宜[1]。

大陆为鼓励和引导社会资本进入基础设施和公用事业领域，提高公共服务品质，稳定经济增长、持续改善民生，国家发展改革委[2]于2015年5月5日发布《基础设施和公用事业特许经营管理办法》[3]，适用于中华人民共和国境内的基础设施和公用事业的特许经营。该法第3条规定：“本法所称基础设施和公用事业特许经营，是指各级人民政府依法选择中华人民共和国境内外的企业法人或者其他组织，并签订协议， 授权企业法人或者其他组织在一定期限和范围内建设经营或者经营特定基础 设施和公用事业，提供公共产品或者公共服务的活动。”至于基础设施和公用事业的范围包括：（1）煤炭、石油、天然气、电力、新能源等能源项目；（2）铁路、公路、水运、港口码头、民用机场、通用航空设施、城市轨道 交通等交通运输项目；（3）电信枢纽、通信、信息网络、信息系统等项目；（4）农田水利、跨流域调水、水资源综合利用、水土保持等水利项目；（5）生态环境治理与修复、自然灾害防治、土地整治、矿山地质环境恢复 治理等生态环境保护项目；（6）供水、供气、供热、污水和垃圾处理、公共交通、停车场（楼）、电动汽车充电设施、 城市园林绿化等市政公用事业项目以及工业园区内公用设施项目；（7）廉租住房、公共租赁住房、经济适用住房等政

---

[1] 《国务院关于创新重点领域投融资机制鼓励社会投资的指导意见》国发〔2014〕60号，载http://big5.gov.cn/gate/big5/www.gov.cn/zhengce/content/2014-11/26/content_9260.htm，最后浏览日期为2015年6月6日。

[2] 发改委就“基础设施和公用事业特许经营管理办法”有关情况举行发布会》，载 http://www.china.com.cn/zhibo/2015-05/05/content_35481964.htm，最后浏览日期为2015年6月14日。

[3] 《基础设施和公用事业特许经营管理办法》，载http://www.law119.com.tw/newdesign/compty2/chinalawview.asp?idno=230&keywords=，最后浏览日期为2015年6月14日。

策性住房项目；（8）科技、教育、文化、旅游、卫生、体育、社会福利等社会事业项目；即上述基础设施和公用事业项目均可以实施特许经营[1]。国家发展改革委、财政部及水利部于2015年3月17日发布的《关于鼓励和引导社会资本参与重大水利工程建设运营的实施意见》中，要求各省级发展改革委要将符合条件的水利项目纳入PPP项目库，及时跟踪调度、建立PPP项目名录管理制度和财政补贴监测制度，对不符合条件的项目，不得纳入名录及财政补贴[2]。

大陆法学界认为，公私合作制度系指公共部门与私人机构为提供公共服务而建立的一种长期合作关系，此种关系需要经过正式协议来确立；一般直接引用在基础建设上。进一步言，公私合作制度是指为了提供基础设施和公共服务而在公共部门和民营机构间建立法律上的伙伴关系，签署契约明确双方的权利、义务关系，以确保这些项目能够顺利完成。即为了共同完成某些公用事业项目的投资、建设及营运任务，政府部门和民间部门签署契约明确双方的权利和义务关系，而达成伙伴关系。或是指公共部门与私人部门基于某个项目而形成的相互合作之契约法律关系。此外，对公私合作制概念的定义亦可从广义和狭义两方面加以区分，前者泛指公共部门与私人机构为提供公共产品或服务而建立的各种合作关系；而狭义的公私合作制度则指一系列项目融资的总称，包含建设—经营—转让（Build-Operate-Transfer，BOT）、移交—经营—移交（Transfer–Operate–Transfer，TOT）和设计—建造—融资—经营（Design–Build–Finance–Operate，简称DBFO）等多种形式，狭义的公私合作制度则强调合作过程中的风险分担机制和项目的物有所值（Value for Money）[3]。

大陆于法律在定义BOT（Build-Operate-Transfer）时与台湾地区并无二致，同样都是指建设、经营和移交，乃是政府授予投资企业享有一定期限的特许专营权，许可该企业融资建设和经营特定的公用基础设施，并准许其

---

[1] 《基础设施和公用事业特许经营法》，载 http://www.87994.com/read/bc671ff6f558c781986c92f5.html，最后浏览日期为2015年6月14日。

[2] 《关于鼓励和引导社会资本参与重大水利工程建设运营的实施意见》，载 http://www.pkulaw.cn/fulltext_form.aspx?Db=lawfirmarticles&Gid=1778396558&keyword=&EncodingName=big5&Search_Mode=，最后浏览日期为2015年6月15日。

[3] 李以所：《德国公私合作制促进法研究》，中国民主法制出版社2013年版，第4页。

经政府批示通过后，得向用户收费或出售产品以清偿贷款，回收投资并赚取利润；最后，特许权期限届满时，该投资企业应将基础设施无偿移交给政府。在前述法律关系中，一方主体为当地政府，另一方主体为投资企业，该两主体间通过签订BOT投资合同，确立彼此之间的权利和义务关系。实务上，BOT项目的投资、建设与营运系由一系列的合同组成，其中 BOT投资合同起着纲举目张的作用。但相对于台湾目前已经有“促进民间参与公共建设法”之单独法典，大陆至今尚无有关BOT方面的专门立法，调整BOT方式的规范性法规主要有：（1）对外贸易经济合作部1995年发布的《关于以BOT方式吸收外商投资有关问题的通知》[1]；（2）国家计委、电力部、交通部1995年联合发布的《关于试办外商投资特许权项目审批管理有关问题的通知》[2]；（3）国家外汇管理局1995年发布的《关于境内机构进行项目融资有关事宜的通知》；（4）1997年初，国家计委与外汇管理局共同发布的《境外进行项目融资管理办法》；（5）建设部2004年2月24日发布的《市政公用事业特许经营管理办法》。前述部门规章之规定构成了大陆有类似于台湾之“促参法规”的雏形，为大陆BOT项目运作发挥指导作用[3]。本文以为，相较于台湾而言，大陆目前调整BOT方式的法律似乎比台湾较不健全，乍看下似未形成有利于BOT投资项目的完善法律环境。惟本文认为，台湾地狭人稠，“法治”是指一个法律信念，法律具有凌驾行政的地位。但对于“具有中国社会主义特色的民主法治”，却未必全然适合；对于拥有13.4亿人口、国民人均年所得5000多美元的中国大陆而言，对法治的要求，只能“先求有，再求好”。对大陆而言，目前“法制”[4]（法律制度建设即广义的法制）之建立是现阶段最重要国家制度建设。

另于2003年2月原建设部发布《关于培育发展工程总承包和工程项目管理企业的指导意见》（建市〔2003〕30号）的第4条第7款指出：“提倡具

---

[1] 《对外贸易经济合作部关于以ＢＯＴ方式吸收外商投资有关问题的通知》，载 http://www.pkulaw.cn/fulltext_form.aspx?Gid=11502，最后浏览日期为2015年6月1日。

[2] 《国家计委、电力工业部、交通部关于试办外商投资特许权项目审批管理有关问题的通知》，载http://www.pkulaw.cn/fulltext_form.aspx?Gid=14573，最后浏览日期为2015年5月31日。

[3] 苏南，《两岸BOT契约争议之仲裁比较》，载《两岸经贸发展与司法互助研讨会》，台湾华夏科技大学2015年4月24日版，第1-12页。

[4] 包括基本经济制度、社会制度、福利保障、政治体制等国家发展过程中可能面对的各种矛盾挑战，所需要的机制。

备条件的建设项目，采用工程总承包、工程项目管理方式组织建设。鼓励有投融资能力的工程总承包企业，对具备条件的工程项目，根据业主的要求，按照建设—转让（BT）、建设—经营—转让（BOT）、建设—拥有—经营（BOO）、建设—拥有—经营—转让（BOOT）等方式组织实施[1]。”BT模式已经应用在北京地铁奥运支线、深圳地铁5号线及唐山滨海大道等城市基础建设[2]。大陆目前实务上，PPP制度的操作以采BT（Build-Transfer）模式为最普遍常见；系指政府或其授权单位作为项目发起人，经过法定程序选择基础设施或公共事业项目的投资人，由其负责项目基金筹措及工程建设，完成后依据购回协议，将工程移交给政府或其授权单位而取得购回款的一种投融资模式。于本质上，BT是一种投融资模式，由投资人负责完成项目的设计、融资、采购、建设施工后移交该建设项目和管理工作给政府，类似于EPC（Engineering Procurement Construction）或交钥匙（Turkey）之承包方式[3]。BT模式是由BOT模式演变而来的，起源于1990年菲律宾国会颁布了亚洲第一部《BOT法》，系因有些基础设施须由政府直接营运才符合公共利益，因而菲律宾共和国法律（Republic Act, No. 6957）的第1条〔C〕项所规定的一种“建设-移转”之契约类型[4]。于1994年，菲律宾国会修订了《BOT法》（Republic Act, No. 7718）定义了BOT、BT(Build-Transfer)、BOO(Build-Own -Operate)、BLT(Build-Lease-Transfer)、BTO(Build-Transfer-Operate)、BO (Build-Operate)、BOOT(Build-Own -Operate-Transfer) 、BTL(Build -Transfer-Lease)等如图1所示的8种模式[5]。上述之BOT体系的公有-私有程度，其中以BOO模式的私有化和市场化的程度最高而公有化程度最低，而BT模式则反之；当事人应根据具体情况和项目特征，选择最适合的方式。

---

❶ 《关于培育发展工程总承包和工程项目管理企业的指导意见》，载 http://www.mohurd.gov.cn/zcfg/jsbwj_0/jsbwjjzsc/200611/t20061101_158614.html，最后浏览日期为2015年6月11日。

❷ 中国建筑股份有限公司法律事务部：《建筑企业BT业务法律操作实务》，中国法制出版社2013 年版，第4页。

❸ 周月萍、周兰萍：《BT项目法律风险防范与实战方略》，法律出版社2013年版，第1页。

❹ 同上注，第3页。

❺ 《BOT与BT:天使还是怪兽？》，载 http://china.findlaw.cn/fangdichan/fangdichanlunwen/fangchanlilun/20110713/152937_2.html，最后浏览日期为2015年6月1日。

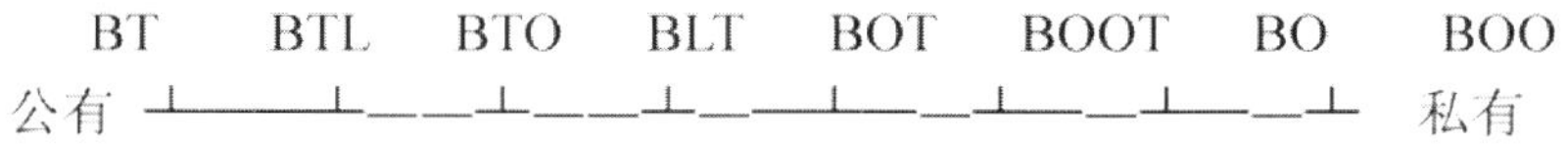

图1　BOT体系的公有-私有程度比较[1]

虽然BT模式与BOT模式都是引进民间资金参与基础设施兴建的项目融资方式，参加的主体与客体基本上没有太大不同，但两者的主要区别为：（一）适用范围不同。BOT模式适用于具有营运收费及自偿性的公共设施，而BT模式则既可适用于营运收费及自偿性的公共设施项目，亦可适用于不需自偿性之非经营的基础设施或公用事业。（二）投资回报方式不同。BT模式较BOT模式少了营运阶段，故BT项目公司没有营运权，仅能依期工程、融资、管理及资源整合能力以降低成本而获利。（三）风险不同。虽然建设风险、政治风险、法律风险及投融资风险都同样存在于BOT模式与BT模式，但BOT模式的还有营运风险；而BT模式还有。（四）收费基础不同。BOT模式采取使用价格来收费，其法律依据是营运期间内的特许权授予；而BT模式则以建设价格来向用户收费，对投资人的补偿是契约上的购回价格[2]。（五）运作特点不同。除了土地征收通常系由政府办理外，于工程规划、建设申请许可、地上物拆迁等作业，BOT模式通常系由投资人设立的项目公司来完成；而BT模式则一般由政府机关承担。进一步言，于基础设施建成后，BOT模式系由投资人营运至契约期满后，再无偿把该基础设施移转给政府，故BOT模式的履约通常长达数十年；但BT模式则是于基础设施建成后移转给政府，但政府须一次付款或分年（批）付款购回，故契约期较短[3]。

三、PPP的契约群和投资契约

（一）台湾地区

1、台湾的BOT契约群

又BOT项目与一般传统工程采购之契约管理最大的不同，乃在于传统的

---

[1] 《对外贸易经济合作部关于以ＢＯＴ方式吸收外商投资有关问题的通知》，载 http://www.pkulaw.cn/fulltext_form.aspx?Gid=11502，最后浏览日期为2015年6月1日。

[2] 《BT项目法律风险防范与实战方略》，第11-12页。

[3] 《建筑企业BT业务法律操作实务》，第9-10页。

公共工程契约应依“政府采购法”办理；而BOT公共工程的兴建，一般被记载于投资契约，应该适用“促参法”。尤其BOT计划参与的个体，除了政府主管机关外，还有特许公司、投资人、贷款银行机构、承包商、保险公司及专业顾问等，彼此之间的行政管制与经济利益自不相同。唯有靠BOT相关契约的签订，才能使得BOT计划之各方当事人权利与义务得到应有之保障；这些BOT计划中主要的契约，又称为BOT契约群，包括：（1）投资契约（特许权契约）；（2）股东协议契约；（3）融资契约；（4）营运管理契约；（5）保险契约等，如图2所示。

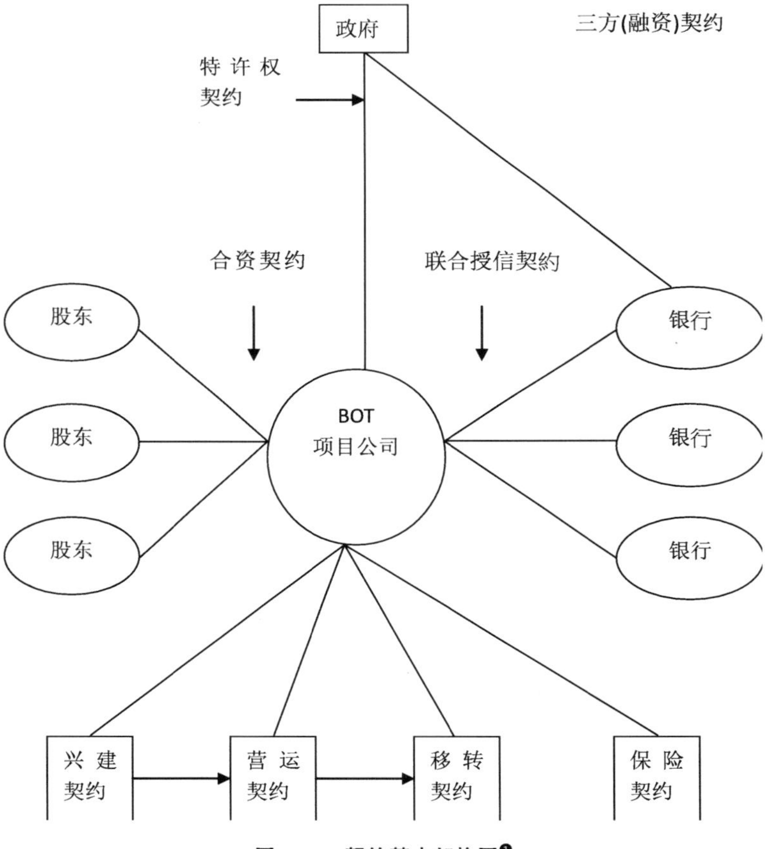

图2 BOT契约基本架构图[1]

---

[1] 刘忆如、王文宇与黄玉霖：《BOT三赢策略》，商鼎财经顾问公司2000年版，第77页。

2、台湾地区的BOT投资契约

上述的BOT契约群中，以投资契约为最重要，属主契约；而其他则为附属契约。投资契约系政府主办机关与民间机构所签订之基本契约，非但由政府赋予民间机构特许经营权，并规划基本权利义务关系[1]。“促参法”第11条规定：“主办机关与民间机构签订投资契约，记载下列事项：（1）公共建设之规划、兴建、营运及转移；（2）权利金及费用之负担；（3）费率及费率变更；（4）营运期间届满之续约；（5）风险分担；（6）施工或经营不善之处置及关系人介入；（7）稽核及工程控管；（8）争议处理及仲裁条款；（9）其他约定事项。”前条中之权利金，其意义代表政府授予民间机构特许经营权利而取得的对价收入，权利金之金额须能反映BOT项目之财务结构。换言之，当BOT商之特许经营权之价值愈高，代表营运获利将会越高，故权利金之金额越大；但在基于政策或公共利益的考虑下，政府得调整权利金；因为BOT模式最重视者为公共利益，其次才是投资商利益，以追求公平正义与经济效率。所以BOT项目需将政策、公益考虑在经济行为中。

至于经营权特许之价值衡量，一般考虑下列经济因素：（1）BOT特许权所提供的营运服务事项是否有涉及垄断或寡断；（2）如涉及垄断或寡断，服务费率之订定标准是否受到法令或契约管制；（3）公有土地之使用，如设定地上权；（4）该特许是否涉及专利或知识产权之授权使用；及（5）风险分担，如政府是否提供最低营收保证。尤其在BOT重大交通建设，因其投资金额庞大，兴建期长，投资回收期长，并且营运风险大；此际，如果该BOT特许权不涉及垄断或寡断或独占，但为了保障社会大众的使用权利，政府应对投资厂商加以监督管理；并对投资厂商以对价方式收取相当的定额权利金、营运权利金，以反应该BOT特许权的价值；尤其当BOT案有设定地上权使用公有土地时，须依法收取土地租金[2]。

台湾BOT主管机关“财政部促参司”参考国际惯例，制定《BOT投资契约要项》，俾期待制定符合公共利益及公平合理之合同。以供机关及投资人遵循。至于BOT投资契约要项的内容，“机关办理促进民间参与公共建设案件作业注意事项”第41点规定，“主办机关与民间机构签订投资契约，应

[1] 《促进民间参与公共建设法条逐条释义》，第75-76页。

[2] 理律法律事务所：《民间参与公共建设投资契约标准档及要项之研究成果报告》，行政院公共工程委员会委托研究计划2012年12月版，第48页。

依个案特性，记载下列事项：（1）契约期间（含兴建期间、营运期间）；（2）民间机构兴建营运权限；（3）双方工作范围；（4）双方声明与承诺事项；（5）政府协助事项；（6）用地与设施取得、交付之范围与方式；（7）兴建；（8）营运；（9）附属事业；（10）费率及费率变更；（11）土地租金、权利金及其他费用之计算与缴纳；（12）财务事项；（13）稽核及工程控管；（14）契约届满前（时）之移转；（15）履约保证金；（16）保险；（17）营运绩效评估机制及营运期间届满之续约；（18）缺失及违约责任（含施工或经营不善之处置及关系人介入）；（19）契约之变更（以下简称修约）与契约之终止；（20）因主办机关政策变更致投资契约终止；解除之损失补偿；（21）争议处理及仲裁事项；（22）协调委员会之组成时机、方式及运作机制；（23）依法令须经其他有关核准事项、延迟达相当期间或于相当期间未能通过之处理方式；（24）其他约定事项。”惟BOT投资契约要项仅为任意性规定，并不强制机关必须纳入BOT投资契约中，故BOT投资契约内容中双方当事人权利义务是否真正公平合理，有赖于法律经济分析与契约解释，对履约管理及争议处理至关重要。

“台湾财政部”促参司于2000年6月颁订“促进民间参与公共建设BOT及OT案件招商档及投资契约参考文件—BOT招商文件及投资契约”，供各主办机关办理促参案件应用，但基于促参案件涵盖13项20类公共建设，并且政府机关应办事项也因个案的经济、财务与环境难免有所不同，所以该参考范本的条文自难一体适用；故BOT投资契约内容，主办机关得依公共建设类别及个案特性斟酌修定[1]。本文认为，以BOT契约模式推动基础建设，具有节省政府财政、引进民间专业经营、提高基础建设对民众的服务效率、节省营运成本、使公共建设成为融资工具及资金有效运用等优点；期藉由民营企业的竞争机制，除了使公共建设除在提供公共利益外，也重视经济学上的效率外；亦使BOT契约模式兴办公共建设与传统的政府采购之共工程契约模式发生竞争作用，使政府、厂商及使用民众有另一种选择。

[1] 台湾“财政部推动促参司”：《促进民间参与公共建设BOT及OT案件招商档及投资契约参考文件—BOT招商文件及投资契约》，2014年12 月25日版，第1-2页。

（二）大陆方面

1、大陆的BT模式合同体系

大陆的BT项目之运作涉及立项、招投标、投资、融资、建设、移转及购回等，参加主体一般包括项目发起人、项目投资人、项目公司、施工单位、监理单位、材料设备厂商、金融机构、担保公司及其他可能的参加主体；其于项目不同运作阶段之权力义务关系，所涉及的法律关系及合同安排自较传统的政府采购合同复杂许多。例如BT投融资框架协议、BT投资兴建与购回合同、项目施工承包合同、担保合同、贷款合同等，共同建构图2所示的完整合同体系框架，除了规范合同中当事人的权利义务外，亦能保障BT项目顺利进行。

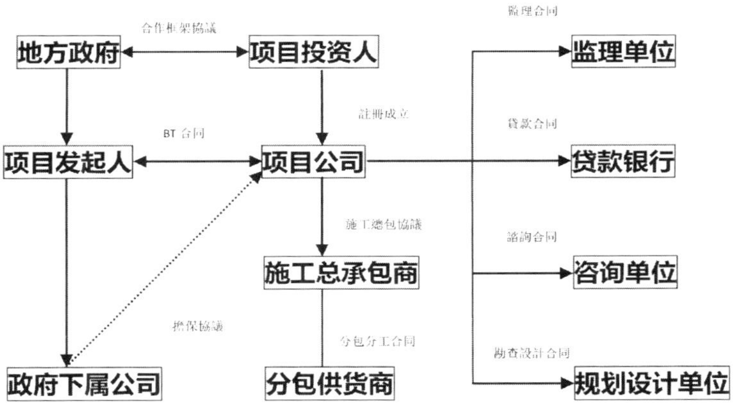

图2 BT模式的合同体系[1]

2、大陆的基础设施和公用事业特许经营协议

大陆于2015年6月1日开始实施的《基础设施和公用事业特许经营管理办法》[2]第10条规定："特许经营项目实施方案应当包括以下内容：（1）项目名称；（2）项目实施机构；（3）项目建设规模、投资总额、实施进

[1] 《建筑企业BT业务法律操作实务》，第24页。

[2] 《基础设施和公用事业特许经营管理办法》，载 http://www.law119.com.tw/newdesign/compty2/chinalawview.asp?idno=230&keywords=，最后浏览日期为2015年6月14日。

度，以及提供公共产品或公共服务的标准等基本经济技术指标；（4）投资回报、价格及其测算；（5）可行性分析，即降低全生命周期成本和提高公共服务质量效率的分析估算等；（6）特许经营协议框架草案及特许经营期限；（7）特许经营者应当具备的条件及选择方式；（8）政府承诺和保障；（9）特许经营期限届满后资产处置方式；（10）应当明确的其他事项。”同办法第18条规定：“实施机构应当与依法选定的特许经营者签订特许经营协议。需要成立项目公司的，实施机构应当与依法选定的投资人签订初步协议，约定其在规定期限内注册成立项目公司，并与项目公司签订特许经营协议。特许经营协议应当主要包括以下内容：（1）项目名称、内容；（2）特许经营方式、区域、范围和期限；（3）项目公司的经营范围、注册资本、股东出资方式、出资比例、股权转让等；（4）所提供产品或者服务的数量、质量和标准；（5）设施权属，以及相应的维护和更新改造；（6）监测评估；（7）投融资期限和方式；（8）收益取得方式，价格和收费标准的确定方法以及调整程序；（9）履约担保；（10）特许经营期内的风险分担；（11）政府承诺和保障；（12）应急预案和临时接管预案；（13）特许经营期限届满后，项目及资产移交方式、程序和要求等；（14）变更、提前终止及补偿；（15）违约责任；（16）争议解决方式；（17）需要明确的其他事项。”

至于项目投资人得否向基础设施或公用事业使用者收费问题，同办法第19条规定：“特许经营协议根据有关法律、行政法规和国家规定，可以约定特许经营者通过向使用者收费等方式取得收益。向用户收费不足以覆盖特许经营建设、运营成本及合理收益的，可由政府提供可行性缺口补助，包括政府授予特许经营项目相关的其它开发经营权益。”于营运期间是否得因财务自偿不足而调整收费问题，同法第20条规定：“特许经营协议应当明确价格或收费的确定和调整机制。特许经营项目价格或收费应当依据相关法律、行政法规规定和特许经营协议约定予以确定和调整。”至于应否保障特许经营权及政策补贴问题，同法第21条规定：“政府可以在特许经营协议中就防止不必要的同类竞争性项目建设、必要合理的财政补贴、有关配套公共服务和基础设施的提供等内容作出承诺，但不得承诺固定投资回报和其他法律、行政法规禁止的事项。”

如因政策变更或法律调整造成特许经营协议履行障碍事由，同法第36条规定：“因法律、行政法规修改，或者政策调整损害特许经营者预期利益，或者根据公共利益需要，要求特许经营者提供协议约定以外的产品或服务的，应当给予特许经营者相应补偿。”至于如有因政治风险、社会需求改变、不可抗力或情事变更致特许经营协议履行反而有致公共利益无法达成时，得由项目发起人（例如地方政府）和项目投资人就特许经营协议变更和终止问题协商，同法第37条规定：“在特许经营协议有效期内，协议内容确需变更的，协议当事人应当在协商一致基础上签订补充协议。如协议可能对特许经营项目的存续债务产生重大影响的，应当事先征求债权人同意。特许经营项目涉及直接融资行为的，应当及时做好相关信息披露。特许经营期限届满后确有必要延长的，按照有关规定经充分评估论证，协商一致并报批准后，可以延长。”如有一方无合理理由不愿继续履行合同或发生不可抗力时，同法第38条规定：“在特许经营期限内，因特许经营协议一方严重违约或不可抗力等原因，导致特许经营者无法继续履行协议约定义务，或者出现特许经营协议约定的提前终止协议情形的，在与债权人协商一致后，可以提前终止协议。特许经营协议提前终止的，政府应当收回特许经营项目，并根据实际情况和协议约定给予原特许经营者相应补偿。”于监督管理和公共利益保障方面，同法第41条规定：“县级以上人民政府有关部门应当根据各自职责，对特许经营者执行法律、行政法规、行业标准、产品或服务技术规范，以及其他有关监管要求进行监督管理，并依法加强成本监督审查。”

如果特许经营协议双方主体发生违约归责事由，如政府机关的政策反复变更、故意造成行政效率不彰、发生贪腐行为或无正当理由拒不履行政府应办事项之公务员，或项目投资人签约后行贿政府官员、故意有违反公共安全等事由时，同法第55条规定：“实施机构、有关行政主管部门及其工作人员不履行法定职责、干预特许经营者正常经营活动、徇私舞弊、滥用职权、玩忽职守的，依法给予行政处分；构成犯罪的，依法追究刑事责任。”对于履约主体之特许项目经营者的专业能力要求方面，同法第56条规定：“县级以上人民政府有关部门应当对特许经营者及其从业人员的不良行为建立信用记录，纳入全国统一的信用信息共享交换平台。对严重违法失信行为依法予以曝光，并会同有关部门实施联合惩戒。”本文认为，大陆刚出台的《基础设施和公用事业特许经营管理办法》似较台湾地区的《促进民间参与公共建设法》更为周延与精准，尤其在违约责任、签约主体的合作责任要求、参与人员的信息透明及惩戒要求等方面，殊值台湾地区未来修法时借鉴。惟对于特许经营公司的财务透明及应否公开方面，则两岸似乎均未于契约或特许协议中要求列入为应记载事项，造成广大社会民众质疑BOT案是“假藉公共建设之名，图利特定财团”的不良观感或疑虑，亦值得两岸的立法机关或行政单位参考，本文建议，BOT契约之履行期间，应成立监督机制邀请利害关系人、学者专家及民众代表参加，例如台湾的台南市立安南医院BOT案即有成立“履约管理委员会”，就双方契约履行争议是先进行协商，以免影响工程建设进度或任何纠纷均要求循法律程序解决而致旷日废时，致原来BOT案之提供公众使用期程反而严重迟延，或厂商因政府应办事项迟不履行或财务风险过大宣告破产而发生履约障碍等问题。

3、大陆的BT投融资建设合同

大陆的实务上，一般的《BT投融资建设合同》主要包括下列重要内容：（1）定义及解释。除了须对工程范围、工程参与单位、建设期间资金监管等之契约专有名词作出定义外，亦须对于BT模式的具体含义包括建设、营运及移转各阶段进行解释并明确定义。（2）工程投资与支付。系指工程总投资的具体方式、投资支附方式、进度及时间，以及对投资款的监管等。（3）工程规划、设计与施工。包括工程内容及实施方式，例如土地取得和拆迁、工址调查、规划设计、施工及管理、材料设备供应及施工监理等工程专业项目。（4）筹资融资。系指BT项目投资人的融资管道及融资担保方式等。（5）双方的权利义务条款。主要规定BT项目发起人及投资人间的权利及义务等法律关系。（6）工程质量与验收。包括工程质量标准及所依据规范、对工程质量的认定发生争议时之解决办法。（7）工程移转。除包括移转（交付）的内容、程序、时间、方式及法律效果外；也包括工程保固、维修及迟延移交的法律后果。（8）购回条款。除应包括购回价金及支付主体、方式及进度等外，也应载明迟延支付购回价款的违约责任等。（9）其他。通常除了包括如何选定工程总包商级分包商的约定条款、履约保证金条款、合同生效条款及合同转让、变更、中止及解除条款外，亦应包括违约责任、情势变更、不可抗力及争端解决机制等条款。尤其为了确保BT项目建成后能够顺利回购，投资人会在合同签定前除应要求政府机关或其授权单位提供当地人大所通过之财务预算编列购回款的决议档外，亦应取得当地政府的购回承诺档，并以前开的两种文件作为《BT投融资建设合同》的生效要件[1]。

本文综合比较两岸的PPP建设投资法制，认为BT模式具有下列优点：（1）由银行或其他金融机构出具保函，保证项目投入资金的安全；当融资贷款协议签署后，在建设期基本上没有资金风险，即采用BT模式对于公共项目来说，风险较BOT模式小。（2）对投资主体、金融机构及当地政府收益高。（3）BT模式能够发挥大型建筑企业在融资和施工管理方面的优势，提升企业资质和进军国际融资建筑市场累积经验。（4）BT模式可以发挥投资商的投资积极性和项目融资的主动性，缩短项目的建设期，保证项目尽快建成、移交，能够尽快见到效益，解决项目所在地就业问题，促进当地经济发展[2]。

本文主张，一般建设工程合同模式的工程价款支付方式通常系按月由业主支付给承包商，其资金风险为由承包商和业主共同承担。而在BT模式中投资人的角色完全不同于工程总承包商，投资人除须自行完成项目施工具有工程总承包的能力外，还须要有融资能力和资金实力，资金风险为完全由投资人承担，所以BT模式是一种投资行为，工程的购回价款应于投资合同中明确载明，于业主监理下完成系争工程之金融、质量及进度等是否合于合同要求，再由业主给付工程购回款。

四、结论与建议

由于BOT项目契约的性质及法律地位上的特殊性，大陆现有的法律、法规及规章可能尚不能满足BOT模式所需的法律条件，似可考虑借鉴台湾地区采专门立法的可行性。即以BOT专法为中心，制定或修改其他相关的配套法律、细则和规章等，构成完善的BOT法制。于大陆，BOT项目的具体操作中，虽然国务院及各部委有发布《通知》、《办法》及《指导意见》等部门规章，例如对外贸易经济合作部的“关于以BOT方式吸收外商投资有关问题的通知”，国家计委、电力部、及交通部的《关于试办外商投资特许权项目审批管理有关问题的通知》，国家外汇管理局的《关于境内机构进行项目融资有关事宜的通知》，国家计委与外汇管理局的《境外进行项目融资管理办

[1] 《BT项目法律风险防范与实战方略》，第51-53页。

[2] 《基础设施和公用事业特许经营管理办法》，载http://www.law119.com.tw/newdesign/compty2/chinalawview.asp?idno=230&keywords=，最后浏览日期为2015年6月14日。

法》，建设部的《市政公用事业特许经营管理办法》及《关于培育发展工程总承包和工程项目管理企业的指导意见》等部门规章；构成了大陆有类似于台湾之“促参法规”的雏形，为大陆BOT项目运作发挥指导作用，但大陆至今尚无有关BOT方面的专门立法。但大陆因应其基础设施及社会经济的快速发展，BOT法制的与时俱进值得肯定，2 014年底国务院发布《关于创新重点领域投融资机制鼓励社会投资的指导意见》，2015年5月5日国家发改委发布《基础设施和公用事业特许经营管理办法》且正起草《基础设施和公用事业特许经营法》；而台湾的“促参法”却于2001年施行后迄今尚未修改，似乎响应社会需求力有不逮，致生今年的台北市五大BOT案的契约争议，甚至社会质疑“每件都合法，但都不合理”。

相较于台湾地区的BOT模式，大陆的BT模式具有风险小及由政府向使用者收费避免业者暴利抑或是避免政府滥用公权力，值得台湾借鉴。即台湾的BOT模式似应向大陆的BT模式借鉴而修法，以减少目前的BOT模式被质疑虽然合法，但可能不符合社会的法感情，及解决厂商与政府对BOT契约解读不同之争议。另考虑BOT契约于性质上及法律上的特殊性，本文以为目前大陆现有的法律、法规及规章似乎尚未能满足BOT模式所需的法律系统，建议大陆未来在推动基础设施建设时，似可参考台湾的BOT经验及“促进民间参与公共建设法”的立法背景及修法沿革，以PPP专法为中心，制定或修改其他相关配套的法律、细则和规章等，即尝试透过法律制度规范以形成完整的PPP法律体系。若能进一步引进台湾资金参与，将能创造两岸项目融资合作契机，共同开发亚太基础建设的庞大商机；进一步争取两岸民众认同以促进重大公共工程PPP法制的永续发展，创造政府、厂商及民众多赢的局面。

观诸近年来台湾高铁，高雄捷运及台北市五大BOT案却相继出现契约争议之法实证经验，本文以为，有些BOT案政府于政策配套、初期审议、履约管理及后续的政策配套上，是否显有不足？有待厘清。初期审议之时，政府就应以全民观点对“编列预算建设与“民间BOT”两种方式作成本效益比较，非单只是着眼于“不用出钱”或“减少政府财政支出”之短利观点。成功的BOT建设案，应是可以经由民间企业参与使公共建设减少预算追加及早完工，提供安全信赖的公共服务，而是否帮政府赚取权利金可能是次要考虑，导正BOT精神只是单从法律经济着眼的偏见。

《联合国国际贸易中应收款转让公约》的优先权规则及其借鉴*

杨 峰** 刘先良***

摘 要： 国际保理的核心法律关系是应收款债权转让。为了减少应收款转让中权利发生冲突从而阻碍国际贸易，《联合国国际贸易中应收款转让公约》在冲突法规范之外也示范了三种可供缔约国整体采纳或部分保留的优先权规则。通过对三种优先权规则在运行成本、交易安全、第三人利益保护三方面的比较分析，并立足于我国现有的二元混合型优先权规则体系现状，从而为我国应收款转让优先权规则的完善，提供了制度变迁的路径选择。建议我国逐步变迁为以登记为准的优先权规则体系，并对类型化的应收款转让权利冲突提出具体的完善对策。

关键词： 应收款转让 优先权 应收款质押 国际保理

2014年11月24日，国务院颁布了《不动产登记暂行条例》。依据该《条例》不动产权利优先权规则方面的规定，土地、房屋、海域和林木的不动产权利顺位将适用统一的标准。而相比债权特别是应收款债权的优先权规则，目前还处于一个混合的二元体系。我国中小企业的不动产因数量有限而导致融资困难，而商业银行保理业务是一种能改善中小企业融资困境的金融创新，需要健全的相关法律制度保障。2014年4月10日，银监会颁布了《商业银行保理业务管理暂行办法》，明确了应收账款的保理融资功能，但是应收

---

* 本文为司法部法治建设与法学理论研究部级项目“商事严格法律责任问题研究”的阶段性成果。

** 杨峰：男，上海财经大学法学院教授，博士生导师。

*** 刘先良：男，江西财经大学法学院2012级法律经济学博士研究生。

款转让优先权规则方面的规定还存在不足，需要进一步的完善。2001年12月12日，联合国第56届大会第85次全体会议通过了《国际贸易中应收账款转让公约》。该公约对应收款转让的法律效力及转让对第三人的效力——优先冲突规则做了规定，这些规定对于完善我国应收账款转让优先权规则具有借鉴作用。

一、《联合国国际贸易中应收款转让公约》中的优先权规则

在国际贸易中，专门从事应收款受让的商人称为保理商，其以受让应收款为对价，为出让人（供应商）提供贸易融资等服务，能够促进国际贸易的发展。但是其在开展应收款转让业务时，由于各国法律规定差异，从而导致法律适用的不确定性，阻碍了应收款转让的进行。为此，联合国国际贸易法委员会于2001年12月12日在纽约颁布了《国际贸易中应收账款转让公约》（以下简称公约）。该公约本着统一各国应收账款转让规则，消除法律障碍的理念，以促进货物和服务在国际更流畅交易为最终目的。公约设计的思想是着重依赖冲突法规范，发生权利冲突时优先适用缔约国国内的优先权规则。公约明确规定未来应收款转让和成批应收款转让的法律效力，并规定了允许缔约国整体采纳或部分保留的竞合债权优先权规则。[1]

债权优先权规则，即是处理债权受让人与除债务人以外第三人之间权利竞合时，权利顺位及实现的法律规则。公约利用冲突法规范，将应收款转让中所可能发生权利冲突时的准据法指引到缔约国本国法中，并且示范了三种优先权实体规则样本，分别是以登记为准的优先权规则、以转让合同时间为准的优先权规则、以转让通知时间为准的优先权规则。

（一）公约附件中所规定优先权规则的具体内容

1.以登记为准的优先权规则

以登记为准的优先规则，是指数个权利人同时对所转让债权主张权利时，权利优先顺序依照登记与否及时间先后排序。办理了登记的权利人优先

[1] 联合国国际贸易法委员会：《2001年联合国国际贸易应收款转让公约》，资料来源：联合国国际贸易法委员会网站 http://www.uncitral.org/uncitral/zh/uncitral_texts/security/2001Convention_receivables.html.

于未办理登记的权利人，若干权利人都办理了登记，按照登记在先权利在先的规则排序。

登记主义允许应收款受让人办理登记，由此确立较稳定的权利顺位预期。办理登记后受让人即可以对抗其他未办理登记和登记时间在后的平行应收款受让人；除此之外，只要受让人在破产程序、扣押、主管当局作出司法判决或类似裁决之前已经转让并办理相关登记，其权利优先于破产管理人的权利和让与人的债权人之权利。[1]由此可见，登记主义对于谨慎而勤勉的受让人，提供了很好的保护，同时其他潜在权利人通过查询登记情况，也可以预防冲突的发生。

以登记为准的优先权规则，需要缔约国具备赖以配套实施的债权登记制度。公约附件第4条还规定登记内容的基本要求应当包含能够识别相关当事人的身份信息及所转让应收款的简要说明，并且明确承认未来应收款和成批应收款转让登记的合法性。[2]

2.以转让合同时间为准的优先权规则

以转让合同时间为准的优先权规则，是指权利顺位排序根据转让合同成立之时间先后为判断标准，而不依据债权转移的外在表征。双方签订合同并且合同生效后，应收款权利即刻转移，无合同履行的问题。

公约附件第6条规定，当发生一笔应收款转让与数名受让人之时，多个相竞合的权利之优先顺序，以各受让人各自订立应收款转让合同的时间先后次序决定。同时，面对破产管理人或转让人的债权人，只要在破产程序、扣押、当局作出司法裁决或类似的裁决之前即已转让的，受让人对所转让应收款的权利即享有优先权。[3]

然而在实务当中，由于缺乏权利转让的外在表征，当多个权利发生冲突时，以转让合同时间在先者权利优先，但是需要对签订合同时间在先进行举证。

3.以转让通知时间为准的优先权规则

以转让通知时间为准的优先权规则，是指权利顺位排序的标准是债务人接到债权让与通知的时间先后。若干受让人之间，通知债务人在先者权利

[1] 《联合国国际贸易中应收款转让公约》附件第2条。

[2] 《联合国国际贸易中应收款转让公约》附件第4条。

[3] 《联合国国际贸易中应收款转让公约》附件第7条。

优先，同时公约附件第9条还规定通知时必须是善意的，如果受让人在签订应收款让与合同时知道所让与标的已经转让，其权利不得优先于该转让在先者❶。受让人与破产管理人或转让人的债权人之间，只要应收款在发动此种破产程序、扣押、当局作出司法裁决或类似的裁决之前即已转让的，并且债务人也收到通知，受让人即对应收款的权利享有优先权。❷

（二）公约附件中三种优先权规则的比较

公约的优先权规则虽然不具有强制效力，并且允许缔约国随时声明加入和退出，或者修改、保留某些条款，但是为我国提供了完善国际贸易中应收款转让优先权规则的路径选择。公约中示范的三类优先权规则各有优缺点：

1.成本方面

以登记为准的优先权规则，需要建立相配套的登记制度，故有较高的制度建设成本；以合同转让时间为准和以转让通知时间为准的规则，除立法本身都不需要额外投入。

登记主义规则，需要在每次签订转让合同后，办理相应的登记，耗费人力物力，成本较高；而通知主义规则次之，其在签订合同之余，尚需要以特定形式通知债务人，例如口头、书面、电子等形式；转让生效主义规则最为简便，一般仅需要让与人和受让人之间的磋商成本即可。

登记主义优先权规则下，利益相关第三人倘若想查询应收款权属情况，需要使用登记系统，支付一定查询费用，即可以得到及时准确权威的信息；而转让通知主义优先权规则下，需要向债务人询问，而债务人一般情况下并无回复义务，况且出于商业交易隐蔽性的原因，其未必能够获得及时准确的信息；转让生效主义优先权规则下，交易更加隐蔽，第三人几乎无从查询，并且在发生权利纠纷时，相关权利人尚需要向法院举证证明转让通知时间，以主张自己的权利，成本最高。

2.交易安全方面

在转让合同生效时间标准下，应收款权利让与不具有公示性，债权转让只有内部效力，无法对抗第三人。如若发生与其他债权受让人间的权利纷争，当事人需要通过举证证明自己权利优先，预期利益存在不确定性因素，

---

❶ 《联合国国际贸易中应收款转让公约》附件第9条。

❷ 《联合国国际贸易中应收款转让公约》附件第10条。

而且此规则没有提供给应收款受让人事先防范此纷争出现的措施，只能被动防御、事后救济。

在转让合同通知时间标准下，应收款权利让与具有一定公示性，其转让在债务人收到通知时发生效力。但是实际上债务人本身非专业客观的第三方登记组织，其接到债务转让通知后并没有义务为了受让人利益而反馈，仅当涉及自己利益时可能行使抗辩权。故容易发生债务人怠于告知受让人，关于应收款之前已经让与并接到转让通知的情形，或者甚至出现债务人与出让人合谋欺诈受让人的情形。其将导致受让人对权利预期误判，事后陷于权利纷争之中，而且规则没有提供有效防范措施。

在以登记时间为标准下，应收款权利的移转以办理登记为准，其不依赖于应收款让与交易中的利益相关人而公示，更具有客观公正性。交易安全可以得到妥善保护，而且允许勤勉谨慎的当事人，通过及时办理应收款让与登记确保自己权利优先于其他潜在的权利竞争者。

3.第三人利益保护方面

以登记为标准的优先规则，对第三人利益提供了较好的保护途径。当事人通过向登记机构查询应收款让与情况，可以确定权利的归属，以避免陷于权利纷争之中。以合同转让通知为标准的优先规则，对于处于优先地位的应收款让与人，课以“善意要件”[1]，对第三人亦有所保护。在转让合同生效标准下，应收款权利移转不具有公示性，故一方面不能够清晰地反映出应收款权利的真实归属，另一方面第三人也就没有适用善意取得的可能，对其利益保护较弱。

总之，以登记为标准的优先权规则，虽然需要在前期投入一些基础性建设成本及日常的登记系统运行成本，但是国际贸易应收款转让的交易安全更为重要。故其能够提供稳定、客观的权利顺位信息，并成为应收款受让人防范权利纠纷的有效手段，可以减少诉讼纷争，故节约之隐性成本应远大于其投入。

公约提供的只是一种框架性规则，并不够完善细致。其只规定了应收款平行受让人之间的效力关系，没有规定对应收款转让的担保物权效力。面对应收款担保物权时，比如面对应收款质押权人、应收款转让人的破产管理

[1] 《联合国国际贸易中应收款转让公约》第9条。

人等时，应收款受让人权利位阶往往处于以应收款债权为标的的担保物权之下，这不利于保护应收款债权受让人的利益。但瑕不掩瑜，相关理论的完善应当由国内法根据自身国情去完善。

二、我国国际贸易中现有应收款转让优先权规则及存在的问题

（一）我国国际贸易中现有应收款转让优先权规则体系

我国现有应收款转让的优先权规则，主要规定在《民法通则》《合同法》《物权法》和《破产法》之中，李宇（2012）认为这是一种“二元体系”。[1]

《民法通则》第91条规定，债权转让应当取得债务人同意，采取的是“债务人同意主义”，而我国《合同法》第80条规定，债权人出让权利的，应当通知债务人。该债权转让法律效果仅在通知债务人后，才对其产生约束力。按照特别法优于一般法的法律解释原则，应当认为应优先适用《合同法》之相关规定。虽然《合同法》并没有明确规定优先权标准，但一般解释上认为采用通知主义优先权规则。

《物权法》第228条规定：“以应收账款出质的，当事人应当订立书面合同。质权自信贷征信机构办理出质登记时设立。”该法条仅对应收账款质押登记作出规定，而没有涉及应收款出让登记。目前我国的应收账款质押登记系统，登记主体是人民银行征信中心。该登记系统不仅支持应收账款质押登记，还支持应收账款转让登记，但是应收账款转让登记所占比例（20%）偏低。

《破产法》中对于应收款债权，没有作出区别于一般企业债权的特别规定，也没有独立的应收款转让优先权规则。关于破产财产范围的界定，应结合《合同法》中债权让与制度及《物权法》中应收款质押登记规则进行解释。但是《破产法》中，破产管理人的撤销权及应收款受让人的抵销权等特别规定，也将实际影响应收款转让优先权实现的顺位。

---

[1] 李宇：“债权让与的优先顺序与公示制度”，载《法学研究》2012年第6期，第115页。

（二）我国国际贸易中现有应收款转让优先权规则存在的问题

1.现有优先权规则体系不够统一

我国现有的应收账款转让优先权规则呈现“二元体系”：在《合同法》中，解释上认为适用通知主义优先权规则；而在《物权法》中，适用登记主义优先权规则。实务中应收账款转让也可以登记在应收款质押登记系统中。其他单行法中，如《破产法》中也散布着破产管理人之撤销权、应收款受让人之抵销权等影响优先权顺位的规则。两种规则体系各自为政，没有形成统一的权利排序标准，不能提供稳定的权利顺位预期，适用上会出现不协调的情形。

2.现有优先权规则规定不够完备

《合同法》中以通知为准的优先权规则并未明确规定，债权转让的事实应当由应收款出让人通知债务人还是由应收款受让人通知债务人，抑或两者皆可通知？从而发生应收款出让人怠于通知债务人，并将应收账款多次转让的情形。如何确定权利顺序？并且法律亦未明确规定，未履行通知义务时，所产生确切优先权顺位上的效力。而当转让给保理商的应收账款债权，同时也被应收款出让人前手基于所有权保留合同标的所涵盖时，优先权规则不明。

《物权法》中没有明确规定应收款转让的优先权规则，实务中其可以适用人民银行征信中心的质押登记系统。由于缺少《物权法》相关司法解释，相关操作细则也存在空白之处。该登记系统在应收款转让和应收款质押的优先权顺位方面还不够清晰，在登记范围、登记要素、登记效力方面都有待完善。❶

我国目前并未明确未来应收账款转让的效力，受让人的未来应收账款债权与破产财产之间界限模糊，优先权顺位不明；《破产法》规定的破产管理人行使撤销权和认定转让行为无效的规定，如何影响应收款优先权顺位不够明确；供应商进入破产程序后，如果保理商和供应商相互之间尚有债务未履行完毕，能否在破产分配前相抵销以实现优先受偿？特别是当发生保理商依

❶ 刘萍：《应收账款担保融资创新与监管》，中信出版社2009年版，第189页。

据追索权或者基础合同瑕疵要求反转让给供应商的情形时。[1]

3.应收款转让的准物权性被忽视

我国《物权法》规定应收账款债权可以出质，但必须订立书面合同并办理登记。但是我国目前法律并未明确规定，应收账款转让必须办理征信登记。“应收账款保理一方面是一组复杂的合同安排，而另一方面体现了债权让与的准物权性。”[2]相比公约，我国《物权法》同样没有赋予应收款转让和应收款质押相同的法律地位，没有明确承认应收款转让的准物权效力。这导致了应收款受让人只能通过债权法得到保护，而得不到物权法层面的保障。而债权不具有对世性，故应收款受让人面对担保物权人、破产管理人、保留所有权卖方权利人时，根据物权优先于债权的原则，其权利处于相对弱势地位。实际上，国际贸易中应收款转让之保留追索权保理与应收款质押的界限模糊，应收款受让人的法律地位却低于应收款质押权利人，不利于保护应收款受让人的利益及其业务的开展。

三、我国国际贸易中应收款转让优先权规则的完善

（一）我国国际贸易中应收款转让优先权规则完善的路径

1.逐步建立统一以登记为准的优先权规则

《美国统一商法典》将应收款转让和应收款质押统一规定在其第9章“动产担保交易法”中，适用相同登记制度和优先权规则，为美国中小企业融资提供重要制度支持。故我国应当顺应国际动产担保统一立法趋势，借鉴《美国统一商法典》及《应收款转让公约》中应收款转让之以登记为准的优先权规则，并对应收款转让给予和应收款质押同一的法律地位。

未来立法中，建议建立以登记为准的优先权规则体系。在《合同法》中，应当明确应收款转让对第三人之效力，建议允许应收账款转让办理登记。在《物权法》“权利质押”一节当中，建议允许应收款转让与应收账款质押适用相同的登记系统。登记后赋予应收账款转让对世效力，可以对抗其

---

[1] 谢菁菁、赵秀文：“试析应收账款受让人与破产管理人的权利冲突”，载《河北法学》2010年第8期，第137～144页。

[2] 谢菁菁：《国际保理中应收账款转让问题研究》，中国检察出版社2011年版，内容摘要第1页。

他登记在后的担保物权。在相关的其他单行法如《破产法》之中，也应有配套的应收款转让优先权规则。

建议法律明确赋予应收账款转让在办理登记后具有对世效力。但是此登记应当是对抗要件而不是生效要件，即允许当事人自主选择是否办理登记，办理登记与否不影响合同内部出让人及债务人与受让人间的法律关系，但是影响其对抗不特定之第三权利人的效力。法律规则不代替当事人做判断，但是提供给勤勉谨慎的受让人事先防范风险的措施。

2.完善现阶段类型化的优先权规则

以登记为准的优先权规则，实施起来更加富有效率，并能最大限度地保护及平衡应收款受让人与第三人间的利益，应当成为我国的改革方向。但是，由于我国目前优先权规则体系的二元结构现状，以及不具备立即实行登记制所需的社会征信配套体系，况且现有的应收款质押登记系统本身还不够完善，所以我国应当逐渐地从二元体制的混合优先权规则变迁为统一的登记制优先权规则。

在现有的规则体系下，我们不能够一蹴而就地建立系统而统一的应收账款转让登记制优先权规则，有必要循序渐进地将实务中常见的具体权利冲突类型化，有针对性地给出明确的优先顺位规则，为日后建立统一的优先权规则体系做铺垫，也减少个案中因对规则适用差异导致法律结果出现不确定性的情形。具体来说，一方面应当对法律中涉及应收款受让人，与其他受让人、破产管理人、出让人前手卖方和应收款质押权人之间权利冲突规则加以明确；另一方面，依据我国二元优先权规则体系的现状，应当明晰依据物权优先于债权、物权公示公信、诚实信用等原则来解释、运用优先权规则。[1]

（二）我国国际贸易中应收款转让优先权规则的具体完善

1.完善应收款受让人与其他受让人间的优先权规则

我国《合同法》没有明确规定债权让与的优先权规则，解释上有通知主义[2]和让与主义[3]的分歧。从内部效力来说，通知主义和让与主义并无差

---

❶ 徐学银："论国际保理商与供应商前手卖方间的权利冲突"，载《南京社会科学》2012年第9期，第104～106页。

❷ 谢菁菁：《国际保理中应收账款转让问题研究》，中国检察出版社2011年版，第163～164页。

❸ 李宇："债权让与的优先顺序与公示制度"，载《法学研究》2012年第6期，第100页。

别，差别在于对第三人效力。因我国并未完全吸收德国物权行为理论[1]，而且《合同法》第80条规定，未经通知时，债权让与不得对抗债务人，故建议：（1）明确我国债权让与的优先权规则为通知主义，权利先后的标准以债权转让通知送达债务人的时间为准。同时赋予债权受让人通知债务人的权利，两债权转让相冲突，通知在先的受让人权利优先。（2）待应收账款登记完善后，允许应收账款受让人办理登记，登记为对抗要件，未经登记的应收款转让仅在相对人之间发生效力，不得对抗第三人。登记时间在先者权利优先，办妥登记者权利优先于未登记者权利。

2.完善应收款受让人与破产管理人间的优先权规则

建议我国在今后立法中：（1）承认未来应收账款的合法效力[2]，及其一般不属于破产财产的范围，但是赋予破产管理人解除应收款转让合同的权利。应收款保理从本质上说是一种商事行为，债权转让人本身也是获益者，而且还有抵销权适用的余地，故一般不会损害其他债权人利益，没有必要一概撤销。（2）有限制的撤销权。破产管理人成功证明让与人恶意将应收账款转让时，根据诚实信用原则，应当赋予其撤销转让或宣告转让无效的权利。但是待登记制度完善后，根据物权公信原则，为了保护登记的公信力和第三人利益，已办理登记的和善意受让的应收账款转让不得撤销，但是保留破产管理人追偿的权利。（3）更宽松的抵销权。明确保理商的抵销权不受到期债权和同类债权才能抵销的限制。

3.完善应收款受让人与出让人前手卖方间的优先权规则

根据保留所有权买卖公示原则，保留所有权买卖的出卖人，其所保留权利只有在办理了登记后才能产生对世效力，而他人（包括应收款受让人）对于未办理保留所有权买卖登记的权利人，无义务忍受其所保留权利之瑕疵。依此逻辑建议按如下规则处理：（1）所有权保留买卖已经登记。出让应收款债权时所签订的所有权保留合同，若已经办妥登记将具备对世效力。

---

[1] 黄斌："国际保理业务中应收账款债权让与的法律分析"，载《清华大学学报(哲学社会科学版)》2006年第2期，第137～144页。

[2] 目前未来应收账款没有叙做保理的合法效力。参见《商业银行保理业务管理暂行办法》第13条第1-2之规定："商业银行应当根据自身内部控制水平和风险管理能力，制定适合叙做保理融资业务的应收账款标准，规范应收账款范围。商业银行不得基于不合法基础交易合同、寄售合同、未来应收账款、权属不清的应收账款、因票据或其他有价证券而产生的付款请求权等开展保理融资业务。未来应收账款是指合同项下卖方义务未履行完毕的预期应收账款。"

此时债权出让人前手权利优先于受让人，其只能向出让人主张违约责任。（2）所有权保留买卖未登记。在出卖人出让应收款债权时，其与前手间保留所有权买卖若未办理登记，出让人和前手之间的约定，没有对抗受让人的效力。此时，权利顺位取决于通知时间先后。（3）登记制度完善后，赋予保理商办理应收账款转让登记后对抗第三人效力，实行登记在先权利优先规则。登记在后的应收款保留所有权前手卖方，也不得对抗登记在先的应收款受让人。

4.完善应收款受让人与应收款质押权人间的优先权规则

依据物权优先于债权、物权公示公信原则，建议按照如下规则处理：

（1）质权成立在先。即使《物权法》第224条规定的应收账款质押后禁止转让是管理性规范，保理商获得的法律地位也不能超过供应商，其获得债权在权利顺位上也在质权之后，况且质权成立需要登记，债权转让不具有外观性，不能适用善意取得，[1]故无论保理商事先知情与否都无法对抗在先质权。

（2）债权转让在先。如果债权转让在先，由于缺乏公示，而在隐蔽型保理中或者供应商将其财产设置了浮动抵押，甚至供应商为了获取最大利益，又将应收账款设置质押，知情质权人因其缺乏期待利益，质押权顺位落后于保理商的优先权[2]，但是若善意质权人已支付合理对价，应当允许其善意取得质权，而债权转让无外观性，不能适用善意取得。[3]故建议目前保护办理了登记的质权人优先，除非质权人事先明知保理存在。

（3）目前保理商囿于债权转让不具外观性、不得对抗第三人的限制，权利处于弱势地位，无法对抗办理登记后的质押权人。建议完善应收账款转让登记制度之后，赋予登记之后的应收账款转让对抗质押权人的效力，但这种登记非生效要件，而是对抗要件。

---

[1] 李宇：“债权让与的优先顺序与公示制度”，载《法学研究》2012年第6期，第98～118页。

[2] 易楚晨：“国际保理业务中,应收账款转让引起的权利冲突和优先权问题”，载《现代管理科学》2003年第9期，第85～86页。

[3] 李宇：“债权让与的优先顺序与公示制度”，载《法学研究》2012年第6期，第116页。

论政府资助科研项目科技成果的知识产权归属*

吴春岐** 王立争***

摘　要：政府资助科研项目科技成果的知识产权问题，涉及国家、项目承担单位以及项目承担者等不同主体的利益博弈，是科技成果转化领域的核心问题之一。目前，尚未有国家层面的相关立法，广东、江苏、山东等地方立法则有所规定。不论是由国家还是项目承担单位享有知识产权，均不利于鼓励项目承担者积极承担项目、完成项目成果的研制，也不利于科技成果的转化。由项目承担者在一般情况下享有相应的知识产权，同时规定一定的例外情况，是较为适宜的立法选择。

关键词：科技成果　知识产权　项目承担者

近年来，我国由各级政府利用财政性资金资助的科研项目越来越多，在这些项目资助基础上形成了数量庞大的科研成果。这些科研成果的知识产权归属问题，是科技成果转化过程中不容忽视的关键问题之一。在科技成果转化实践当中，由于知识产权具有较复杂的“面孔”：无形、可复制、可在同一时间被不同地点的人使用、受期限及地域限制等等，因此其较之有形财产权的归属更难把握，易引发纠纷。因此，有必要就该问题进行专门研究，为相关立法提供可资参考的建议。

---

*　本文是北京市“科技成果转化制度构建中若干物权法律问题研究”课题的阶段性成果之一。

**　吴春岐，男，法学博士，管理学博士后，北京城市学院城镇化研究院院长、教授，中国知行智库总干事。兼任中国人民大学土地政策与制度研究中心副主任、土地矿产法研究所所长，中国人民大学民事法律科学研究中心兼职研究员。

***　王立争，男，天津商业大学法学院副教授。

一、政府资助科研项目科技成果知识产权归属的立法考察

（一）国家科技研究计划中的相关规定

目前，在国家层面的立法中，我国尚无关于政府资助科研项目科技成果知识产权归属的系统规定。但是，在一些重大的国家科技研究计划中，相关规范性文件则有一些规定，并经历了重大的规则变迁过程。自20世纪80年代以来，国家为加速科技发展进程，根据科技发展总体部署，组织实施了国家科技攻关计划、高技术研究与发展计划（863计划）、基础性研究重大关键项目计划(攀登计划)、星火计划、火炬计划、科技成果重点推广计划、社会发展科技计划、技术创新工程、国家工程技术研究中心组建计划、国家重点新产品计划等重大科技发展计划。上述各类科技计划的管理模式基本类似，故以下仅选择国家高技术研究与发展计划进行讨论。

原国家科委1992年发布的《国家高技术研究发展计划管理办法》的第24条明确规定："'863'计划成果归国家所有，国家科委积极鼓励和引导成果的转化、推广等工作。属于技术探索性研究项目，应向国家科委提交所有实验记录、数据、源程序、研究报告等，不得散失，不得由个人占有。属于有阶段目标产品的研究项目，除向国家科委提交上述必要的资料上，应提交产品（样机、样品等）推广应用的可行性报告。"至2001年，科学技术部、总装备部、国防科工委、财政部联合下发了《国家高技术研究发展计划(863计划)管理办法》，其第59条规定："为保障国家利益和社会公共利益，保护课题责任人、课题依托单位和课题研究人员的合法权益，计划课题形成的知识产权的归属、使用和转移，按国家相关知识产权法律法规执行。"第60条规定："计划课题形成的专利权的归属与实施按《中华人民共和国专利法》和科技部《关于加强与科技有关的知识产权保护和管理工作的若干意见》的有关规定执行。"《关于加强与科技有关的知识产权保护和管理工作的若干意见》中的相应规定是："要逐步调整科技成果的知识产权归属政策，除以保证重大国家利益、国家安全和社会公共利益为目的，并由科技计划项目主管部门与承担单位在合同中明确约定外，执行国家科技计划项目所形成科技成果的知识产权，可以由承担单位所有。执行国家科技计划项目所产生的发明权、发现权及其他科技成果权等精神权利，属于对项目单独或者共同作出创造性贡献的科技人员。"可见，"863计划"涉及的知识产权归属问题，相关行政规章先是统一规定为"国家所有"，后规定为"由承担单

位所有”，并将“以保证重大国家利益、国家安全和社会公共利益为目的，并由科技计划项目主管部门与承担单位在合同中明确约定”作为除外条款。

（二）地方立法中的相关规定

在地方立法中，多数省份或城市选择回避的方式，在科技创新促进条例、科学技术进步条例、科技成果转化条例等相关法规中，均没有进行明确规定。但在广东、山东以及江苏的相关立法中，则进行了相应的规定，值得研究。

广东省处于我国经济发展的前沿，其快速的经济发展速度与其科技创新的推动具有很大的关联，而这又与广东省重视相关立法和政策的完善密不可分。近年来，广东省高度重视科技成果转化工作，先后推出一系列促进科技与经济结合、推动科技成果转化的政策法规和各项措施，取得了良好的成效。近年出台的较有影响的相关政策法规如《广东省技术市场条例》《广东省促进科学技术进步条例》《广东省人民政府、教育部关于加强产学研合作提高广东自主创新能力的意见》《广东省科技型中小企业融资担保风险准备金管理暂行办法》等。一些市县也相继出台了地方性的政策法规，如广州市出台了《广州市促进科技成果转化条例》《广州市高新技术成果转化项目认定办法》等。通过多年的积累，其已形成一套较为完善的科技法规政策体系，科技成果转化所需的政策法规环境不断完善。

在上述政策法规体系中，有的已经涉及政府资助科研项目科技成果知识产权的归属问题。如《广东省促进科学技术进步条例》第24条规定：“实施国家和省制定的各类科学技术计划项目，由制定计划的部门或者其授权的专家委员会代表政府（委托方），与项目承担单位（受托方）依法签定委托研究开发合同，约定科学技术知识产权的归属、保密和分享办法。”对依据科学技术计划项目所取得的成果，规定可以由相关当事方通过合同约定产权的归属。该条例第26条规定：“研究开发机构或个人，可将自己拥有的科学技术知识产权作为投资股本，取得合法收益。允许职务发明者在一定时期内对其职务发明占有一定比例的红股，或从该职务发明技术效益的税后利润中提取一定比例的报酬。发明者自行要求调离本单位后，其权利自动消失。”据此规定，职务发明者可以取得一定比例的红股或在相关利润中获得一定比例的报酬，但没有肯定其直接享有相应的产权。此外，《广州市促进科技成果转化条例》在第17条中明确规定：“科技成果完成单位以科技成果出资入股的，科技成果完成人可以享有不低于该项科技成果入股时作价金额百分之三十的股份。凡属政府给予百分之五十一以上资金资助的科技计划项目，科技成果完成人可以享有不低于该项科技成果入股时作价金额百分之五十的股份。该持股人依据所持股份分享收益。在前款所列的科技成果完成人享有的股份中，科技成果主要完成人应当享有不低于百分之八十的比例。”从而也是通过奖励的方式鼓励科技成果完成人及其单位进行科技成果转化。

不过，2012年12月26日通过、2013年7月1日实施的《广州市科技创新促进条例》，对基于财政资助项目产权归属问题，则进行了创新性规定。如《广州市科技创新促进条例》第25条第2款规定：“市财政资金支持的科技计划项目的实施所产生的知识产权，除涉及国家安全、国家利益和重大社会公共利益的外，由项目承担者依法取得。项目承担者应向科技行政部门报告项目产生的知识产权及其管理情况。”这一规定明确将市财政资金支持的科技计划项目的实施所产生的知识产权授予项目承担者所有，而非通过当事人所签合同进行约定。

江苏省作为科技、经济大省每年都产出大量的科技成果，大力推进科技成果转化，全面应用高新技术、发展高新技术产业，成为江苏省走新型工业化道路的战略选择。江苏省注重通过不同的科技成果转化模式推进不同类型的科技成果进行转化，这些转化模式主要有政府推广转化模式、科技创新转化模式、产学研联合转化模式、自主转化模式、市场驱动转化模式、技术引进转化模式等。在创新各种转化模式促进科技成果转化的同时，江苏省特别重视通过地方政策和地方立法的方式促进科技成果的转化。早在1995年，江苏省即发布了《关于实施科教兴省战略，加快推进科技进步的若干政策措施》等多个政策性文件，明确促进科技成果转化、加快科技进步的指导思想、主要目标、重点任务及相应措施。之后江苏省又发布《科技成果转化专项资金管理办法》《江苏省科技进步条例》《江苏省发展高新技术及其产业条例》《江苏省促进科技成果转化条例》等，使江苏省科技成果转化进入了规范化、法制化轨道，为江苏省科技成果转化提供了充分的地方政策法规保障。

江苏省的相关地方立法中特别就政府资助的应用性研究项目的成果归属进行了规定。《江苏省促进科技成果转化条例》第22条规定：“主要由政府资助的应用性研究项目，其研究成果应当在成果完成后一年内实施转化；一年内未实施转化的，可以由科技成果完成人和参加人在不变更职务科技成果权属的前提下，根据与本单位协议进行该项科技成果的转化，并享有协议约定的权益，也可以由项目下达部门责成项目承担单位向社会公开转让。”该规定实质是将依据政府资助的应用性研究项目成果，作为职务科技成果对待，从而在其权利归属上当然采用职务作品的相关法律规定。此外，《江苏省科学技术进步条例》第34条规定：“鼓励科技人员通过订立技术合同，承包企业事业单位的科技开发项目。对产生明显经济效益的承包项目，可以根据该项目的技术创新程度，从新增利润或者节约资金中提取一定比例用作直接完成该项目科技人员的报酬。对农业技术人员到农业生产第一线从事技术承包、技术服务的，可以技术承包、技术服务的纯收入或者其他有关资金中提取一定的比例，分配给直接参与承包的科技人员。”通过项目科技人员报酬制度鼓励科技成果转化。

山东省也是科技大省，在科技成果转化方面的实践与立法也值得关注。山东省先后颁布了《山东省科学技术进步条例》《山东省促进科技成果转化条例》等相关政策法规，对山东省的科技成果转化起到了重要的推动作用。不过，前述法规并没有就政府资助科研项目科技成果知识产权的归属问题进行明确规定。但是，2011年10月1日起施行的《青岛市科技创新促进条例》在该问题上进行了大胆的创新，其第15条规定：“利用财政性资金设立的科学技术项目所形成的发明专利权、计算机软件著作权、集成电路布图设计专有权和植物新品种权，除涉及国家安全、国家利益和重大社会公共利益的外，授权项目承担者依法取得。项目承担者应当依法实施前款规定的知识产权。具备实施条件且在一年内无正当理由没有实施的，政府可以依法决定无偿实施，也可以许可他人有偿实施或者无偿实施。”这一规定，将利用财政性资金设立的科学技术项目所形成的知识产权，授权项目承担者依法取得，但涉及国家安全、国家利益和重大社会公共利益的除外。与《广州市科技创新促进条例》的相关规定精神一致，不过，《青岛市科技创新促进条例》较之《广州市科技创新促进条例》施行更早，其创新性更加明显。

二、政府资助科研项目科技成果知识产权归属的理论分析

在理论层面，关于政府资助科研项目科技成果的知识产权归属问题，大致存在以下几种可能的方案：（1）归国家所有；（2）归项目承担单位所有；（3）归项目承担者所有；（4）由国家与项目承担单位共有；（5）由国家与项目承担者共有；（6）由项目承担单位与项目承担者共有；（7）由

国家、项目承担单位和项目承担者共有。以上几种可能的方案中，涉及的主体主要有三个，即国家、项目承担单位和项目承担者。笔者认为，应采用第三种观点，即由项目承担者享有知识产权。笔者持这一主张的理由包括如下几方面：

首先，由国家享有知识产权不利于鼓励项目承担者积极承担项目、完成项目成果的研制，也不利于成果转化。一般情况下，科研项目的取得都是在项目承担者前期研究基础上，经过严格审批而获得的。立项之后，项目承担者又须付出较大的努力方能取得预期成果。从项目立项，到开展研究，到最终结项，都凝结着项目承担者的巨大努力。如果将项目成果的知识产权规定为国家所有，则无疑将打击项目承担者的科研积极性，可能将导致科研工作者不愿申报项目，因为其通过个人努力而自行完成项目研究的，将肯定会获得知识产权。由项目承担者获得知识产权，将对项目承担者形成知识产权激励，有利于促进科技成果的产出和转化。[1]此外，如果将这些项目的成果一律规定为由国家享有知识产权，则这些成果的实施均将由政府主导，由此将给相关主管部门带来巨大的工作量，其实施效率及最终效果可能会因此而大打折扣，不利于科技成果的转化，与政府投资设立科研项目，鼓励科学研究，推动生产力发展的初衷也是相悖的。

将此种情况下的知识产权规定为国家所有，将导致成果完成人在完成成果开发后，并不倾向于以公开成果信息换取独占权利的知识产权思路来实现其利益，而是尽可能保持技术信息的保密状态，形成技术上的独占优势。这就从根本上阻碍了成果向社会转化的道路。而由于国家是计划成果的所有人，也是计划成果知识产权的占有者或分享者，故成果完成人在用此类知识产权向有关企业出资入股时，很难自主决定将其中一部分股权作为奖励，分配给有关技术或经营骨干，从而对该科技成果的实施及后续开发产生消极影响。如在将这些技术向有关公司出资时，必须经过国有资产管理部门的审批和评估，而涉及国有资产投资的，就容易出现有关主管部门相互推诿的现象，不愿再将国有资产中一定比例的部分奖励给有关科技骨干及经营骨干，其结果是科技成果进行转化并产生经济效益之后，国家、企业和企业股东均

[1] 陈俊："科技成果转化中的知识产权立法保护"，载《复旦学报（社会科学版）》2005年第3期。

从中受了益，唯独对科技成果的创造及转化作出实质性贡献的技术骨干及经营骨干的股权无法兑现。[1]

国家如果需要对某项科技成果进行控制，无须以私权的享有者为前提。例如：为保守国家秘密的需要，政府可以要求某项科技成果依照《保密法》有关规定严格限定知悉范围；为技术信息扩散的需要，政府有权将某项专利写入国家标准供全社会执行。因此，政府是知识产权的管理者，必要时可以对私人的知识产权权利进行限制，但不必与私人分享权利。

其次，由项目承担单位享有知识产权没有充足的理由，若由项目承担单位享有知识产权，同样会对科研工作者的科研积极性造成不利影响。项目承担单位在科研项目的研究过程中，主要承担组织项目申请、过程性监督、科研经费管理、协助主管部门进行中期检查和结项的相关工作等，这些工作保障了项目的顺利完成和科研成果的最终取得。但是，就科研项目的研究本身而言，项目承担单位并没有参与实质性研究，没有为项目成果的取得贡献学术思想，其主要进行的是管理性工作，故不应享有项目方面的相应产权。此外，各项目承担单位基本均有提取管理费的做法，并且也基本得到了项目主管部门的同意，这一部分管理费，可以视为项目承担单位进行管理性工作的报酬，而没有必要规定由其享有知识产权。

再次，由项目承担者享有知识产权具有法理基础，也有利于鼓励科研工作者的科研积极性，促进科技成果的转化。科研项目的整个研究过程都凝结着项目承担者的汗水。项目的最终成果，是项目承担者学术思想的体现，由其享有知识产权，符合通常情况下“谁完成、谁享有”的知识产权归属原则，也将使科研工作者的科研积极性大大提升。由科研工作者享有知识产权，也有利于其积极进行科技成果的转化工作，从而提高科技成果的效益，最终实现科研项目——科技成果——提高生产力的良性循环。而实践表明，不合理的科技成果产权归属机制，是导致科技成果转化过程漫长，甚至失败的主要原因。[2]

综上所述，在项目成果的知识产权归属问题上，应当贯彻“尊重知识、尊重人才、保证公平、提高效率”的原则，在保证重大国家利益、国家安全

---

[1] 李晓拓：《论科技成果转化中的知识产权归属问题》，中国社会科学院2001年硕士学位论文，第40页。

[2] 陈兰杰：“国内外高校科技成果转化模式比较研究”，载《工业技术经济》2009年第3期。

和社会公共利益的基础上，以加速科技成果转化和激励创新为目的，鼓励知识作为生产要素参与分配，充分保障科技计划项目承担单位和科技人员的技术权益和经济利益。[1]项目成果的知识产权归属国家所有或项目承担单位所有均不符合本条例有关鼓励科研和科技成果转化的基本立法精神，相应地，由这些主体与项目承担者共有成果的知识产权，也是不适宜的。

此外，如果一律采用“谁完成、谁享有”的归属原则，也不完全符合实际。在某些应用性较强的项目中，项目主管部门在项目管理办法、申请立项通知等文件中，往往明确规定项目承担者依据申请书完成项目以后，所得成果的知识产权归项目主管部门，项目承担者的主要收益则来自项目经费以及所在单位的配套经费等。此种情况，应理解为项目主管部门与项目承担者另有约定，在法律上应承认其效力。

在规定成果知识产权归属的同时，还必须考虑成果的实施及其效益问题。如果项目承担者在取得成果知识产权之后，不依法予以实施，从而转化为生产力，就会使科研项目的设立目的落空，所完成的成果也将沦为具文。因此，笔者认为，法律应明确规定项目承担者应当依法实施其依托项目所获得的知识产权。如果其没有依法予以实施，则政府可以强制予以实施，包括政府自身的无偿实施和许可他人有偿实施或者无偿实施。

三、结　语

政府资助科研项目科技成果知识产权的归属问题，涉及科技成果转化过程中国有资产投入与科技企业投入之间的关系。当前各类科技成果的取得，有很多系在国家或地方科研项目的基础上进行的。国家或地方科研项目的资金来源，系政府财政划拨，属于国有资产的范畴。而科技企业投入的支持科研成果转化的资产，由科技企业享有所有权。从物权法理来看，对科技成果的权利归属划分，属于无形资产所有权的范畴，对知识产权的共有，则属于所谓准共有的问题。从我国当前的立法情况看，在国家层面，这一问题尚缺少明确规定，在有的地方，如广州、青岛等，则规定政府支持的项目的科技成果产权，属于项目承担者享有。这一问题究竟应如何立法，是当前科技成果转化问题需要解决的重要课题。

---

[1] 郭莉：“科技创新与科技成果转化中的知识产权问题研究”，载《科学管理研究》2010年第2期。

根据前文分析，笔者尝试提出相关立法建议稿如下：

（1）利用财政性资金设立的科研项目所形成的知识产权，由项目承担者依法取得，法律、行政法规、规章另有规定或者项目主管部门与项目承担者另有约定的除外。

（2）项目承担者应当依法实施前款规定的知识产权。具备实施条件且在一年内无正当理由没有实施的，政府可以依法决定无偿实施，或者许可他人实施。

上述规定的基本立场，系“谁完成、谁享有”的归属原则。同时，基于立法科学性和前瞻性的考虑，如果立法中相关法律、行政法规、规章对所涉及问题另有规定的，应以法律、行政法规、规章的规定的为准，而项目主管部门对其立项的某些特殊项目，如涉及应用对策性的成果，往往会与项目承担者另有约定，此时，自应依照该约定处理。故本条第一款采取“一般+例外”的立法模式，明确规定“法律、行政法规另有规定或者项目主管部门与项目承担者另有约定的除外”。此外，为使项目资助产生的知识产权的效益得以发挥，上述规定要求项目承担者应依法实施其知识产权，具备实施条件且在一年内无正当理由没有实施的，政府可以依法决定无偿实施，或许可他人有偿实施或者无偿实施。

大学章程建设：在尊严与变革中奋力前行

焦志勇*

摘　要：教育部核准公布包括北京师范大学、厦门大学在内的15所高校章程核准书时，已有47所部属高校章程得到了核准，随之而来的将是各地高校“雨后春笋”般的申报与核准。可见，在行政强力的推动下，长期以来高校“无章办学”的状况，将会按照教育部门制定的时间表在2015年内予以终结。应当讲，在我国大学章程的建设方面，我们的确取得相当可喜的形式上的成绩，但我们也应当看到：在党的十八届四中全会“法治中国”要求下，如何以“依法制章”和“依章治校”为切入点，在简政放权的基础上厘清政府与高校管理的界限；在赋能还权的基础上焕发出高等学校自主办学的发展活力，并由此完善大学章程建设，构建现代大学制度，则是当下我国深化高等教育综合改革的关键所在。

关键词：大学章程　高教改革　依法制章　依章治校

党的十八届四中全会《中共中央关于全面推进依法治国若干重大问题的决定》（以下简称四中全会《决定》）中指出：“全面推进依法治国，总目标是建设中国特色社会主义法治体系，建设社会主义法治国家。”应当讲，在我国基本建成社会主义法律体系的基础上，党的四中全会的《决定》更加注重实质性社会主义法治体系构建与法治的践行。就党的四中全会《决定》中所确立的“依法治国”的方略来言，全面推进依法治校则是“依法治国”在教育领域的集中表现。全面推进依法治校涉及诸多方面，在实际工作中必

*　焦志勇，男，首都经济贸易大学法学院教授，硕士生导师，北京市法学会教育法研究会副会长。

须有一个总揽全局、牵引各方的总抓手，而这个抓手就是大学章程的建设，依法治校的各项工作都应当围绕这个总抓手来谋划、来推进。

一、大学章程是高等教育改革法治化的重要平台

四中全会《决定》中明确指出：“深入开展多层次多形式法治创建活动，深化基层组织和部门、行业依法治理，支持各类社会主体自我约束、自我管理。”当下高等教育改革法治化的重要平台即为大学章程的建设。为了更好地推进与规范大学章程建设，教育部不仅制定了《全面推进依法治校实施纲要》，而且还制定了《高等学校章程制定暂行办法》《学校教职工代表大会规定》《高等学校学术委员会规程》《普通高等学校理事会规程（试行）》，以及《高等学校信息公开办法》等关乎大学章程建设的法治“五大基石”。按照章程进行大学治理，通过章程建设推进高等教育改革法治化，已成为我们贯彻党的十八届三中全会所提出的“深化教育领域综合改革”，以及四中全会所提出的“法治国家”，建立完善现代大学制度的重要体现。

自2011年11月28日教育部发布《高等学校章程制定暂行办法》（以下简称《暂行办法》），以及2013年11月教育部发布《中央部委所属高等学校章程建设行动计划 (2013-2015年)》以来，包括中央部委所属高等学校在内的各省、自治区、直辖市的高等学校，都纷纷制定其章程。特别是随着近日教育部核准公布了包括北京师范大学、厦门大学在内的15所高校章程核准书，迄今为止，已有47所部属高等学校大学的章程得到了核准，随之而来的将是各地高等学校（特别是公立高等学校）“雨后春笋”般的报批与核准。可见，在教育部及各地教育行政管理部门的积极推动下，长期以来我国公立大学“无章办学”的状况会按照教育部及各级教育管理部门制定时间表的逐渐“到期”将很快地予以终结。应当承认，在《暂行办法》的规范下，在行政权力的推动下，就大学章程制定工作而言，其已取得了史无前例的相当大进步与成绩，但也需要指出的是，以大学章程建设为重心的高等教育综合改革，不仅需要形式上的“要件”，更重要的是在法治基础上，实现依法治校与依章治理的“软件”上下功夫，以实现高等教育在法治基础上的实质性深刻变革。

2012年6月教育部曾发布《依法治校——建设现代学校制度实施纲要（征求意见稿）》，其中在“依法治校的重要性与紧迫性”中指出：“学校作为具有公共管理职能的社会组织，需要按照法律至上、保障权利、制约权

力的原则，实行依法治校。依法治校是建设现代学校制度、构建新型政校关系的根本保证。”这里的“法律至上”就是在法治的基础上深化教育体制的综合改革，“保障权利”就是在法制的框架内依法落实与维护学校的办学自主权，切实而有效地保障教师和学生的合法权益，“制约权力”就是在“简政放权”与“赋能还权”的基础上，依法减少行政干预，切实而有效地保障高等学校依法赋予的办学自主权得以实施，从而在法治的框架内构建具有中国特色的现代大学制度。

二、大学章程建设已进入法治的“监理”阶段

随着大学章程制定工作告一段落，依章治理则成为我们是否能够真正地贯彻党的三中及四中全会《决定》所提出要求，能否真正地依法治校的“试金石”。党的十八届四中全会《决定》中指出：“法律的生命力在于实施，法律的权威也在于实施。”大学章程的生命或者其重要意义就在于学校能够在法治的基础上依章治理。根据教育部要求，凡高等学校的大学章程核准书所附章程为最终文本，自即日起生效，未经法定程序不得修改。学校应当以章程作为依法自主办学、实施管理和履行公共职能的基本准则和依据，按照建设中国特色现代大学制度的要求，完善法人治理结构，健全内部管理体制，依法治校、科学发展。与此同时，我们也必须看到：自2003年7月17日教育部发布《关于加强依法治校工作的若干意见》（教政法【2003】3号）后，包括教育部在内的各级教育主管部门都开展了以章程建设为中心的“依法治校”工作，但在大学章程建设方面还未取得实质性的进步，关键的问题还在于现行高等教育的体制与机制不适应当下深化高等教育综合改革的实践需要，大学章程没有真正地在依法治校中发挥其应有的功能与作用：其一，尽管要求政府部门要“简政放权”，但政府教育主管部门在“控权”与“放权”的维度，以及政府与高校管理关系始终未能得到真正的厘清。其二，高等学校特别是公立大学行政管理手段和方式相对粗放与落后，特别是在强调以法治思维治理的工作能力方面亟待提高。其三，高等学校办学自主权未能真正有效地得到落实。尽管高校办学自主权有法可依，但却无法真正地“落地”与“开花”。其四，缺乏有效的大学法人治理机制。出于我国高等教育体制及机制的原因，高等学校法人内部治理结构始终未能真正的确立，不仅缺乏学校权力机构运行的有效规则，同时缺乏有效的权力制衡机制，特别是在学校民主管理与监督方面缺乏应有的治理与监督力度。其五，大学章程的

法律效力有待加强。就目前大学章程建设中的问题来看，林林总总但重要的问题是：公立大学的章程“外”不能真正地调整作为出资者的政府与举办者学校的关系，从而保障和维护学校自身的合法权益，“内”不能真正地调整教师、学生与学校的关系，从而保障和维护学校各主体间的合法权益，致使其章程往往成为公立大学“依法治校”的摆设。为此，在当下我国教育主管部门核准大学章程的条件下，强化依章治理则成为在法治框架内依法治校的具体体现。如何在法治中国的基础上，深化高等教育的综合改革，如何通过这种综合改革的深化推进构建并完善现代大学制度，如何通过大学章程建设使我国的高等学校进入教育制度变革的新时代，这些问题已成为我们推动我国高等教育改革法治化进程中亟待解决的重要问题。

应当讲，在当下法治基础上的高等教育综合改革中，在以大学章程为核心的现代大学制度建设中，仅仅靠高等学校自身的制度运行（特别是公立大学）来实现“依章治理”、构建现代大学制度，是无法从根本上治愈这一长期困扰中国高等教育改革与发展的“政校不分、管办不离”症结的，是无法真正地焕发高等学校应有的朝气，以及我国高等教育内涵式发展的活力的。确切地说，关乎构建我国现代大学制度的大学章程建设目前正是在这种自尊与彷徨的状态下前行。如何破解这一难题，寻找加快现代学校制度建设的途径呢？关键之处在于：在真正地贯彻党的十八届三中全会及四中全会的《决定》下，通过赋能还权真正转变政府教育主管部门的职能，并通过依法制章与依章治校来全面推进我国高等教育领域依法治校的法治进程。

三、简政放权与赋能还权是大学章程建设的重要前提

大学自形成以来就有其自身的功能，即教书育人、科学研究和服务社会。在此种功能下学校享有自主招生、自授学位等办学“自主权”和学术自由、教授治理的“自治权”。但我们必须看到，出于政治和经济的历史原因，新中国成立后至20世纪80年代末期我国教育体制改革前的近40年里，“清一色”的公立大学不仅作为国家意识形态领域和政治目的而存在，大学还成为政府高等教育行政管理权实施的附属机构。在这种体制下，公立大学在教育行政管理方面受到政府高等教育主管部门诸多方面的严格管理和掌控，高等学校被行政管理“捆绑”起来，在教学与科研方面很少有其自主权。尽管1998年我国颁布的《高等教育法》规定了七项办学自主权，但在教改实践中，这些法律规定实施起来凸显原则和粗略，特别是没有真正地界定

好政府作为公立大学投资者、政府作为行政管理者与作为举办者学校三者间权利（权力）与义务的界限。即使在《高等教育法》实施近16年来，教育部等行政管理部门始终未能对于保障和维护高等学校自主权等方面作出相应和有效的细化措施。在今天“政校分开、管办分离”的呼声下，高等学校特别是公立大学主张要从政府的行政管理“捆绑”中挣脱出来，以实现教学与科研自主权的大学“原生态”；而另一方面，政府作为投资者和管理者的“角色”以及“控权”与“放权”的维度却始终未能正确地适应包括高等教育法治化改革以及公立大学可持续、科学发展客观形势在内的需要。因此，高等学校要真正地依法制章与依章治校，其重要的前提就需要政府教育主管部门简政放权与赋能还权。转变政府职能是深化高等教育综合改革的核心，也是促进高等教育内涵式发展、依法治校的根本保障。要大力推进高等教育综合改革的力度，教育主管部门就应当在“简政放权”的基础上，通过权力清单的方式和措施，严格依照法定权限和程序行使权力、履行职责，从而通过权力清单的改革方式，以厘清政府与高等学校之间的管理界限，真正地“赋能还权”于高等学校，从而提高政府教育主管部门治理能力与水平的现代化。可以说，在简政放权的基础上，赋能还权于高等学校，是当下我们贯彻党的十八届三中及四中全会《决定》，以及国务院《教育规划纲要》，深化我国高等教育改革的重要前提和核心内容。

在大学章程建设中，政府的简政放权与赋能还权可以说主要集中体现在“依章治校”方面。就依章治校而言，就是要求高等学校将章程作为学校依法自主办学、实施管理和履行公共职能的基本准则。“依章治校”的关键在于“治”字，高等学校应当构建起学校内部的科学、长效的治理机制，并以章程为依据，制定出内部的管理制度及机制运行规则，从而自主实施办学与管理活动，开展社会合作。与此同时，学校各方当事人都应当按照章程的规则与内容办事，从而使我国的高等学校章程作为“软法”，对“内”不仅在校内规章制度中起着“宪章”的作用，成为规范学校的办学与管理的各项规章制度制定与实施的“准则”，而且也是包括政府在内的投资者检验所投资学校是否按照章程办学的“标准”和履行投资的“契约”，对“外”不仅是教育行政管理者管理与评估的“尺度”，而且也是社会监督与评价的“标杆”，在国家法制条件成熟情况下，成为司法机关审理教育方面纠纷的法律“准绳”。当然，根据当下高等学校大学章程建设的现状来看，要实现“依章治校”，有四个“瓶颈”问题须解决：其一，如何在章程中界定好学校基层党组织“政治监督”的法律地位问题。目前，一些人认为，党组织是学校的权力机构，而一些人认为由书记参加的“校务委员会”或者“校董事会”是学校的权力机构。在章程制定与实施过程中，争议相当大。其二，学术委员会是学校学术最高权力机构，如何在章程中界定好学术委员会处理及裁决学术纠纷权力界限及效力问题。其三，学校作为独立的法人，如何进行学校法人制度的设计，并在科学构建治理结构基础上，从而充分发挥章程的制衡功能问题。其四，章程在解决学校与教师、学生在校内部纠纷的效力问题。而这一效力问题是否可以作为接受司法审查的“软法”依据。其五，强化“教代会”民主监督功能的问题。使教代会真正成为教职工利益维护的代言人，而不是行政权力的“附庸”。

四、强化大学章程的法律效力

大学章程建设不仅是现代大学制度构建的“基础工程”，而且也是依法治校的核心内容。为了更好地强化大学章程的法律效力，真正发挥大学章程的法治功能与作用，凡经教育主管部门审核的高等学校章程，应经相关的立法机关批准，可视为政府教育主管部门行政规章的组成部分，从而赋予学校章程应有的法律效力，以真正提升全社会对大学章程重要性的认知与尊重程度。因此，教育部在全面推进依法治校工作的同时，应着力规范大学章程的法律效力，在《暂行办法》的基础上，可适时地制定《高等学校章程实施管理办法》等配套规章，使大学章程建设在政府“简政放权”与“赋能还权”方面，以及在高等学校“依法制章”与“依章治校”方面起到依法治校应有的功能与作用。

（1）在上位法的规范下，教育部应在《高等学校章程制定暂行办法》的基础上，适时出台《高等学校章程实施管理办法》（名称暂定）。2012年1月1日实施的《暂行办法》是教育部规范高等学校章程制定的行政规章，其第2条规定：“国家举办的高等学校章程的起草、审议、修订以及核准、备案等，适用本办法”，该《暂行办法》只规范教育行政部门以及高等学校在制定与核准大学章程方面等各项行为，其中包括总则、章程内容、章程制定程序、章程核准与监督，以及附则等五章。应当讲，在各高等学校制定章程工作告一段落的情况下，教育部应在《暂行办法》的基础上及时制定《高等学校章程实施管理办法》，在“依法治教”下，正确且有效地赋予大学章程法律效力。《高等学校章程实施管理办法》可设总则、章程制定程序、章程核准与监督程序、教育主管部门以及高等学校的权利与义务、章程的法律效力、法律责任、附则等部分。通过《高等学校章程实施管理办法》的出台，以规范教育行政管理部门与高等学校在“依法治校”中的各项行为，从而达到以“简政放权与赋能还权”为核心，通过“依法制章与依章治校”途径，以加快深化我国高等教育综合改革的进程。

（2）《高等学校章程实施办法》的制定应突出解决问题为深化改革导向的理念，从法制层面上“精准发力”。要构建具有中国特色的现代大学制度，必须从根本上解决两个层面的问题：从外部讲，是大学与政府的关系构建问题，即：解决困扰高等学校多年的“政校不分、管办不离”的“老大难”问题，从而在法律规范层面上界定好政府与高等学校的法律关系。从内部讲，科学、有效地规范好党组织领导权力、学校行政管理权力、学术自治权力以及民主管理与监督权力等四种基本权力关系的结构体系和运行规则，从而提升高等学校在教育法制的框架内自主办学、自治管理、自我发展的水平。而这两个层面的问题是可以通过大学章程的建设得到较好的解决的。因此，《高等学校章程实施办法》应重点厘清政府与学校的管理关系，在《教育法》《高等教育法》等法律框架内，不仅按照国务院行政改革方案的要求来寻找和界定好政府职能的空间与边界，而且从法制层面上真正赋予高等学校自主办学的各项权利与职责。

（3）提升大学章程在现代大学制度中的法律地位，真正且有效地赋予大学章程对外与对内的法律效力。[1]在我国高等教育改革中，教育行政主管部门的简政放权其根本目的在于对教育公共权力的有效制约，高等学校的赋能还权其根本目在于通过现代大学制度的构建切实地激发出高等学校办学的活力。在政府职能转变与简政放权的基础上，学校办学自主权通过章程的形式予以确认与规范是我国现代大学制度构建的“基石”。因此，教育行政主

[1] 根据新修订的《行政诉讼法》第2条的规定：“公民、法人或者其他组织认为行政机关和行政机关工作人员的具体行政行为侵犯其合法权益，有权依照本法向人民法院提起诉讼。前款所称行政行为，包括法律、法规、规章授权的组织作出的行政行为。”高等学校因法律、法规授权所作出的行政行为已“名正言顺”地纳入行政诉讼的受案范围。另外，根据教育部办公厅2014年5月28日颁布的《关于加快推进高等学校章程制定、核准与实施工作的通知》规定：“除规章以上层级的规范性文件外，其他文件要求与经核准的章程不一致的，优先执行章程的规定”，经核准的高等学校章程及其相关的规章制度，则成为人民法院在审理教育行政纠纷的诉讼中的法律适用的重要“准绳”之一。

管部门应当对于已通过审核的大学章程给予充分的尊重和认可，即：包括公立大学在内的高等学校章程一经生效，即发生法律约束力，这种约束力不仅使学校内部包括投资者的政府、学校以及师生等在内的各方当事人受到约束，而且作为高等教育行政管理者的政府也要受此约束。如果在学校办学过程中，教育行政管理部门越权、错权地干预甚至侵害了学校的办学自主权，高等学校就可以依照相应的法律、行政法规及章程的相应规定来维护学校自身的合法权利，行政管理部门应当承担相应的行政法律责任。只有这样，才能真正营造出构建我国现代大学制度所必备的有章可依、有章必依、执章必严、违章必究的法制氛围。

（4）在制定《高等学校章程实施管理办法》中应当规范与完善因章程实施中当事人权利的救济制度。可以说，大学章程对“内”不仅在校内规章制度中起着“宪章”的作用，成为规范学校的办学与管理的各项规章制度制定与实施的“准则”，而且也是包括政府在内的投资者检验所投资学校是否按照章程办学的“标准”和履行投资的“契约”，对“外”不仅是教育行政管理者管理与评估的“尺度”，而且也是社会监督与评价的“标杆”。应当看到，在大学章程实施过程中，不免会产生各种各样的纠纷，因此，在制定《高等学校章程实施管理办法》中，应着重规范与完善当事人权利的救济制度，从而有效地防止现代大学制度建设中大学章程“空心化”问题，真正地使“依法制章，依章治校”适应于“法治国家”下依法治校的时代需要。

综上所述，大学章程不仅是构建具有中国特色社会主义的现代大学制度的“基础性工程”，同时大学章程建设也是检验我国高等教育是否能够切实而真正地得到深化改革的“试金石”。可以说，大学章程只有在社会主义法治基础上的现代大学制度中才能真正地“安身立命”。当然，在大学章程建设过程中还存在这样或者那样的改革困境与艰难，但我们有理由相信：在当下构建“法治中国”中，作为构建现代大学制度“基础工程”的大学章程建设，一定会在尊严与高教变革之中奋力前行。

合格境内个人投资者权利能力法律问题研究

李文华* 杨明慧** 满　鑫***

摘　要：随着沪港通的推出，该试点将有助于日后推动建立合格境内个人投资者（QDII2）机制，允许合格个人投资者直接投资境外市场。本文在对合格境内个人投资者权利能力问题进行评析的基础上，参考发达国家、新兴市场国家（地区）和温州金改试点的经验，结合我国具体国情，借鉴合适的先进经验，对我国合格境内个人投资者权利能力制度的构建问题提出适当建议。

关键词：QDII2 权利能力 制度构建

我国具有庞大的民间资本规模，但由于国内投资渠道狭窄，证券市场不够成熟，广大民众有强烈的跨境投资意愿。随着个人参与国际经济往来的活动日益增多，外汇流入压力长期大于流出，而个人直接跨境投资可以促进国际收支平衡。但是我国个人境外直接投资缺少法律依据，这使得众多个人境外投资者游走于“灰色地带”，不利于国家的经济稳定和金融安全。2014年11月17日沪港通正式开始进行股票交易。尽管其受总额度和每日额度的控制而一直呈现“南冷北温”的状态，但是随着对市场了解深入以及限制的进一步改进，沪港通的前景仍值得看好。沪港通的推出将促进人民币在资本项目之下的自由兑换，有助于日后推动建立合格境内个人投资者(QDII2)机制，为允许个人直接投资境外市场提供经验。在沪港通之前，温州市个人境外直接投资试点也为QDII2的构建积累了经验。因此，当前QDII2制度的尽快构建和实施非常具有必要性。

* 李文华，男，法学博士，经济学博士后，北京交通大学法学院副教授，研究生导师。

** 杨明慧，女，北京交通大学法学院2012级本科生。

*** 满鑫，女，北京交通大学法学院2012级本科生。

一、合格境内个人投资者权利能力概述

尽管QDII2的构建一直为市场所期待，也具备了一定的基础，但是我国的QDII2制度本身在推行过程中仍面临诸多风险。我国证券市场起步晚，市场机制不够健全，在政策和制度上仍有很多欠缺，现有的境内资本市场框架与国际市场尚未完全兼容，导致境内证券市场的防范风险能力相形见绌；而个人对境外市场信息掌握具有较大的局限性，使个人面临投资损失的风险更大，这对我国个人投资者的风险承受能力提出了更高的要求。面对以上风险，在建立合格境内个人投资者制度的过程中，必须首先明确合格境内个人投资者权利能力，以保护我国个人投资者的利益和保证证券市场的稳定。

在资本市场中，合格投资者是指符合法律对特定证券品种或投资项目预设的条件要求，即具有相应的权利能力和行为能力、适合参与特定证券品种或投资项目交易的特定投资者。合格投资者制度发轫于美国1933年《证券法》，随后英国、日本及我国香港和台湾地区等均通过立法、行政规章或自治规范的形式确立了相应的制度，日臻完善。但由于在我国大陆实行较晚，资本市场发展尚不充分，如何针对资本市场的现实需要，合理进行制度设计，有效地发挥其制度功能，促使该制度日益成熟，保护资本市场安全，防范系统风险，更好地维护投资者的利益，仍需要借鉴国外的相关立法经验。[1]我国合格个人投资者所要求具备的权利能力，可以通过对发达国家、新兴市场国家（地区）和温州试点的立法比较分析中总结立法经验，结合我国投资主体和市场的特点，从权利能力的赋予和权利能力的限制两个方面来进行界定。

---

[1] 郭富青："论资本市场合格投资者：资格塑造与行为规制"，载《证券法苑》2012年第2期，第347～361页。

二、域外及我国关于合格境内个人投资者权利能力相关立法比较分析

（一）关于投资者权利能力赋予相关规定

1.发达国家发展现状和主要经验

美国境外直接投资的定义将个人与企业一视同仁，[1]个人向国外汇出资本、进行投资不实行外汇管理，无须经过事前批准。日本除了有某些特殊要求的手续（如备案）外，个人资本流动通常无须事前审批和特殊管制。[2]在德国，个人的对外投资活动不受限制，无须经过事先的核准。法国对在国外购买法国或外国证券以及在国外投资所需的个人资本外流没有限制。[3]1995年，韩国允许国内居民开设海外存款账户，个人进行海外投资的上限也逐年提高。韩国投资法律规定：投资者必须是韩国银行行长认定的拥有海外投资必需资本的企业和个人，且不得是金融部门根据所获情报和有关规定而限制的不良交易对象，而且该企业和个人按有关评价表所得分数应超过一定的标准。[4]

2.新兴市场国家（地区）发展现状和主要经验

泰国政府规定：个人对外直接投资一年内不超过1000万美元的，无须批准；1000万美元以上需经中央银行批准。菲律宾政府规定：个人购汇对外直接投资需经事前审批并办理登记手续。[5]南非目前允许有良好信誉和年龄超过18岁的个人，每年可以将高达400万兰特用作跨境投资，但必须向银行提

---

[1] The United States defines direct investment abroad as the ownership or control, directly or indirectly, by one person (individual, branch, partnership, association, government, etc.) of 10% or more of the voting securities of an incorporated business enterprise or an equivalent interest in an unincorporated business enterprise. ——U.S. direct investment aboard , 15 CFR § 806.15 (a)(1). http://www.law.conell.edu/.

[2] 张琦：“我国个人境外直接投资政策及路径选择研究”，载《金融发展评论》2014年第2期，第80页。

[3] 张大龙：“开放我国个人境外直接投资外汇管理政策的思考”，载《华北金融》2012年第5期，第49页。

[4] 梁开银：“WTO协议背景下中国海外投资法律问题研究”，湖北人民出版社2004年版，第342页。

[5] 张大龙：“开放我国个人境外直接投资外汇管理政策的思考”，载《华北金融》2012年第5期，第49页。

交由南非税务局出具的、针对境外投资的完税证明。[1]台湾证券市场对外开放大致经历了三个阶段，在第二阶段（1991—1996）实施QDII制度，在第三阶段（1996—2003）初步实现了证券市场对境内外法人和自然人的完全开放。[2]

3.我国相关法律制度的规定及地方经验

《温州市个人境外直接投资管理办法（试行）》（2001年）第2条规定："本办法所称个人境外直接投资，是指持有中华人民共和国居民身份证、18周岁以上并具有完全民事行为能力的温州市个人，通过新设、并购、参股等方式在境外设立非金融企业或取得既有非金融企业所有权、控制权、经营管理权等权益的行为。"按照该管理办法，个人参与境外直接投资需要满足的条件有：（1）投资者拥有温州户籍并取得因私护照；（2）18周岁以上并具有完全民事行为能力；（3）境外投资项目具有真实性、合法性；（4）投资者具有合法的资金来源，资产负债率低。

（二）投资者权利能力限制相关规定

1.发达国家发展现状和主要经验

英国对个人的资本转移没有管制，但若涉及对英国产业安全或重要工业企业的影响时，则要接受一定程序的审查或限制。[3]日本法律规定：对于有可能影响到金融资本市场稳定和关系到国家安全的投资，必须事先得到财务大臣的批准；在境外投资渔业、皮革加工、军火等特殊行业前，也必须事前向政府部门提交申请；如果单笔投资金额高于10亿日元，投资者必须在投资完成20天内向日本银行报告。韩国个人境外直接投资商品种类有一定限制，一般投资者仅能投资外国金融机构发行的可转让定期存单（NCD）、外国公司发行的商品本票（CP）、韩国公司在海外发行的有价证券（包括存托凭

---

[1] 张琦："我国个人境外直接投资政策及路径选择研究"，载《金融发展评论》2014年第2期，第81页。

[2] 万国华："论国际比较视野下之我国QDII制度存在的问题与完善"，载《全球化时代的国际经济法：中国的视角国际研讨会论文集（下）》，武汉大学国际法研究所、武汉大学法学院，2008年。

[3] 张大龙："开放我国个人境外直接投资外汇管理政策的思考"，载《华北金融》2012年第5期，第49页。

证、海外可转/交换债等）和外国政府或企业所发行的债券。[1]韩国个人境外直接投资市场无特别的限制，因为KSD（Korea Securities Depository，韩国证券集中托管机构）与全世界主要的40个市场均有合作的当地保管银行，以配合韩国投资人的需要。[2]

2.新兴市场国家（地区）发展现状和主要经验

印度金融监管当局对个人境外投资设定了额度，每人每年向境外资金汇出不超过20万美元。泰国政府对于个人境外直接投资活动有1000万美元的限额，南非政府有每年400万兰特的限额，我国台湾地区也设立了500万美元的限额。

3.我国相关法律制度的规定及地方立法经验

（1）《温州市个人境外直接投资试点方案》从投资项目、投资方式、投资对象和区域、投资资金来源、投资额度与规模五个方面对个人境外直接投资施加了限制。①投资项目方面——对投资者境外项目的真实性、合法性进行审查。②投资方式方面——将投资方式限定为通过新设、并购、参股等方式在境外设立非金融企业或取得既有非金融企业的所有权、控制权、经营管理权等权益。③投资的对象和区域方面——不准投资设立境外特殊目的的公司，涉及我国禁止出口的技术和货物、能源、矿产类境外投资。不准投资与我国未建交国家的境外投资、特定国家或地区的境外投资、涉及多国（地区）利益的境外投资。④投资资金来源方面——投资者可使用自有外汇资金、人民币购汇以及经市外汇局核准的其他外汇资产来源等进行境外直接投资，也可将境外直接投资所得的利润留存境外用于其境外再投资。⑤投资额度与规模方面——试点期间，投资者单项境外投资额不超过等值300万美元，多个投资者共同实施一项境外直接投资的，投资总额不超过等值1000万美元，个人境外直接投资年度总额不超过2亿美元。

（2）《合格境内机构投资者境外证券投资管理试行办法》从投资方式、投资区域两个方面对机构投资者境外直接投资施加了限制。①投资方式

[1] 张琦："我国个人境外直接投资政策及路径选择研究"，载《金融发展评论》2014年第2期，第80～81页。

[2] 万国华："论国际比较视野下之我国QDII制度存在的问题与完善"，载《全球化时代的国际经济法：中国的视角国际研讨会论文集（下）》，武汉大学国际法研究所、武汉大学法学院，2008年。

方面——投资金融衍生品有一定的比例限制，严禁购买不动产、房地产抵押按揭、贵重金属、实物商品，也不允许利用融资购买证券或参与未持有基础资产的卖空交易。②投资区域方面——必须主要投资于已与中国证监会签署双边监管合作谅解备忘录的国家或地区的证券市场。❶

三、建立我国合格境内个人投资者权利能力相关法律制度的建议

（一）投资者权利能力的赋予

美国、日本、德国、法国、韩国等发达国家对境外直接投资实施较开放的管理政策和制度，相关制度不区分机构和个人，一般都是按照"个人"的定义统一管理，适用相同的规范。泰国、菲律宾、南非等新兴市场国家（地区）陆续开放了对个人境外直接投资活动的限制，采取限额控制的方式进行管理。我国台湾地区现已实现证券市场对个人境外直接投资的完全开放。

我国作为逐步放松市场管制，与世界市场接轨的发展中国家，在个人境外直接投资者权利能力赋予方面应遵循审慎原则，结合我国现实国情，可适当参考韩国、我国台湾地区的发展模式，借鉴《温州市个人境外直接投资管理办法（试行）》（2001年）相关规定，实现循序渐进、宽严有度的发展。

首先，在项目审批方面，建议借鉴泰国模式，对个人境外直接投资采取限额管理的方式，对外投资在一定额度内无须审批，只需备案，超过限额的则需要事前审批。

其次，在投资主体适当性认定方面，建议借鉴韩国及《温州市个人境外直接投资管理办法（试行）》（2001年）相关规定，对个人投资者的主体资格进行具体规定，包括年龄、行为能力、资金来源、资产负债率、个人境外投资信用等，由监管部门进行实质性审查后登记在册，引导个人通过合法渠道向境外投资。对已在境外投资的个人，建议实行"补登记"手续，化因法规缺失而导致的"灰色身份"为合法身份，使之获得国内外相关法律的保护。❷

---

❶ 刘华、刘明涛："《合格境内机构投资者境外证券投资管理试行办法》解读"，载《财务与会计》2007年第18期，第15～16页。

❷ 王大贤："个人境外直投倒逼金融监管加快升级"，载《上海证券报》，2012年4月17日，F06版。

再次，在国内开放区域方面，由于跨境资本流动牵一发而动全身，对于个人境外直接投资的放开可以选取一些经济发展水平较高、民营经济发达的地区，诸如温州、天津、青岛等地先行试点，形成可复制、可推广的管理模式，在各项制度完备后向全国推广。

最后，为确保管理有效性、主体真实性，可以考虑在国家外汇管理局直接投资外汇业务信息系统境外直接投资模块（ODI模块）增加境内个人投资者的信息登记界面，将个人的有效信息，如身份证号码、常住地址等信息核对准确后录入系统。同时，为实现有效监管，可以考虑将投资者的直系亲属，如配偶等信息录入系统，加强投资者主体资格审核。[1]

（二）投资者权利能力的限制

英国、日本等发达国家对个人境外直接投资者权利能力的限制主要出于对国家安全、资本市场稳定、特殊产业安全的考虑。韩国对投资者权利能力的限制主要在投资方式方面。印度、泰国、南非、等新兴市场国家和我国台湾地区对投资者权利能力的限制主要在投资额度与规模方面。

反观我国立法实践，《温州市个人境外直接投资试点方案》从投资项目、投资方式、投资对象和区域、投资资金来源、投资额度与规模五个方面对个人境外直接投资施加了限制。《合格境内机构投资者境外证券投资管理试行办法》从投资方式、投资区域两个方面对机构投资者境外直接投资施加了限制。考虑到我国投资者能力有待提高、境内金融市场防范风险能力不足，开放个人境外直接投资宜先紧后松、缓步慢行。

首先，在投资方式方面，从宏观风险可控的角度考虑，应当率先开放境外直接投资（境内个人通过设立、并购、参股等方式在境外设立或取得既有企业或项目所有权、控制权或经营管理权等权益的行为），然后开放个人境外证券投资，最后开放个人境外放款。原因是与单纯的金融交易相比，直接投资与实物经济的联系更为紧密，其直接影响的是贸易商品的供求关系，对国际收支和实际汇率的影响有限，尤其是与证券投资相比其相对应的中长期项目的支出流量相对稳定，且具有较大的不可逆转性，因而造成金融动荡的

[1] 王海云："境内个人境外直接投资外汇管理浅析"，载《金融纵横》2009年第6期，第44页。

可能性较小。❶

其次，在投资区域方面，就我国QDII制度而言，首先选择进入香港市场，之后，再由近及远、层次渐进地向外延展至纽约、伦敦、日本等国际市场。国内资本投资海外后，国际资本市场将在一定程度上对国内经济产生联动效应，有时可能导致国际资本市场风险感染国内经济，因此采取一定的限制措施并以渐进方式融入国际资本市场对我国来说是一种避免风险的最好选择。❷因此，在放开境内个人在境外直接投资的区域时，建议先选择香港、澳门特别行政区开始进行直接投资试点，不断积累经验后再进一步完善政策，扩大至法规较为健全、市场较为成熟的发达国家，最后扩大至所有已与中国签订双边投资保护协定的国家。

最后，在投资额度与规模方面，借鉴印度、泰国、南非、台湾等新兴市场国家（地区）相关经验，可规定单一境内个人境外投资的总规模不应超过其自有合法资产的一定比例（如30%），也可规定单一境内个人年度或累计境外投资限额（如1亿美元）。❸对于投资额度和规模，《温州市个人境外直接投资试点方案》进行的限制为："单人单项境外投资额不超过等值300万美元，多个投资者共同实施一项境外直接投资的，总额不超过等值1000万美元，个人境外直接投资年度总额不超过2亿美元。"但是据统计，目前我国拥有1000万资产以上的富豪有109万人，拥有资产10亿以上的富豪仅有8300人。❹由此观之，试点方案规定的数额略显宽泛，应当根据实际情况再做调整，在提高投资者投资积极性的同时合理管控风险。

---

❶ 安睿："境内个人境外投资制约因素和制度设计"，载《华北金融》2011年第3期，第56页。

❷ 安睿："境内个人境外投资制约因素和制度设计"，载《华北金融》2011年第3期，第56页。

❸ 安睿："境内个人境外投资制约因素和制度设计"，载《华北金融》2011年第3期，第56～57页。

❹ 《2014年胡润财富报告》。

四维透视：事业单位人事关系的法律调整论*

郑文睿**

摘　要：事业单位人事关系的法律调整涉及了法律适用的问题，引发了是否能由劳动法予以调整的争论。解决该争论的关键在于“事业单位人事关系”与“劳动关系”的区分，而区分的要点在于“身份”与“契约”两大核心词。从时间、立法和司法、行政、体制四个维度来切入，可以得出一个结论，即事业单位人事关系中凡是与身份制息息相关的领域，都难以由劳动法进行调整，凡是与身份关联不大或无关而使契约能够针对事业单位人事关系发挥作用的领域，劳动法才有调整的空间。

关键词：事业单位　人事关系　聘用制

黑格尔曾感慨道：“最捉摸不定的首推‘关系’！”❶

——题记

2014年5月15日，国务院法制办、中组部、人力资源和社会保障部三个部门的负责人针对《事业单位人事管理条例》进行答记者问时，指明“我国现有事业单位111万个，事业编制3153万人”。❷于是，这些人员的法律调

---

*　本文系作者主持的中国法学会2014年度部级法学研究课题“事业单位人事争议法律困境释疑”[CLS（2014）D102]、四川省社会科学院理论创新项目“论劳动关系的界定——以劳动法调整对象为中心的考察”（CX201315）和四川省社会科学院青年成长项目“劳动关系边界模糊性的法律廓清——以劳动法调整对象为核心的考察”（QN13003）的阶段性成果。

**　郑文睿，男，法学博士，四川省社会科学院法学研究所助理研究员，西南政法大学与四川省社会科学院联合培养博士后，研究方向为劳动法与社会保障法、企业公司法。

❶　[美]威尔·杜兰特：《哲学简史》，梁春译，中国友谊出版公司2004年版，第190页。

❷　王思北：“三部门负责人就《事业单位人事管理条例》答记者问”，载新华网2014年5月15日。

整终于在一定程度上具有了规范基础，从而大致形成国家机关工作人员适用《公务员法》、事业单位工作人员适用《事业单位人事管理条例》、企业员工适用《劳动法》的三足鼎立局面。[1]然而，《事业单位人事管理条例》的效力层级低于《公务员法》与《劳动法》，该条例的出台继续引发着事业单位工作人员特别是聘用制人员能否或应否被纳入劳动法调整的争议。事业编制的3000余万人遍布科教文卫等方方面面，现实生活中，发生着事业单位的人事关系与劳动关系相混淆纠缠、聘用合同与劳动合同亦相混淆纠缠的现象。建立事业单位人事关系的工作人员与建立劳动关系的雇员在提供"劳动"时都被笼统地称为上班，聘用合同与劳动合同都带有"合同"的字样，由于不同的法律适用其后果不同以及对当事人的利益关系有着不同的影响，从而就使得事业单位人事关系的法律调整成为一个不得不厘清的问题。理论界与实务界对此问题一直存有争论，至少存在三种观点：有的认为依附于劳动合同的劳动关系和依附于聘用合同的事业单位人事关系有着本质的区别，劳动法或劳动合同法不宜亦不应当调整事业单位人事关系；[2]有的认为依附于劳动合同的劳动关系和依附于聘用合同的事业单位人事关系没有本质区别，劳动法或劳动合同法可以亦应当调整事业单位人事关系；[3]有的认为依附于劳动合同的劳动关系和依附于聘用合同的事业单位人事关系既具有同质性又具有差异性，在秉承一般规定与特别规定相结合、特别规定优先适用的基础上，劳动法或劳动合同法可以作为调整事业单位人事关系的一般规定。[4]实际上，对于法律适用问题需要在明晰法律调整对象基础上，结合我国的立法传统、司法传统以及经验事实才能作出更好的回答。问题的关键就在于劳动关系与事业单位人事关系的关系，为此，就事业单位人事关系的法

---

[1] 当然这只是一种学术的抽象描述，实际情况其实非常复杂，例如事业单位中参公管理的人员以及所使用的派遣人员等等就分别由公务员法和劳动法进行相应的法律调整。

[2] 信春鹰主编：《中华人民共和国劳动合同法及实施条例解读》，中国法制出版社2008年版，第239页。

[3] 信春鹰主编：《中华人民共和国劳动合同法及实施条例解读》，中国法制出版社2008年版，第239页。另见陈晓宁："事业单位人事争议中的法律问题研究"，载《山东社会科学》2011年第1期，第145～147页。

[4] 许建宇："事业单位聘用合同的定性与法律适用模式选择"，载《法学》2010年第12期，第87～85页；另可参见《劳动合同法》第96条的规定，亦是采取了一般规定（劳动合同法）与特别规定（法律、行政法规、国务院另有规定）相结合、特别规定优先适用的处理手段。

律调整而言，其研究径路可以通过以下四个维度展开讨论。

一、从计划经济到市场经济：部分事业单位人事关系向劳动关系的转化

从时间维度来看，从计划经济到市场经济的转变中，事业单位的人事关系经历了覆盖范围的变化，进而所适用的规范也发生了相应的变化。

人事关系与身份制度息息相关，在身份为干部、工人、农民三种类别的情况下，人事关系与干部身份相挂钩，这就与契约制中的一视同仁、平等对待的做法相区别。计划经济条件下，事业单位人事关系所包含的具有干部身份范围的人员为在事业单位中工作的专业技术人员和管理人员。就目前而言，事业单位对行政化纠纷解决机制的路径依赖依旧十分强烈，由此为后来改革时聘用合同所带来的竞争机制无法真正发挥作用埋下伏笔。计划经济时期采取的行政化管理措施引发了事业单位人事关系的僵化，尤其在作为事业单位的高校中更是如此。一直以来，高校已经习惯于以管理干部的方式管理其教师，无论是招录还是使用教师等具体工作，全都采用行政和计划的手段进行，这种历史的惯性对代表自由和市场的聘用制具有天然的抵抗和抵触情绪。由此，“人类天生自由、平等和独立”[1]的状态被扭曲。计划经济条件所引发的行政化纠纷解决机制的路径依赖，使得事业单位中不具有公务员身份而实施聘用制的工作人员与劳动关系中的劳动者被差别对待。差别对待是允许的，但需要符合一定的条件，就像罗尔斯指出的正义第二原则那样“对社会和经济不平等的安排应能使这种不平等不但可以合理地指望符合每一个人的利益，而且与向所有人开放的地位和职务联系在一起”[2]。以目前的现实而言，所反映出的却是不符合该前提条件的非正义的差别对待。

然而，历史前进的车轮是任何人都挡不住的，随着我国社会主义市场经济的发展，伴随着人事制度的不断改革，我国事业单位人事关系覆盖范围已经发生了相应的变化：在事业单位中从事工作的专业技术人员和管理人员，他们与事业单位之间的人事关系，基于聘用制的普遍推行以及部分事业单位向企业的改制，有往劳动关系转变的趋势和迹象，当然，这不是全部转变。

---

[1] [英]洛克：《政府论（下篇）》，叶启芳、瞿菊农译，商务印书馆1964年版，第59页。

[2] [美]罗尔斯：《正义论》，谢延光译，上海译文出版社1991年版，第66页。

在计划经济时期，事业单位基本采取与行政机关同一的管理模式，因而事业单位中的人事关系具有浓厚的行政色彩，事业单位中的工作人员具有类似终身性的“铁饭碗”。在市场经济时代，由于事业单位自身的复杂性再加上事业单位的改革，使得事业单位的人事关系有些转化成了劳动关系，有些则依旧不能或没有转化成劳动关系。具体而言，依据目前现实状况，可将事业单位分为民办事业单位与官办事业单位两大类。在民办的事业单位（即民办非企业单位）中，比如民办学校、民办医院、民办图书馆、民办福利院等，按照《劳动合同法》的要求，已经在法律层面将此类人事关系转化成劳动关系，并由劳动法调整。至于官办的事业单位，需要注意三种情况。一是企事不分的事业单位，实施企业化经营，比如除人民出版社之外的其他出版社都实施企业化经营，自主经营、自负盈亏，人事关系转化为劳动关系，由劳动法调整。再比如，就像郑尚元教授所举的实例那样，“随着文化体制改革的深入，属于国有事业单位的国有文艺院团越来越多地改制为企业，其员工逐渐失去了原国有事业单位干部身份，双方当事人的关系亦演变为文艺演出企业与其职工之间的劳动合同关系……这些广大文艺工作者将丢掉长期保有的事业编制的‘干部’身份，转变而成为劳动法上的特殊劳动者，因为他们提供的是文艺产品与服务”❶。二是政事不分的事业单位，比如保监会、证监会、银监会、电监会等，比照公务员进行管理，这些事业单位行使着相应的政府职能，具有一定的公法色彩，行使相应职能的工作人员，其人事关系不能转化成劳动法所调整的劳动关系。三是除了前两种之外的纯粹的事业单位，比如中国人民大学、中国社会科学院等等，国家会分配给这类事业单位一定数量的事业编制，凡是具有事业编制的工作人员，其与单位所建立的关系被称为人事关系，一直以来，针对这种人事关系产生了能否适用劳动法调整的争论。

由此，基本上可以归纳出一个规律：整体而言，事业单位中凡是具有公务员身份或比照公务员管理的人员抑或具有事业编制的工作人员，都被纳入人事关系，凡是不具有公务员身份或不比照公务员管理的人员抑或不具有事业编制的工作人员，就可能属于劳动合同制下的劳动关系。“身份”成为人事关系的象征，区别于以“契约”为纽带的劳动关系。

---

❶ “同时，在改制过程中，存在相当数量的、游离于雇用团队之外的个体文艺工作者或自由职业者”。郑尚元：《劳动法与社会保障法前沿问题》，清华大学出版社2011年版，第221～222页。

二、从人事规定到劳动法律：劳动关系与聘用制下的事业单位人事关系难以殊途同归

在事业单位人事制度改革的进程中，原先沿用的行政任用关系尚未完全打破，新的聘用关系又无法充分发挥其功效，改革的过渡性色彩彰显。这就使得现阶段的人事关系成为具有历史中行政性、计划性的痕迹和现阶段的自由性、市场性因素的综合体，由改革的过渡性导致多特征的生成，呈现出一种既有行政意志又有当事人意思自治双重属性社会关系的样态。与既有行政意志又有当事人意思自治相对应，观现有规范，人事部的政策规定强化了人事关系的身份刚性，而劳动法等法律及最高人民法院的相关司法解释却将人事关系引向劳动关系自由、和谐的弹性契约彼岸，这就使得立法或司法维度展现出不同的部门不一致的做法。

按照1997年人事部发布的《人事争议处理暂行规定》（现已被2007年10月1日施行的《人事争议处理规定》废止）第2条第1款第2项规定，事业单位与工作人员之间因辞职、辞退以及履行聘任合同或聘用合同发生的这四类争议为人事争议，即将事业单位与工作人员之间所建立的关系作为人事关系来处理，如果发生争议，要进行人事仲裁，不进行劳动仲裁，法院不受理人事争议案件，更不适用《劳动法》来处理人事争议。由此强化了人事关系与劳动关系双轨制的做法，彰显了身份制与契约制的差异，突出了人事关系的刚性。

6年之后，于2003年9月5日施行的《最高人民法院关于人民法院审理事业单位人事争议案件若干问题的规定》对人事关系的刚性进行了矫正，在司法解释第1条中将事业单位与其工作人员之间因辞职、辞退及履行聘用合同所发生的这三类争议，适用劳动法处理。因此，将事业单位中的一部分人事争议的事项规定成为可诉的人事争议，不过仍然是先进行人事仲裁，但如果对人事仲裁不服的话，就可以去法院起诉了，而法院也应当受理这类争议案件，同时法院也可以依照《劳动法》来进行审理。即将事业单位与其工作人员之间因辞职、辞退及履行“聘用合同”所发生的这部分人事争议可按照《劳动法》的规定来处理，而将事业单位与其工作人员之间因履行“聘任合同”所发生的这部分人事争议排除在《劳动法》的调整范围之外。这个“聘任合同”是专门针对职称来进行规制的。比如某个大学教师被学校聘为讲师，可是这个教师不服，他认为以他的能力应当被聘为副教授，所发生的这个争议就是“聘任合同”争议。对于该职称争议，由法院来进行判断是不合

适的，而且法院也没能力判断个人的专业、科研水平等。《人事争议处理暂行规定》秉承着身份制严格区分于契约制的思路而不让法院插手处理人事关系，但市场经济逐渐发展起来之后，最高人民法院关于审理事业单位人事争议案件的司法解释突破"身份"的限制，从"契约"的角度入手，使法院可以受理部分人事关系案件，人事部的规定与最高人民法院的司法解释之间的矛盾冲突使得人事关系与劳动关系之间的关系更加复杂。

最高人民法院的出发点固然很好，然而，根据北京市高级人民法院的请示，司法权实在难以干预行政化的人事关系管理制度，司法审判遇到了困难。身份制的背景下，事业单位在工资待遇上采取由财政拨款的方式且无工资谈判机制以及对岗位设置了一定限额的编制，这种硬性"工资制度与编制制度"的行政化处理方式使得《劳动法》在处理事业单位人事关系的问题上寸步难行。正因为如此，最高人民法院也不得不接受现实，改变了仅实施7个月左右的关于审理事业单位人事争议案件的司法解释内容。这种改变体现在2004年4月30日出台并施行的《最高人民法院关于事业单位人事争议案件适用法律等问题的答复》里，其第1条明确指出先前的司法解释中虽然要求事业单位与其工作人员之间因辞职、辞退及履行聘用合同所发生的争议，适用劳动法的规定处理，但仅仅是指人民法院审理事业单位人事争议案件的程序运用劳动法的相关规定，人民法院对事业单位人事争议案件的实体处理应当适用人事方面的法律规定，如果没有相关人事规定的，适用劳动法的有关规定。时隔不到一年，最高人民法院就将人事关系由适用《劳动法》的规定处理转变为仅在程序上适用《劳动法》的规制，即发生了契约制向身份制一定程度或某种意义的妥协。

由中共中央组织部、人事部、总政治部发布并于2007年10月1日施行的《人事争议处理规定》[1]第2条第1款第2项、第3条和第36条虽然还在坚持着身份制的思路，但已经初步展现出了契约制的端倪。条文明确指出，一方面，在契约制的影响下，事业单位与工作人员之间因解除人事关系、履行聘用合同发生的两种争议为人事争议，先进行人事仲裁，不服仲裁裁决的可以进行诉讼，另一方面，在身份制的影响下，因考核、职务任免、职称评审等

[1] 本规定由中共中央组织部、人力资源和社会保障部、总政治部于2011年8月15日修改后重新发布。《人事争议处理规定》的此次修改主要是围绕"审级"进行删除、调整。

发生的人事争议不能走仲裁之后再诉讼的救济途径。鉴于契约制下，依附于聘用合同的事业单位人事关系缺乏实体规范的救济，结合身份制的特性，2008年1月1日施行的《劳动合同法》在第2条第2款和第96条规定，针对事业单位与实行聘用制的工作人员基于聘用合同发生的争议而言，当法律、行政法规或者国务院没有另行规定的，就可以认定为劳动争议，纳入到劳动法调整范围之内。2008年5月1日起施行的《劳动争议调解仲裁法》更是在第52条呼应了《劳动合同法》的规定。自此，这种逐渐模糊"事业单位与实行聘用制的工作人员人事关系"与"劳动关系"的做法，反映出了当下背景中，身份制与契约制的相互交融与结合。

2011年6月2日，中央电视台新闻频道播出了一则新闻，在京西宾馆召开的全国分类推进事业单位改革工作座谈会上，传递出了事业单位改革的时间表，从2011年到2015年，我国将用5年时间完成事业单位分类，到2020年要建立起事业单位管理体制和运行机制。[1]不久，根据事业单位改革时间表，国务院办公厅在2011年7月24日发布并实施的《关于印发分类推进事业单位改革配套文件的通知》中对各省、自治区、直辖市人民政府，国务院各部委、各直属机构给出了9个改革配套文件，[2]要求认真贯彻执行。分类推进事业单位改革配套文件的精神之一就是要严格区分国家机关、事业单位和企业，按照"行政的归行政，市场的归市场"的做法，国家机关对应行政，企业对应市场，事业单位则分为公益一类事业单位（不能或不宜由市场配置资源）和公益二类事业单位（可部分由市场配置资源）对应行政与市场的适度结合，由此履行不同的用工制度，建立不同内容的关系。从这个角度来看，9个改革配套文件在某种意义上来说，强调了劳动关系与事业单位人事关系

---

[1] "全国事业单位改革时间表首次明确"，载央视新闻2011年6月2日。其实，先于央视新闻的中国之声《新闻纵横》报道就已经指出："权威消息称：中央已经确定了一张事业单位分类改革的时间表——到2015年，中国将在清理规范基础上完成事业单位分类；到2020年，中国将形成新的事业单位管理体制和运行机制"，具体内容参见"事业单位改革时间表确定涉及4000万人"，载中国广播网2011年4月11日。

[2] 分类推进事业单位改革的9个配套文件分别是《关于事业单位分类的意见》《关于承担行政职能事业单位改革的意见》《关于创新事业单位机构编制管理的意见》《关于建立和完善事业单位法人治理结构的意见》《关于分类推进事业单位改革中财政有关政策的意见》《关于分类推进事业单位改革中从事生产经营活动事业单位转制为企业的若干规定》《关于分类推进事业单位改革中加强国有资产管理的意见》《关于深化事业单位工作人员收入分配制度改革的意见》《事业单位职业年金试行办法》。

的差异，坚持区分契约制与身份制。

在严格区分契约制与身份制的基础上，考虑到二者某种程度的相互交融与结合现状，2011年11月24日，国务院法制办公室全文发布《事业单位人事管理条例》并向社会各界公开征求意见，在其中的第60条和第61条规定了契约制背景下事业单位与工作人员发生人事争议的，依照《劳动争议调解仲裁法》处理，而对于身份制背景下考核不合格的、受到处分的、被撤销奖励等决定不服的事业单位工作人员则要走申请复核或申请申诉的救济途径。问题在于，《劳动争议调解仲裁法》却规定当国务院另有规定时，不适用《劳动争议调解仲裁法》，从而陷入循环往复的困境。早在1992年党的十四大就开始提出，要按照国家机关、事业单位、企业的不同特点，逐步建立健全分类管理的人事制度，一直等到2011年，好不容易国务院即将出台所谓的另行规定，却又将该难题再度转给《劳动争议调解仲裁法》。观《事业单位人事管理条例（征求意见稿）》整个第4章“聘用合同”从第16条到第36条共计21个条文，总体的感觉是除了聘用合同的解除比劳动合同稍稍麻烦一些之外，其他内容与劳动法所调整的劳动合同条款没什么太大的差异，俨然表明一副契约制背景下劳动关系与此部分事业单位人事关系在本质上相同的态度。当然，从反对解释的角度而言，对于其他部分的事业单位人事关系在身份制的背景下则作出了区别于作为劳动法调整对象劳动关系的姿态。

2014年7月1日，《事业单位人事管理条例》正式施行，与之前的征求意见稿在劳动关系与事业单位人事关系的处理上没有本质的差异，亦无较大的内容变动，仍旧遵循着征求意见稿中分类处理的思路，将部分事业单位人事关系（契约制背景下）等同于劳动关系适用劳动法，将另一部分事业单位人事关系（身份制背景下）与劳动关系相区分而不适用劳动法。

由此，观事业单位人事关系的实证法规范，“身份制”依旧是起到了驱逐“契约制”的作用，但随着市场经济的逐渐发展与完善，“契约制”不可避免地会对“身份制”产生渗透影响，从而呈现出“完全坚持身份制（人事关系不由劳动法调整）——以契约制为主（大部分人事关系可由劳动法调整）——身份制与契约制相结合（部分人事关系由劳动法调整而部分人事关系不由劳动法调整）”的实证法规范的规律样态。

三、从部门分离到部门合并：劳动关系与聘用制下的事业单位人事关系的统一阻力重重

从行政维度来审视，人事关系的争议与劳动关系的争议的差异在很大程度上是人事部与劳动部之间博弈的结果。关于人事部与劳动部，从1949年中华人民共和国成立开始，就经历着名称的变化或者被并入到其他的国务院组织机构中。改革开放之后，尤其是1992年党的十四大正式提出建立社会主义市场经济体制的经济体制改革目标，伴随着1994年劳动法的出台，之前1988年国务院机构改革时撤销劳动人事部，建立国家人事部、组建劳动部的意义才逐渐发挥出来。因为劳动法所调整的劳动关系在计划经济中不具有生存土壤，虽然1998年3月10日九届全国人大一次会议审议通过了关于国务院机构改革方案的决定之一是不再保留劳动部，而新组建为劳动和社会保障部，但并不影响劳动和社会保障部对劳动关系中劳动者权益的关注与维护。

一方面，前文已指出最高人民法院与人事部的博弈中阻力重重、艰难前行，审判权很难像对待劳动关系那样去处理事业单位人事关系；另一方面，行政权与行政权的交锋依旧使得人事部与劳动部的博弈迂回曲折停滞不前。纵观新中国成立以来的历史，基本形成了“人事部管干部、劳动部（劳动和社会保障部）管工人”的格局，而且一直延续下来。劳动部的观点是只存在“劳动者与用工者的劳动关系”和“公务员与国家机关的人事关系”双轨制，将事业单位的工作人员视作劳动者，破除身份制的约束。然而人事部却坚持事业单位的工作人员作为干部只能建立人事关系，要求严格坚持身份制。双方的分歧就在于事业单位工作人员所建立的关系到底是按照劳动关系解决，还是按照人事关系处理。

在《劳动合同法》制定过程中，所公布的四次审议稿中，第二稿和第三稿都将事业单位与除公务员和参照公务员管理之外的工作人员之间按照劳动关系处理而纳入《劳动合同法》的调整。实际上，事业单位与企业确实存在一定的差异，事业单位存在编制和财政拨款的工资制度，就算是事业单位订立聘用合同的工作人员，无论是合同履行、解除、社会保险等均类似于公务员，事业单位有向国家机关看齐的倾向和实践，其市场化程度亦远不及于跟企业订立劳动合同的劳动者。《劳动合同法》最后出台的结果只是将事业单位与实行聘用制的工作人员之间的关系纳入进来，而且还得是在法律、行政法规或者国务院无另有规定的情况下才能依照《劳动合同法》有关规定执行，即身份制第一位，契约制排在第二位。由此可见，博弈的赢家是人事

部，其主张在很大程度上得到体现。但是，就在《劳动合同法》于2007年6月29日通过并公布后，十一届全国人大一次会议于2008年3月15日表决通过了《关于国务院机构改革方案的决定》，国务院大部制改革开始启动。改革内容之一，通俗地讲，就是原人事部和原劳动和社会保障部合并成人力资源和社会保障部，并于2008年3月31日正式挂牌。从逻辑上讲，部门合并之后将不会产生部门分立时的利益之争，似乎争议从此将不复存在了。典型的如2010年10月28日出台的《社会保险法》将事业单位工作人员（参照公务员法管理的事业单位工作人员除外）养老保险与企业职工的养老保险制度并轨，把原本向国家机关看齐的倾向和实践扭转成向企业看齐的事实，同时相关的政策宣称此次改革不会降低事业单位人员的社保待遇，差额部分将由财政补足，大有将事业单位人事关系约等于劳动关系的事实表态。然而，就算两部合并也没有使事业单位人事关系与劳动关系殊途同归，更没使事业单位人事关系转化成为劳动关系，契约制并没有彻底地取代身份制。因为人力资源和社会保障部在其内部分别设立了“事业单位人事管理司”和“劳动关系司”，从这两个内设机构的职责来看，其依旧维持了事业单位人事关系与劳动关系对立的做法，身份制所依附的体制至少短期内不会打破。

四、从应然状态到实然状态：劳动关系与聘用制下的事业单位人事关系的二元对立

“法的目的是公共幸福”[1]，而非仅仅为了个人的幸福，人为地造成劳动关系与聘用制下的人事关系的不平等使得问题激化导致改革进程缓慢。历史原因、实践体制形成了事业单位身份制与契约制之间的矛盾冲突。定岗定编的工作人员签订聘用合同建立人事关系，而工勤人员则建立劳动关系。如果以高校为例来看，这种身份制与契约制之间的矛盾冲突就更为明显。作为事业单位的高校与其工作人员之间建立的是人事关系还是劳动关系，目前需要区分高校的性质以及是否具有在编制之内的身份来进行判断。具体说来，民办高校的性质是“民办非企业单位”，其教职员工没有编制，不具有编制内外之别，其工勤人员更是不具有编制身份，民办高校

[1] [意]托马斯·阿奎那：《阿奎那政治著作选》，马清槐译，商务印书馆1963年版，第105页。

的所有教职员工及工勤人员[1]与民办高校之间建立的是劳动关系，全部适用《劳动合同法》进行规制。公办高校的性质是“事业单位”，其教职员工具有编制内外的差别。编制内人员签订的是“聘用合同”[2]（事业单位的所谓“老人”除外），建立的是人事关系，一般不适用《劳动合同法》，只有在人事关系的法律、行政法规没有规定时，才可能依照《劳动合同法》有关规定执行；公办高校的编制外人员和工勤人员，签订的是“劳动合同”，建立的是劳动关系，适用《劳动合同法》的调整。由此，二元对立的格局就这样从现实生活中折射出来。

其实，聘用合同与劳动合同在本质上应当是一致的，都是契约制背景下双方意思表示的产物，都以此确定双方之间权利义务关系，都是劳动力在市场竞争中能进能出的凭证。由聘用合同所折射的人事关系与劳动合同所反映的劳动关系亦因此在本质上没有差别。也正因为如此，常凯教授才指出“劳动合同法对于教师与学校关系的影响，主要是从以往的人事关系转变为劳动关系，从行政管理转变为合同管理”[3]。然而从体制的维度出发，现实的复杂性将这个问题复杂化，人事关系的背后为行政化所笼罩，目光要从“应然状态是实然状态所应达致的目标”拉回到“实然状态决定了应然状态距离的远近” 的角度上来。也就是说，实然状态的体制障碍导致应然状态的实现遥遥无期，契约制依旧不能击穿身份制的限制。

首先，观目前事业单位所签订的聘用合同，内容中基本都是写明依据有关人事规定的政策、文件，甲乙双方在平等自愿、协商一致的基础上，签订如下聘用合同条款，共同遵照履行等类似条文表述，而没有写明根据《劳动法》《劳动合同法》等。由此可以看出，事业单位本身并没有想以《劳动

[1] 对于工勤人员，其如果没有与民办高校建立劳动关系的话，那还可能存在工勤人员与相关的劳务派遣单位存在劳动关系的可能性。

[2] 2000年6月，党中央下发《深化干部人事制度改革纲要》，提出了以推行聘用制度和岗位管理制度为重点深化事业单位人事制度改革的总体要求。同年7月21日，中组部、人事部联合发布了《关于加快推进事业单位人事制度改革的意见》提出了改革的具体要求，对改革进行了部署。尤其是在2002年7月6日国务院办公厅转发人事部《关于在事业单位试行人员聘用制度的意见》的通知（国办发(2002)35号）之后，更是强化了签订聘用合同的做法。具体内容参见徐颂陶、孙建立主编：《中国人事制度改革三十年（1978—2008）》，中国人事出版社2008年版，第72～73页。

[3] 常凯：《劳权保障与劳资双赢——〈劳动合同法〉论》，中国劳动社会保障出版社2009年版，第135页。

法》《劳动合同法》等来处理事业单位与其工作人员之间人事关系的意图。甚至，在有些事业单位里，聘用合同都不是其工作人员与事业单位之间签订，而是去和当地的行政机关签订聘用合同。比如小学、中学教师的人事关系里行政化色彩就颇为浓厚一些，他们是与当地教育局签订合同，而不是与学校本身签订合同，然后由教育局将他们派到相应的学校。相较而言，大学则是直接与教师签订聘用合同，不过依然难逃行政化的历史惯性所引发的路径依赖。

其次，在工资问题上，大多数事业单位还依靠财政拨款。定岗定编[1]的工作人员的工资都是按照相应的职称、级别进行发放，而没有工资谈判机制。常凯教授曾拿出日本的做法来供借鉴，“以前日本的国立大学教授是国家公务员，经过日本‘大学法人化改革’之后，现在是被校方雇用，教授要与校方进行工资集体谈判”[2]。仅仅在工资的问题上，就做不到像日本这样，我国人事关系背后反映的编制所导致工资级别差异[3]以及缺乏工资谈判机制的现实就足以使人事关系难以向劳动关系转化，毕竟劳动关系中劳动者的工资不是按照相应的级别由国家财政发放而且劳动者还能就工资进行集体谈判协商等。

再次，编制的问题也阻挡了人事关系向劳动关系的转化。劳动法自产生伊始，就对劳动关系中劳动者的劳动行为给予保护，不管该劳动者是男是女，不管其是成年劳动者还是童工，不管其来自农村还是城市，更不管其有没有编制，当然当时也没有编制这回事，只要完成了相应的劳动行为，就应当支付相应的报酬，而且还要维护劳动者的身心健康。编制将在同一岗位中做同一事情的人员予以“歧视”，有编制的人员比没有编制的人员报酬要多，同时实践中有些事业单位看重的人才，给予编制并将其档案收入本单位中不允许自由流转，对于非定岗定编的或对本单位无关紧要的工作人员则适用人事代理，将人事档案交予人才交流中心保管，放任这些人员自由流动。

---

[1] 其实编制在国有企业里更不合理，在编和不在编的人员工资待遇差别特别大。

[2] 常凯：《劳权保障与劳资双赢——〈劳动合同法〉论》，中国劳动社会保障出版社2009年版，第136页。

[3] 事业单位岗位实行分类分级管理。岗位分专业技术岗位、管理岗位和工勤技能岗位三种类别。其中，专业技术岗位包括高、中、初级岗位共计13个等级。专业技术高级岗位分7个等级；中级岗位分3个等级；初级岗位分3个等级。管理岗位共分10个等级。工勤技能岗位分5个等级。工资的发放按照不同的级别进行。

由此上演身份击穿行为的差别对待，同样完成相应行为的人员却没有编制的事实被相应的人事政策等默许，产生的不公平更是法律对现实的无奈。

归纳而言，事业单位在工资待遇上采取由财政拨款的方式以及对岗位设置了一定限额的编制，这种硬性“工资制度与编制制度”的行政身份制做法和柔性“人员聘用合同制度”的市场契约制做法之间的矛盾冲突是目前我国事业单位人事关系复杂性的症结之所在，甚至对事业单位的人事关系走向起着制约作用。一方面，基于聘用合同与劳动合同没有本质区别的原因，在柔性“人员聘用合同制度”的作用下使人事关系向劳动关系转化却受到硬性“工资制度与编制制度”的牵制和束缚，法院无法依据《劳动法》对之审理，甚至难以执行；另一方面，在硬性“工资制度与编制制度”的作用下使人事关系依旧不向劳动关系转化，然而受到柔性“人员聘用合同制度”的牵制和束缚，契约自由和破除身份差异的要求又不断地要求冲破人事关系而向劳动关系转化。也正因为如此，基于聘用合同而产生的关系，有观点赞成按劳动关系处理受《劳动法》规制，有观点赞成按人事关系处理不受《劳动法》调整，两类观点的背后都只是坚持了硬性“工资制度与编制制度”或柔性“人员聘用合同制度”中的一种制度作为其价值判断结论的出发点。对此，立法者的考虑是“事业单位用人制度比较复杂，聘用合同具有特殊性和复杂性，纳入到《劳动合同法》中调整需要慎重；但对事业单位中实行聘用制的工作人员如不纳入《劳动合同法》调整的话，将缺乏实体依据使其合法权益无法得到保障，因此作出特别规定”。[1]所以也就出现了《劳动合同法》第96条采取了事业单位与实行聘用制的工作人员之间的人事争议运用身份制第一序位、契约制第二序位的处理方案。这样就“既解决了《劳动合同法》与现行的事业单位人事管理制度的衔接，解决了事业单位聘用合同无法可依的局面，也为事业单位人事制度改革留下空间”[2]。《事业单位人事管理条例》因应事业单位人事制度改革的背景，其出台在一定程度上弥补了事业单位聘用合同无法可依的局面，但却存在着效力等级低于法律的缺憾。

---

❶ 信春鹰主编：《中华人民共和国劳动合同法及实施条例解读》，中国法制出版社2008年版，第238～240页。

❷ 信春鹰主编：《中华人民共和国劳动合同法及实施条例解读》，中国法制出版社2008年版，第240页。

应当指出的是，现实却表明劳动关系与聘用制下的人事关系不宜归一由劳动法进行统一调整。除了上述事业单位在工资待遇上采取由财政拨款的方式以及对岗位设置了一定限额的编制这种硬性“工资制度与编制制度”的行政做法使得劳动关系与聘用制下的人事关系二元对立外，还有一个较大的困难，就是事业单位工作人员出口的问题，甚至由此牵涉出社保的问题。在实践中，就聘用合同而言，事业单位对定岗定编的工作人员一般较少实施解聘行为，即使是工作人员自己辞聘都很麻烦，要有严格的限定条件和程序❶才能辞聘，行政化管理方式下不像劳动合同项下劳动者那样辞职自由。正是目前事业单位工作人员出口制度不完善，改革所实行聘用制度的实质是引入竞争机制达到劳动力流动进口出口自由的目的，然而我国事业单位的社会保障还跟不上聘用制的脚步。尤其是养老保险制度尚未完全建立，从而导致事业单位仅仅在形式上与其工作人员签订聘用合同，不过却不能轻易解除或终止聘用合同，因为解除或终止聘用合同就意味着将没有充分社会保障的工作人员推向社会，形成优胜劣汰的结果。按照社会法的精神，优胜劣存才是王道，引入竞争机制是正确的，但没有配套的社保措施来保障弱者的利益就会出现问题，甚至会导致社会不稳定事件的出现。国务院在2008年3月14日发布的《关于印发事业单位工作人员养老保险制度改革试点方案的通知》（国发〔2008〕10号）要求在山西省、上海市、浙江省、广东省、重庆市进行先期试点，将这五个地方的事业单位实施企业化的养老保险制度。但由于该方案使事业单位相关人员的退休养老待遇大幅下降，迫使所谓的“老人”提前退休以领取更高的退休养老待遇，“试点之初，在以高校教师为代表的事

❶ 2002年7月6日发布的人事部《关于在事业单位试行人员聘用制度的意见》第6条规定：“规范解聘辞聘制度……有下列情形之一的，受聘人员可以随时单方面解除聘用合同：（一）在试用期内的；（二）考入普通高等院校的；（三）被录用或者选调到国家机关工作的；（四）依法服兵役的。除上述情形外，受聘人员提出解除聘用合同未能与聘用单位协商一致的，受聘人员应当坚持正常工作，继续履行聘用合同；6个月后再次提出解除聘用合同仍未能与聘用单位协商一致的，即可单方面解除聘用合同。受聘人员经聘用单位出资培训后解除聘用合同，对培训费用的补偿在聘用合同中约定的，按照合同的约定补偿。受聘人员解除聘用合同后违反规定使用或者允许他人使用原所在聘用单位的知识产权、技术秘密的，依法承担法律责任。涉密岗位受聘人员的解聘或者工作调动，应当遵守国家有关涉密人员管理的规定。”这种事业单位工作人员辞聘的规定无论是在条件上还是程序上都要严于《劳动法》关于劳动者辞职的规定。

业单位内，掀起了提前退休潮”[1]，也即，方案实施后的社会效果并不是很好。《社会保险法》草案三审稿已经对事业单位的社会保险问题作出一定程度的回应，比如其第13条第1款规定“国有企业、事业单位职工参加基本养老保险前视同缴费年限期间应当缴纳的基本养老保险费由政府承担”。就事业单位工作人员的出口问题上，已经出台的《社会保险法》也仅仅是在法律层面进行了大致笼统的解决而已。事业单位聘用制人员转换身份如成为企业雇员或国家机关公务员后，如何衔接前后不同身份所对应的社保，《社会保险法》并没有给出明确的回答。

身份制的实然状态打破了契约制应然状态所设定的场景，但并不表明应然状态中契约制无所作为，改革正在朝向应然状态曲折前进。由于一直以来对事业单位人事关系刚性管理方式使得聘用合同的实际实施效果受到计划与行政的牵制，甚至有人干脆认为“聘用合同就是行政合同，不同于劳动合同”。然而目前改革的方向就是去行政化，使聘用制回归到市场自由竞争的轨道中。中共中央办公厅、国务院办公厅早在1996年7月8日就发布了关于印发《中央机构编制委员会关于事业单位机构改革若干问题的意见》的通知（中办发(1996)17号），并在其第二部分中提出了事业单位要遵循政事分开的改革方向，其中明确提出“事业单位承担的行政管理职责原则上要交归行政机关……逐步取消事业单位机构的行政级别”。经由党中央、国务院批准及印发的《国家中长期人才发展规划纲要（2010—2020年）》于2010年6月6日授权新华社全文播发，其中提出“克服人才管理中存在的行政化、“官本位”倾向，取消科研院所、学校、医院等事业单位实际存在的行政级别和行政化管理模式。在科研、医疗等事业单位探索建立理事会、董事会等形式的法人治理结构”。根据2014年5月28日发布的《2013年度人力资源和社会保障事业发展统计公报》的内容，“事业单位聘用制度推行率、事业单位工作人员合同签订率均超过了90%”。也就是说，以聘用合同为基点的事业单位人事关系自由竞争的灵魂基本得到认可和保障，以市场化可进可出的运作方式吸纳人才，再辅以相应的措施保障在竞争中的失败者。而这恰恰与《劳动法》保障劳动者在竞争中优胜劣存的本质精神相符。

---

[1] “事业单位改革试点在地方受阻 部分单位掀提前退休潮”，载四川新闻网，2011年1月26日。

综上所述，虽然事业单位去行政化的改革推动以聘用制为基点的事业单位以市场化条件下劳动力可进可出的运作方式吸纳人才，再辅以相应的措施保障在竞争中的失败者，于是在契约制的应然层面和最终目标上，劳动关系与聘用制下的人事关系有合二为一的可能性。只不过，以身份制的实然角度来看，劳动关系与聘用制下的人事关系依旧处于二元分立的事实状态，而且这种二元化的惯性还会进一步地持续下去。

五、结　语

事业单位人事关系法律调整的关键在于“事业单位人事关系”与“劳动关系”的区分，而区分的要点在于“身份”与“契约”两大核心词。无论是“从身份到契约”[1]还是“从契约向身份的回归”[2]都不能解释事业单位人事关系这一中国的特殊现象，由于此种关系难以脱离身份的束缚，但又兼具契约的属性，从而使得事业单位人事关系的法律调整受到身份和契约的交融影响。从时间维度来看，身份制背景下的计划经济向契约制背景下的市场经济的转变，使得部分人事关系向劳动关系转变，并被劳动法调整。从立法和司法维度而言，“完全坚持身份制（人事关系不由劳动法调整）——以契约制为主（大部分人事关系可由劳动法调整）——身份制与契约制相结合（部分人事关系由劳动法调整而部分人事关系不由劳动法调整）”的实证法规范的规律样态影响着人事关系的法律调整。从行政维度来审视，“人事部与劳动部的分离——人事部与劳动部的合并——合并后依旧设立两个分管人事关系与劳动关系的机构”这一行政部门的分分合合依旧坚持着身份制与契约制的严格区分。从体制维度来反思，无论契约制如何作为趋势的潮流，都要受到工资和编制的身份羁绊。经过四个维度的面面观，虽然劳动关系与事业单

[1] [英]梅因：《古代法》，沈景一译，商务印书馆1959年版，第97页。

[2] 徐国栋：《民法的人文精神》，法律出版社2009年版，第124～126页；另参见傅静坤：《二十世纪契约法》，法律出版社1997年版，第239页。

位人事关系所依附的基础都是所谓的“合同”，然而事业单位人事关系中凡是与身份制息息相关的领域，都难以由劳动法进行调整，凡是与身份关联不大或无关而使契约能够针对事业单位人事关系发挥作用的领域，劳动法才有调整的空间。[1]

---

[1] 从这个角度而言，笔者坚持的观点不同于前文归纳的事业单位人事关系法律调整的三种观点（即①劳动法不宜亦不应当调整事业单位人事关系；②劳动法适宜亦应当调整事业单位人事关系；③特别规定优先适用，劳动法可作为调整事业单位人事关系的一般规定）。笔者所坚持的“事业单位人事关系中凡是与身份制息息相关的领域，都难以由劳动法进行调整，凡是与身份关联不大或无关而使契约能够针对事业单位人事关系发挥作用的领域，劳动法才有调整的空间”，此种二分法在形式上就足以区别于前两种非二分法的观点。对于第三种观点所言的关键词“特殊与一般”，从深层次表明了事业单位人事关系与劳动关系二者具有同质性，而笔者所秉持观点中的关键词“身份与契约”二者相互之间格格不入，具有异质性。

实务研究

我国小额诉讼制度运行现状的实证分析

胡　波*

摘　要： 小额诉讼制度承载着立法机关及全社会“减轻当事人诉累”“提高审判质量和效率”等殷切期盼，但是，该项制度实施以来，运行效果并不理想，未能实现法律理论界和立法机关预期的功能。本文通过展示云南省昭通市十一个基层人民法院实施小额诉讼制度的情况，反观该项制度在立法上的不足和司法中的偏差，并对如何提升其实际运行效果进行了思考。提出“细化小额诉讼制度关键元素，增强程序可操作性”“规制违法不适用小额诉讼程序的行为，强化小额诉讼制度的必行性”和“司法纠偏”等措施，以期促进司法机关严格、规范地落实小额诉讼制度，促使该项制度发挥其理论预期功能。

关键词： 小额诉讼　制度设计　规避适用　司法纠偏

2012年修正的《中华人民共和国民事诉讼法》围绕调解与诉讼相衔接、当事人举证和审判监督等11个方面[1]进行了修正，完善了一些已有的制度，增加了一些新的制度，旨在促进诚实信用，提高诉讼效率，更好地保障当事

*　胡波，男，云南省鲁甸县人民法院法官。

[1] 奚晓明主编：《〈中华人民共和国民事诉讼法〉修改条文适用与解答》，人民法院出版社2012年版，第4～7页。

人诉权，实现程序公正和促进实体公正。其中，由于小额诉讼制度突破了我国的两审终审制，理论界和立法机关赋予了其“减轻当事人诉累”“促进司法资源的优化配置”“提高审判质量和效率”和“避免当事人滥用上诉权”等功能和价值，成为新民事诉讼法诸多新制度中呼声最高、最令人瞩目的制度。该项制度运行效果如何？是否发挥了预期的功能？如何才能提高其运行效果？为解答这些问题，笔者以2013年1月至2014年12月云南昭通市11个基层人民法院实施小额诉讼制度的情况为样本对此进行了实证研究。

一、小额诉讼制度的运行效果

（一）适用率较低

新民事诉讼法实施以来，全市11个基层人民法院适用小额诉讼程序审结的案件仅有184件，仅占7273件已结一审民事案件（特别程序除外）的2.52%，甚至远远不及先行调解10.49%的适用率，仅占4557件适用简易程序审结案件的4.04%。小额诉讼“提高审判效率、缓解人民法院人少案多困难”的预期功能在实践中收效甚微。据了解，这种情况并非只存在于昭通市11个基层人民法院，如在云南省，目前公开反映“适用小额诉讼程序（审理）的案件数量并不多”的有昆明晋宁县人民法院❶。在其他省，反映小额诉讼制度适用率低等情况的法院也不少见。如四川省，2013年1~8月，全省法院仅受理小额诉讼案件1941件，仅占同期民事案件收案数的0.79%，有2个中级法院辖区内小额诉讼案件数为0，全省188个基层法院，受理了小额诉讼案件的仅有77个。❷

（二）适用随意

全市法院起诉标的在11672元（云南省小额诉讼标准）以下，适用简易程序审结的民事案件有533件，但适用小额诉讼程序审结的仅有184件，尚有349件应当适用而未适用，即：符合小额诉讼程序适用条件但未予适用的案件比例高达65.48%。

---

❶ 袁媛、唐燕：“晋宁县法院分析非城区法院适用小额诉讼程序存在的问题”，载云南法院网，http://www.gy.yn.gov.cn/Article/xwgj/xwgc/201303/31716.html，2014年6月30日访问。

❷ 四川省高级人民法院：“省法院民一庭分析小额诉讼案件特点、存在问题及成因并提出对策建议”，载四川省高级人民法院《法院工作简报》第146期。

（三）适用不均衡

基层法院适用小额诉讼程序审理案件极不均衡，主要体现为：一是适用该程序，案件最多的法院47件，最少的为0；二是符合小额诉讼程序适用条件的案件，有3个法院全部予以适用，有8个法院仅予部分适用。具体如下表：

昭通市基层人民法院适用小额诉讼程序审结案件的情况

法院名称	适用小额诉讼程序结案件数	占一审民事案件结案数比例（特别程序除外）	占简易程序结案数比例	占11672元以下适用简易程序审结案件比例
永善县法院	47件	5.93 %	7.61 %	61.04 %
昭阳区法院	36件	3.62 %	6.16 %	81.82 %
巧家县法院	22件	3.60 %	4.36 %	100.00%
盐津县法院	22件	2.65 %	8.03 %	55.00 %
镇雄县法院	21件	2.02 %	3.56 %	38.89 %
鲁甸县法院	16件	1.70 %	2.06 %	10.53 %
威信县法院	7件	1.54 %	2.62 %	11.86 %
大关县法院	5件	1.69 %	1.85 %	100.00%
绥江县法院	5件	2.06 %	6.10 %	100.00%
彝良县法院	3件	0.40 %	0.76 %	4.00 %
水富县法院	0件	0	0	0
合　计	184件	2.52 %	4.04 %	34.52%

（四）操作不规范

有的基层法院，在诉前调解过程中或调解结案后才“决定”适用小额诉讼程序，或者在适用非小额诉讼程序审理案件的过程中，于当事人撤诉或达成调解协议后才“决定”适用小额诉讼程序并补齐相应诉讼材料，仅在“审判流程信息管理系统”中标注“小额诉讼程序”，披上“小额诉讼”的外衣。如果各级人民法院仅从“审判流程信息管理系统”省视小额诉讼制度的运行和落实情况，必然不能掌握实情。不在立案阶段决定是否适用小额诉讼程序，则不能适用其“答辩、送达、当即开庭等”一系列较简易程序更为简易的程序，制度空转，其最大程度简化程序、提高诉讼效率的功能受到抑制，该项制度的功能和价值最终仅仅体现在“一审终审”和“减少中级人民法院的二审案件数量”上。因此，立法欲借助小额诉讼制度“较简易程序更简易”和“一局终裁”的优势来实现“缩短诉讼周期、提高诉讼效率”的预期功能，实际运行效果却并不理想。

二、小额诉讼制度的具体问题

（一）立法缺陷显见

1.制度设计过于原则

在新民事诉讼法新增的各项制度中，小额诉讼无疑是关注度最高、立法机关寄予厚望的制度，其不仅以突破“两审终审制”而高调登场，吸足眼球，还承载着“提高司法效率”“降低司法（诉讼）成本”和“解决人民法院案多人少难题”的重任。但是，通过实务审视，正如前文所述，小额诉讼制度实施不彻底、适用率低和适用不均衡，使得该项制度的实施效果并不像理论预期的那么美。笔者认为，究其原因，主要在于立法供给不足，内容过于原则：新民事诉讼法仅以1条82字即试图建立如此重要的制度，对于修正前已经试点运行和检测过的《关于部分基层人民法院开展小额速裁试点工作的指导意见》中科学、可行、有效的规范，该法并未吸纳，在程序启动、案件编号、送达等“更简化版程序”、程序转化和裁判文书制作等方面，严重缺乏规范性和可操作性；新民事诉讼法实施后，全国各地并未同步推开，有的省份，如福建，直至2013年8月1日才发布《关于适用小额诉讼程序审理民事案件若干问题的意见（征求意见稿）》[1]；并且，各省的“实施细则”均有差别，如：采用《小额诉讼须知》《小额诉讼程序决定书》和《适用小额诉讼通知书》等不同文书决定适用小额诉讼程序，有的对决定适用该程序设

[1] 福建省高级人民法院，《关于〈福建省高级人民法院关于适用小额诉讼程序审理民事案件若干问题的意见〉征求意见的通知》，载福建省高级人民法院网，http://205.0.0.29/dept/m1t/shownews.asp?dept=m1t&newsid=6000002175，2014年7月4日访问。

置了审批程序，如新疆石河子市人民法院[1]，有的则没有，如云南省；尽管各省甚至某些中基层人民法院颁布了“实施细则”，但许多困扰司法实务的问题仍然没有得到解答。

以云南省为例，《云南省高级人民法院关于适用小额诉讼程序审理民事案件若干问题的意见（试行）》（以下简称《云南小额诉讼审理意见》）对于以下几个问题未予明确：一是人民法院在立案过程中，是否应当向当事人介绍、宣传小额诉讼制度？向哪些当事人介绍、宣传？强制适用小额诉讼制度对当事人上诉权的剥夺可能引发其抵触、不满或怨恨情绪，不明确该问题，不利于淡化或消弭由此引发的矛盾。

二是由受诉人民法院的哪个部门在哪个环节决定适用小额诉讼程序？《云南小额诉讼审理意见》第5条规定：“人民法院对于当事人起诉符合适用小额诉讼程序条件的案件，一般应在受理案件后五日内向当事人释明适用小额诉讼程序，同时送达《小额诉讼须知》”，可以理解为：立案庭、民事审判庭均可决定适用该程序，并且，提倡更早、更提前作出决定。如此，则导致有的受诉法院“在立案时由立案庭决定”，而有的“在调解结案后由民事审判庭决定”，更有甚者，“在诉前调解过程中由诉前调解主体决定”，导致人民法院实施小额诉讼制度不规范，部分案件空有小额诉讼之名而无其实。

三是小额诉讼案件的立案审查期限是否与其他案件一样为7日，立案庭向被告送达应诉法律文书或进行调解是否应当设立期限？对此，《云南小额诉讼审理意见》未予明确，故该类案件的立案审查期限与非小额诉讼程序的一样，均为7日，向被告送达应诉法律文书也与一般诉讼案件相同，故立案庭一般于原告提交诉状起7日后才将案件移交民事审判庭。如果立案庭于收到诉状7日（立案）后才向被告送达应诉法律文书或开展立案调解工作，案件到达民事审判庭必然被拖延更长的时间，增加了民事审判庭的审限压力。

---

[1] 新疆维吾尔自治区石河子市人民法院立案庭，《适用《中华人民共和国民事诉讼法》第一百六十二条一审终审简易程序）办理简单民事案件规范（试行）》第23条：“民事案件按一般案件受理后，审判人员认为案件符合小额诉讼条件可以适用小额诉讼程序审理的，经庭长审核同意并报主管院长批准后，应告知当事人案件适用小额诉讼程序审理，并以书面方式向当事人告知本案适用小额诉讼程序审理、小额诉讼程序的适用条件、审判组织、审判方式、审理期限、一审终审、诉讼费用收取标准、申请再审权利等重大事项，并要求当事人进行签收。”载独风流认证博客，2014年7月5日访问。

四是受诉法院履行了向当事人释明适用小额诉讼程序的义务，如何证明？鉴于释明小额诉讼制度的重要性，《云南小额诉讼审理意见》第5条规定："人民法院对于当事人起诉符合适用小额诉讼程序条件的案件，一般应在受理案件后五日内向当事人释明适用小额诉讼程序……"但是没有明确规定人民法院履行释明义务如何证明，导致实践中，书面、口头方式均存在，甚至未予释明，法官是否履行释明义务随意性大。

五是应当适用小额诉讼程序，而未适用，受诉人民法院及其法官承担什么责任？没有规定"司法不作为"法律后果的小额诉讼制度，其强行性和必行性必然大打折扣，此系昭通市两级人民法院对349件应适用小额诉讼制度而未予适用和该项制度实施不力的主要原因。

2.制度设计过于理想化

设立小额诉讼制度的理念过于超前，导致相应制度与实施的现实条件不相匹配，难以彻底落实。当然，单从新民事诉讼法规定的小额诉讼制度，不能得出其设计过于理想化的结论，但从各省发布的"实施细则"来看，部分规定确实过于理想。

以云南省为例，主要表现为：一是强制适用小额诉讼程序。由于小额诉讼程序实行一审终审，剥夺了当事人获得上级法院再次救济的机会，且当事人普遍存在"信上不信下"的心理：认为上级法院较下级法院公正、上级法院受到案外因素干扰较小、上级法院法官的业务能力较强，对基层法院及其法官的公正性和业务水平普遍持怀疑态度，[1]强制适用小额诉讼程序导致当事人的反对和抵触，进而难免会增加或激发当事人与法院之间的矛盾。

二是压缩部分诉讼期间"提高诉讼效率"。依据《云南小额诉讼审理意见》的规定，符合小额诉讼程序适用条件的，一般须于受理案件5日内向当事人释明小额诉讼程序并同时送达《小额诉讼须知》。即，人民法院如果不能于立案时决定适用小额诉讼程序，之后才决定的，须改日向原告送达，在"送达难"的困扰下又增加一道送达的工序，且增加了当事人的诉讼成本。并且，人民法院须于立案后5日内认定案件是否属于"事实清楚，权利义务关系明确，争议不大"。昭通市两级人民法院受理的民事案件中，人身损害

---

[1] 笔者对55位民事诉讼案件当事人的问卷调查显示，认为上级法院较下级法院公正的有41人，占七成以上，不会主动选择一审终审43人，接近八成；对55名民事法官的问卷调查显示，如果其系小额诉讼的当事人，自愿主动选择适用小额诉讼程序的也仅有32人，不到六成。

赔偿纠纷、借贷纠纷等传统民事纠纷所占比例较大，且当事人举证能力、诉讼能力普遍不强，叙述案情不得要领、诉讼请求期望过高、举证不充分以及被告不答辩等因素，使得小额诉讼案件“小却不简单”；有的案件单凭原告一方提供的起诉材料，难以判明案件是否 “事实清楚，权利义务关系明确，争议不大”，需要被告在答辩、提供证据或接受询问等方面给予配合，但被告一般不可能在5日内给予配合，甚至连通知被告领取应诉法律文书或让其知悉相应情况都难以做到。故，受诉人民法院在短短5日内难以判明案件是否“事实清楚，权利义务关系明确，争议不大”。

三是审限过短制约有效的调解。《云南小额诉讼审理意见》要求小额诉讼案件在一个月内审结，笔者发现，在审判实务中，部分案件有调解成功的可能，但是，开展大量调解工作需要相对充分的时间，由于小额诉讼案件的审限短，往往来不及进行充分和必要的调解，为减少程序转换的麻烦以及先前的简化程序成为“无用功”，法院只能停止调解，判决了之。总之，强制适用，缺乏民意，暗藏阻力；压缩期限，有失科学，与制定“实施细则”的良好初衷相悖。

（二）人民法院实施小额诉讼制度有所偏差

1.因循守旧：由当事人选择适用程序

一方面，由于小额诉讼在“小额速裁”试点运行期间，人民法院听从当事人的程序选择意愿，取得了良好的运行效果 ，新民事诉讼法实施后，在该法没有明确是否可以由当事人选择程序的情况下，部分法官因循守旧，仍然坚持由当事人选择并听从其意见来决定是否适用小额诉讼程序，缺乏适用该程序的主动性。另一方面，部分法官严格遵循传统诉讼法理“二元分离”理论，坚持辩论主义、直接言辞原则、公开原则，给予当事人充分的程序保障，即使依职权决定适用小额诉讼程序，也尽可能在谈话笔录、调解笔录等痕迹资料中反映当事人自愿选择该程序。因此，部分小额诉讼案件未能适用小额诉讼程序。

2.趋利避害：避免小额诉讼堵塞矛盾上交通道

由于该程序实行一审终审制，对当事人权利影响较大，在当事人“信上不信下”，对基层法院及其法官的公正性和业务水平普遍持怀疑态度的情况下，排除当事人的选择权而由受诉法院强制适用，容易导致当事人产生抵触情绪和不满心理，容易增加、激发当事人与一审法院之间的矛盾。一方面，二审程序对于消解败诉当事人对一审法院、法官的怀疑、不满和抵触情绪客观上具有积极作用，堵塞当事人获得二审救济的途径，并且，若不能获得再审救济，对于一审法院和法官而言，失去了将矛盾转移、上交的可能性，为应对缠诉闹访，必然增加多次接待、解释、安抚、稳控等工作所需的时间和精力，于己不利。而另一方面，积极适用小额诉讼程序并无任何质效激励方面的加分，于己无利。因此，趋利避害的心理诉求成为基层法院和法官规避适用小额诉讼程序的内在动因，加之该项制度具有较大的弹性，为基层法院和法官规避适用小额诉讼程序提供了巨大的空间和充分的可能性，小额诉讼制度被一定程度地架空，也就在所难免。

三、提高小额诉讼制度运行效果的路径

如前文所述，小额诉讼制度立法的缺陷，实务中的因循守旧、趋利避害，以及立法预期与司法实务、司法环境之间的差异等综合因素，导致小额诉讼制度实施不力，制度的预期功能受到抑制。因此，欲提高小额诉讼制度的运行效果，实现其预期功能，需立法完善和司法纠偏。

（一）立法完善：重构小额诉讼制度，细化程序规则

为解决小额诉讼制度实施不力、制度功能受抑制的问题，重构小额诉讼制度，须做到“程序具体，具有可操作性，严格适用，增强制度必行性”。结合新民事诉讼法和《云南小额诉讼审理意见》的相关规定，重构小额诉讼制度具体如下：

1.细化小额诉讼制度关键元素，增强程序可操作性

（1）强化小额诉讼制度宣传职责。一方面，受诉法院立案庭在向民事案件当事人送达立案或应诉法律文书时，无论案件是否属于小额诉讼案件，均应当同时向当事人送达《小额诉讼告知书》等全面介绍该项制度的文书，以此达到普法宣传或预先告知该项制度，以使其作好心理准备的目的。

（2）明确小额诉讼案件立案审查、送达和立案调解的期限。一是符合小额诉讼案件标的要求的案件，立案庭应当于收到起诉状当日决定是否立案，并于立案后1日内向被告送达应诉法律文书，并通知当事人于立案之日起7日内到受诉法院接受调解。理由：收到起诉状当日不能决定是否立案的，说明难以判明案件是否符合“事实清楚、权利义务关系明确、争议不大”的小额诉讼程序适用条件；防止立案环节过度占用小额诉讼审限。二是

立案后7日内送达成功但调解不成的，立案庭应当于调解不成当日或次日将案件移交本院民事审判部门或者专设的小额诉讼审判部门；7日内不能送达成功的，按照简易程序或普通诉讼程序案件处理。理由：直接送达、留置送达或电子送达一般在7日内能够送达成功，7日内不能成功送达的，须采用委托送达、邮寄送达或公告送达，这三种方式，在送达方面所需的时间，保守计算也需14日，立案调解7日内不成功而继续调解，都大量占用了小额诉讼程序审限（一般为30日），如果仍然适用该程序，申请延期的可能性极大，已经失去了小额诉讼程序“较简易程序更简易”的优势。另外，如此处理，既兼顾了送达难的现实和立案调解的必要性，又保证了小额诉讼制度的功能优势得到充分发挥。

（3）明确受诉法院决定适用小额诉讼程序的具体部门和环节。由哪个部门在哪个环节决定适用小额诉讼程序，直接关系到小额诉讼程序能否在诉讼中发挥 “较简易程序更为简易”的程序优势，而不是“以小额诉讼之名行一般诉讼之实”。笔者认为：由受诉法院民事审判部门或者专设的小额诉讼审判部门，在收到立案庭移交的案件后，应当于开庭前13日内决定是否适用小额诉讼程序。理由：首先，对于受理的案件是否“事实清楚、权利义务关系明确、争议不大”，由长期审理民事案件或小额诉讼案件的部门来认定更具有司法经验上的保障；其次，可以避免“立案庭决定适用小额诉讼程序后，民事审判部门或者专设的小额诉讼审判部门认为不应适用”的情况发生，影响受诉法院内部的工作协调性和程序流畅性；再次，防止或杜绝部分案件在开庭审理过程中或调解结案后才被决定“适用小额诉讼程序”；最后，既给予审判部门充分的时间决定程序，又预留了最长举证期限（10日）和程序异议的复议期限（3日）。

（4）小额诉讼案件信息同步录入“案件电子卷宗流程管理系统”[1]。通过发布司法解释或其他规范性文件明确规定——诉前调解过程中或诉前调解结案后，不得在审判流程信息管理系统中标注“小额诉讼程序”。以此促进法官依法决定适用小额诉讼程序，这既是“实事求是”工作作风的要求，也

[1] 目前，人民法院使用“案件电子卷宗流程管理系统”，“案件基本信息”中没有“审理程序”栏，不能记载案件适用何种程序审理，并且有的案件信息不是同步录入，可以事后补录，无法避免非小额诉讼程序审结的案件被贴上“小额诉讼案件”的标签，需要改进系统才能解决这两个技术问题。

是为消除小额诉讼程序“背负其名但流于形式”现象的重要措施。

2.采用专门的法律文书决定适用小额诉讼程序

以云南省为例，从《云南小额诉讼审理意见》的规定来看，《小额诉讼须知》兼具“告知、提示和决定”的作用，但是，从该意见所附“文书样式一”的内容来看，《小额诉讼须知》并无受诉法院已经决定适用小额诉讼程序的明确内容。受诉法院对程序性事项作出决定，应当采用规范的“决定书”，笔者建议统一为《适用小额诉讼程序决定书》（样式见附表）。如此，对受诉法院而言，彰显其司法行为的明确性和确定性，对于当事人而言，明了法院适用该程序的意图后，方能及时决定是否申请复议。

3.明确行为模式和法律后果，强化小额诉讼制度的必行性

小额诉讼制度对“信上不信下”社会心理形成冲击，对当事人二审救济途径的剥夺，以及对基层法院及其法官带来的某些“不利”，均形成实施该项制度的巨大阻力。笔者认为，这些阻力应当通过其他途径来疏导（具体见本报告“规范司法实务”部分），而不是通过“应适用而不适用”的司法不作为和违反法律、架空制度为代价来迎合、姑息或放纵这些阻力。法律制度的权威和必行性必须得到维护，小额诉讼制度也不能例外。

因此，极有必要明确小额诉讼制度的必行性和“应适用而不适用”的法律后果，具体为：一是立法表述方面，将新《民事诉讼法》第162条[1]的内容修改为：“基层人民法院和它派出的法庭审理符合本法第157条第1款规定的简易的民事案件，标的额为各省、自治区、直辖市上年度就业人员年平均工资30%以下的，应当实行一审终审。”二是法律后果方面，在《人民法院审判人员违法审判责任追究办法（试行）》中，将“应当适用小额诉讼程序而不适用”列为应当追究违法审判责任的情形之一，并明确规定给予何种惩戒。唯有如此，方能从根本上遏制和杜绝人民法院应当适用小额程序而不适用的现象，解决执行该项制度不力的问题。

[1] 《中华人民共和国民事诉讼法（2012年修正）》第162条：“基层人民法院和它派出的法庭审理符合本法第一百五十七条第一款规定的简易的民事案件，标的额为各省、自治区、直辖市上年度就业人员年平均工资百分之三十以下的，实行一审终审。”

（二）司法纠偏：保持司法与立法意图一致

1.消除不严格适用小额诉讼程序的现象

尽管小额诉讼制度由于立法上的缺陷导致审判实务操作困难，但其系立法机关通过充分论证后确立的制度，凝聚全国智慧而形成。基层人民法院及其法官，全面、严格地适用该项制度，才能在更充分的实践中更深刻地暴露和总结立法上的问题，才能为立法完善该项制度提供更为丰富的实践经验；通过充分实践和完善，立法上存在的问题将逐步得到解决。树立法制方面必要的制度自信，既是政治坚定的表现，也是职业操守的要求。"当事人不同意适用"小额诉讼程序，基层人民法院及其法官可以加大宣传、解释工作的力度，争取理解、认同和支持，如：主动开展或参与法制宣传，宣传小额诉讼制度；在法院立案场所、当事人休息场所等处设置小额诉讼流程示意图、适用问答等方式深化当事人及案外人对该项制度的认识；等等。即使该项制度"麻烦、复杂、繁琐"，基层人民法院及其法官也应当强化责任意识，"迎麻烦而上"，加强学习和交流，透彻理解相关法律和实务性操作性规定，提高适用相关程序的能力，通过熟练操作来化复杂为简单，化繁琐为严谨。

2.改变依当事人意愿选择适用小额诉讼程序的做法

一是主动依职权适用小额诉讼程序。在已经介绍、解释过小额诉讼制度的前题下，人民法院和法官对于符合小额诉讼程序适用条件的案件，不讲条件、毫无例外地决定适用，当事人的异议留待复议程序解决，唯有如此，才符合严格司法的要求。二是通过内部激励机制，督促怠于执行小额诉讼制度的法院和法官。将小额诉讼程序适用情况作为上级人民法院对下级人民法院，以及基层人民法院对本院审判部门和法官进行工作考核的重要项目，奖优罚劣。

3.减少不敢适用小额诉讼程序的现象

宏观而言，"掩盖、回避矛盾和问题只会使矛盾和问题堆积、激化"是颠扑不破的真理，人民法院作为国家机器，如果不敢正视矛盾和解决矛盾，必给国家和社会造成"执法软弱、规矩失范、法律虚设、法治崩塌和秩序混乱"的恶果。人民法院和法官过度照顾当事人诉讼能力弱和不良情绪，看似发挥了司法的能动性，弥补了法律的"过度刚性"，回应了部分当事人的诉求，实质上是牺牲了整体和长远利益来维护局部、短期利益：照顾当事人“信上不信下”心理，强化了“青天情结”和“御状万能”的传统社会心理，导致我国审级制度设计所欲发挥的“将矛盾解决在基层”的功能继续被抑制；以不适用小额诉讼程序来迁就当事人上诉的诉求，避免堵塞“矛盾上交渠道”，导致当事人和公众不接受法律的指引，恣意妄为……这些回避矛盾，不愿适用、不敢适用或不敢严格适用小额诉讼程序的司法态度、意识和行为，与该项制度所倡导的价值、所欲发挥的功能和所欲达到的目的背道而驰，危害甚巨！微观而言，司法不严、逃避矛盾、掩盖问题，极易给当事人、代理人及全社会造成“司法不严、法律虚无”的认识，进一步降低对法官、法院和法律公正性的合理怀疑，法官的职业尊荣丧失，法院的职能作用遭到否定，法律的规范价值被削弱。如此，作为司法者的法官，其人生价值和社会价值必将贬值。人民法院和法官勇于担当，严格司法，敢于直视矛盾并承担些许“不利”，方能迎来法律威严、秩序井然和无尚荣光。

结　语

司法实践是检验立法质量和法律制度预期功能的根本标准，目前，小额诉讼制度所欲实现的目的和发挥的功能，主要反映在理论层面，其预期促进的价值是否能够实现，需要通过民事诉讼法的具体实施情况来印证和检验。由于本文的分析样本有限，所揭示的小额诉讼制度运行问题若能达到“管窥一斑而见全豹”的效果则幸甚，若属于“以偏概全、一家之言”，则希望最高立法机关或司法机关适时在全国范围内开展针对“小额诉讼制度运行情况”的调研，在完善制度和司法纠偏上有所作为，切实发挥该项制度的预期功能，使之与理论预期的功能一样美。

保险人与再保险人关于保险金赔付的案例分析

刘文骥*

摘　要： 再保险是指接受保险人分出保险，并只对保险人负责的保险。在保险理赔中，由于再保险人将按照约定比例承担相应责任，可能会与保险人就是否应当赔付以及赔付的金额产生争议，将引起极为复杂的法律问题。本文以某人寿保险公司与某再保险公司关于对于一起保险合同有缺陷的理赔案件的不同看法为出发点，通过对保险公司与再保险公司之间争议的这一典型案例的分析，明晰了保险人、被保险人和再保险人三者的关系。突出了现有保险法制度中关于保险人与再保险人之间的规定存在的合同条款不细致、专业术语见识不权威等问题，并有针对性地提出了一些建议。

关键字： 保险人　再保险人　保险理赔

一、背景介绍

在日常法律实践中，法律工作者接触到的大多数保险法律纠纷发生在保险人与投保人之间，具体表现为对于保险合同有效性的争议，对于是否应当进行赔付的争议等。这些争议虽然在保险纠纷中占据较大的比重，但却并非最为复杂的案例。根据笔者的工作经历，保险行业中最具挑战的纠纷多出现于保险人（直接保险公司）与再保险人（再保险公司）之间。直接保险公司是指向投保人签发保单、直接承担保险责任的保险公司。再保险公司是指接受保险人分出保险，并只对保险人负责的保险公司。在保险金的理赔环节，由于再保险人将按照约定比例承担相应责任，因而会与保险人就是否应当赔付以及赔付的金额进行协商，当双方意见不一致时就会产生较为复杂的法律

* 刘文骥，男，法学硕士，中国再保险集团中再人寿公司法务工作人员。

问题。在此类纠纷中，通常存在较多的法律主体，法律关系相互交织。可能同时包含投保人、保险人、保险人的代理人、再保险人等，这通常会导致赔付责任的分担较难判断。以下，笔者将从一起保险人与再保险人关于保险金赔付纠纷的案例切入，从保险人与再保险人的法律关系入手，通过对双方再保险合同的分析，厘清责任分担，在本文后半部分将结合涉及的法律问题进行评述并提出建议。

二、案情简述

2013年1月，X人寿保险股份有限公司（以下简称保险人）与Z再保险股份有限公司（以下简称再保险人）定立了有效期为一年的自驾险比例再保险合同。合同约定，对于保险人依照合同条款承保的自驾险业务按照90%的比例向再保险人分出，再保险人将按照该比例承担保险人对外的保险赔款以及理赔费用。

2013年9月，保险人接到报案，其于2013年3月销售的一个保单出险，被保险人张某驾车出险身亡，受益人提出理赔申请。被保险人张某，男性，私营企业主。2013年3月投保自驾险，自驾车意外责任保额人民币100万元。2013年7月撞击高速公路隔离带当场身故。

保险人在案件调查中查明，被保险人系于2013年3月经保险代理公司渠道投保自驾险产品。被保险人患有肝癌，并曾因恶性肿瘤理赔重疾险，但其在投保自驾险产品时，对健康告知中“是否曾患癌症”的告知为否。据此，保险人以被保险人不实告知为由拒绝赔付保险金。受益人在接到拒赔申请后，找到投保时的保险代理人，代理人承认在被保险人投保时已经知晓其罹患癌症，却告知其不影响自驾险的投保，由此证实了投保时保险代理人存在销售误导的情况。在此情形下，保险人应当进行赔付。

2013年10月，保险人依据自驾险比例再保险合同要求再保险人向其支付理赔款及相关费用的90%。再保险人认为不应当承担该笔赔款，理由如下：根据合同第5条关于承保的规定，保险人未按照合同双方约定的承保规则签发保单，导致了对罹患癌症的张某进行承保。同时根据合同第10条关于理赔的规定，分入公司（再保险人）不承担分出公司（保险人）出于自身原因造成的合同以外的损失，比如惩罚性损失、补偿性损失。进一步，根据再保合同第11条“错误与遗漏”中的规定，如果因任何延误、遗漏或错误而使任何一方处于经济方面的不利地位，则造成该等延误、遗漏或错误的一方应负责为另一方提供补偿。再保险人认为保险人对代理人管理不当，导致误导销售，应当承担补偿责任。争议由此而生。该案受益人于2014年7月对保险人提起诉讼。本案最终调解结案，保险公司通融赔付人民币40万元。

三、案例分析

（一）本案解析的切入点

在解决再保险人与保险人理赔争议的案例时，对其中法律关系的分析尤为重要。在此类案件中，由于涉及保险人与被保险人、保险人与再保险人这两组法律关系，三个主体，且法律关系与法律主体往往随着案情的发展交织在一起，再加之对再保险行业实际操作的不了解，初次接触往往会无从下手。处理此类案件，首先要将两组法律关系分开，分别进行剖析。

再保险人能否拒绝对保险人赔付取决于直保公司是否有对被保险人拒赔的理由。在实践中，直保公司有时会忽略一些拒赔的情形。主要原因有以下两点：

（1）再保险人承接的保险业务分出份额较大，在支付赔款时保险人只需支付较小的份额。对复杂案情的调查取证会消耗较大的人力物力，再保险人往往怠于查明事实真相，使得拒赔理由无法查明。

（2）一些保险人规模较小或成立时间较晚，缺乏理赔调查经验，无法通过对案情的分析得出拒赔的理由。在上述情况下，再保险人应从保险人的角度分析该赔案，通过自行调查分析以确定是否有拒赔的可能。此时保险人和再保险人利益是一致的。若保险人确无拒赔的理由，则需进一步考虑再保人是否有对保险人拒赔的理由。此时，再保险人与保险人形成利益冲突。通过上述问题的解读，两组法律关系即可明晰。

（二）直保公司与被保险人的法律关系

在寿险保险合同中存在以下几类人：投保人、被保险人、受益人以及保险人。本案当中，张某既是投保人也是被保险人，张某的亲属为受益人，直保公司为保险人。本案中，保险人与被保险人订立了保险合同，受益人基于保险合同的约定向保险人申请理赔。在理赔调查的过程中，保险人发现被保险人在投保前已身患肝癌，并且曾经在另一家直接保险公司H进行过重疾险的理赔。保险人通过查阅被保险人投保时的健康告知单得知，在投保时张某存在不实告知的情形，隐瞒了自己已经身患癌症的情形，而根据保险合同约定，当投保人存在患癌症的情形时，保险人是不予承保的。根据《保险法》第16条之规定，投保人故意或者因重大过失未履行前款规定的如实告知义务，足以影响保险人决定是否同意承保或者提高保险费率的，保险人有权解除合同。[1]因此，保险人主张解除合同，不承担赔付理赔款的责任。然而，经受益人举证，保险人委托的保险代理人在被保险人投保时明知其曾患肝癌，却告知被保险人该情形不影响投保，并且未在健康告知中进行勾选，此时保险代理人的行为构成了误导销售。由于保险人与保险代理人之间是委托代理的关系，结合《保险法》第127条第1款之规定，保险代理人根据保险人的授权代为办理保险业务的行为，由保险人承担责任。[2]在销售保险产品时，对被保险人而言，保险代理人的行为由保险人承担责任。据此，应当视为保险人在被保险人投保时已经知晓了其患肝癌这一事实，根据《保险法》第16条之规定，保险人在合同订立时已经知道投保人未如实告知的情况的，保险人不得解除合同，发生保险事故的，保险人应当承担赔偿或者给付保险金的责任。[3]故本案属于保险人不得解除保险合同的情形，应当承担保险责任，对受益人进行赔付。

（三）直保公司与再保公司之间的法律关系

通过上述案情分析，保险人对被保险人并无拒赔理由。此时，再保险人只能通过分析其与保险人之间的法律关系寻找拒赔的理由。再保险人与保险人之间订立了比例再保险合同，以下将从双方的合同关系展开分析。与本案案情相关的再保险合同条款主要有自动与临时再保险条款、理赔条款与共命运条款以及错误与遗漏条款。下文将结合案例进行分析。

1.对自动与临时再保险条款的分析

比例再保险合同中对于再保险人作出承保决定的标准有相应规定，具体如下：如果分出公司签发的保单或责任满足以下条件且符合特殊条款的有关约定，分入公司将自动接受该保单的再保险责任：分出公司根据分入公司同意的承保规则和程序签发的保单或责任。因此，只有在保险人按照再保险人

[1] 《中华人民共和国保险法》第16条。
[2] 《中华人民共和国保险法》第127条。
[3] 《中华人民共和国保险法》第16条。

同意的“承保规则和程序”签发自驾险保单的情况下，再保险人才会自动接受该保单项下的保险责任。

第一点需要分析的是，是否存在再保险人同意的“承保规则和程序”。再保险合同一般条款约定 “对于本合同业务范围内的保单或责任，原保单条款、费率表、精算报告、核保手册、核保规则或投保规则、理赔规则或程序等，均是本合同不可或缺的组成部分”。据此可知，投保规则等相关文件是再保合同的有效组成部分。而根据案情，保险人投保规则规定“在客户填写投保单资料时，经代公司业务人员必须引导客户如实填写投保单，尤其是健康告知信息”，因此，存在再保公司同意的“承保规则和程序”，而且“承保规则和程序”明确了保险代理人必须引导客户如实填写投保单的义务，同时，对健康告知信息还作了突出强调。

第二点需要考虑的问题是，保险人是否违反“承保规则和程序”。根据案情，保险代理人在明知客户未如实告知的情况下协助投保，其行为已违反了投保规则中“在客户填写投保单资料时，保险代理人必须引导客户如实填写投保单，尤其是健康告知”的约定。根据《保险法》第127条第1款之规定：“保险代理人根据保险人的授权代为办理保险业务的行为，由保险人承担责任”[1]，因此本案中保险代理人违反“承保规则和程序”行为的后果应当由保险人承担。但是，再保险人若以此为由向保险人主张相关权利，需证明代理人确实明知客户未如实告知健康状况，承担该举证责任。根据实际情况，自出险后即难以与保险代理人取得联络，因此再保险人无法通过该条款追究保险人的责任。

2.对理赔条款的分析

在比例再保险合同中，关于理赔条款双方有如下约定：对于分出公司作出的通融赔付决定，只有事先得到分入公司的书面同意，分入公司才按照特殊条款中的规定承担再保理赔金额。分入公司不承担出于分出公司自身原因造成的合同规定以外的损失，比如惩罚性损失或补偿性损失。在实践中，保险人与再保险人关于本条款的最大分歧在于如何界定合同规定以外的损失。再保险人认为本案的赔付是由于保险代理人的过错导致的，这属于出于分出公司自身原因造成的损失，此种损失并非由于正常的承保、出险而导致的赔

[1] 《中华人民共和国保险法》第127条。

付，应当属于保险人独自承担的范畴。保险人则认为，虽然其代理人的过错导致了赔付，但是根据行业习惯，再保公司在承保方面是与直保公司共命运的，并且双方也签订了共命运条款，具体如下：本合同由双方本着最大诚信原则订立，合同双方承诺以最大诚信为原则处理与本合同有关的所有事宜和义务。对于本合同适用范围内的保单或责任，分入公司在业务承保方面与分出公司共命运。据此不难看出，由于两方在承保方面共命运，本案中保险代理人虽有过错但并非保险人的故意所导致的，其在对代理人的管理方面确有过错，可以视为展业销售过程中的瑕疵，这是再保险人应当与其共命运的范畴。此外，根据合同中的列举，再保险人不承担的主要是惩罚性损失和补偿性损失，在实际操作中惩罚性损失主要是指遭受到来自监管机构的行政处罚所导致的损失，补偿性损失主要指理赔过程中存在不当行为导致损失扩大而需向受益人进行补偿的情形，这与本案并不相符，故无法适用。

另一方面，根据目前的理论研究，共命运责任的维度是有限的，以下三种情况不属于共命运的责任：

（1）原保险人单方利益或单方原因而产生的费用，如刊登广告、发布广告等，再保险人无须同一命运，不负共同责任，而应该由原保险人自己承担。

（2）再保险人与原保险人同一命运应该是指保险命运而非商业命运，保险命运是指原保险人按照原保险合同约定所承担的保险责任，商业命运是指原保险人本身财务问题，例如原保险人因员工或经纪人侵吞保险费或者原投保人不交付保险费所致损失。

（3）共命运条款也不能要求再保险人负责超过合同规定限额以上的损失，以及合同规定责任范围以外的灾害事故所造成的损失。据此理解，本案中销售误导所致的行政处罚罚款等不在共命运的范围之内，但理赔款在共命运的范围之内。由上可见，该案再保险人仍须按照合同份额摊赔，无法以分出公司管控不利拒绝摊赔。

3.对错误与遗漏条款的分析

在比例再保险合同中，错误与遗漏条款约定："任何一方在本合同项下的权利或义务，不会因本合同执行过程中的任何非故意的延误、遗漏或错误而受到影响，但前提是这种因疏忽而导致的延误、遗漏或错误一经发现应当立即予以纠正。如果因任何延误、遗漏或错误而使任何一方处于经济方面的不利地位，则造成该等延误、遗漏或错误的一方应负责为另一方提供补偿。"

如果再保险人能够证明保险人在履行再保险合同的过程中存在错误，即可以要求其“纠正”或“补偿”。但是，由于再保一般条款中提到的“错误”未明确定义，且没有约定具体的违约责任，再保险人主张保险人存在“错误”缺乏有力理据。在法律意义上，过错行为包括故意行为与过失行为。根据案情，保险人并非故意纵容代理人明知客户未如实告知而协助投保。若再保险人认为保险人在履行再保险合同过程中存在“错误”，则其需承担相应的举证责任。考虑到行业习惯，错误与遗漏条款的原意多约束双方在合同履行过程中关于程序的瑕疵问题，例如因为疏忽导致账单支付迟滞，一般情况下，合同相对方会继续履行合同，不会追究责任。只有当这种程序的瑕疵对合同一方有实质性的经济损失时，才会提供补偿。但是这种错误与遗漏的范畴主要在合同的执行方面。保险代理人在展业过程中的销售误导不符合错误与遗漏的限定范围。

四、本案评述

本案例是一起较为典型的保险人与再保险人之间的理赔纠纷，在实践中双方之间关于理赔经常产生争议。深层次的原因在于再保险合同中的理赔条款约定，当需要支付理赔款时，双方是按约定比例承担的，与理赔相关的律师费、诉讼费也按该比例分担。一旦这一比例约定再保险人承担较高的份额，在实践中就会出现保险人怠于进行赔案调查的情形，而再保险人对赔案的信息掌握不足，往往无法获得第一手资料，导致理赔过程中一些有利于避免赔付或者降低赔付金额的事实无法查明，使得保险产品的赔付率上升，再保险人的利润下降。在对赔案信息掌握不充分的前提下，通过对双方的再保险合同进行分析，找出拒赔的理由成为了再保险人降低赔付率的另一条出路。本案的情形即是如此。当保险代理人存在销售误导的情形时，由于无法取得相关证据进行验证，再保险人将重点放在对再保合同相关条款的解析上，以期获得拒赔理据。然而在条款分析的过程中，再保险人发现合同条款的约定模棱两可，不能有力支持拒赔。这反映出了再保险合同的条款约定不明，缺乏对再保险人的保护。一方面，这是由于中文再保险合同多由英文版本翻译而来，对于其中条款的解释在中国法域缺乏相关法条、案例的支持。例如源自英国的共命运条款，在英国有较多的判例来辅助对该条款的解读。在中国法域，共命运原则只是再保险合同双方约定的一个条款，其解释范围局限于合同原文，并没有法律法规的支持，使得再保险人处于不利地位。另一方面，再保险合同的约定内容不清晰，例如错误与遗漏条款，虽然其中约定了保险人发生某些错误与遗漏时，再保险人不承担相应的赔偿责任，但是这一约定过于宽泛，未能涵盖较多的情形，为再保险人提供保障，使其处于不利地位。

由上可见，再保险人在合同的拟定中还存在改善的空间，笔者结合上述问题提出以下建议：

第一，对理赔条款中的赔付比例及费用承担比例进行控制，不宜过高。再保险合同中上述比例往往与分保比例相挂钩，建议再保险人在合同中不承担较高的赔付比例，避免赔案发生后保险人怠于履行理赔方面的义务。

第二，对再保险合同条款进行完善。目前的再保险合同条款内容已经较为完备，但需要进一步对相关条款进行细化，将再保险人对自己的保障意图明确地写入合同，避免产生纠纷时由于双方解释的不一致使自身处于不利地位。

第三，推动再保险术语的行业解释。当前，保险公司使用的再保险合同中涉及的术语缺乏统一的理解，若由行业协会对争议较大的条款作出统一解释，以指导意见的形式发布，则可以明晰保险人与再保险人之间的权利义务，减少纠纷的产生。

在商业社会中，交易地位也是不得不考虑的因素。根据笔者对再保险行业的了解，在保险人与再保险人的交易中，保险人往往处于强势地位，出于交易地位的原因，再保险人很难对一些不利于自身的合同条款进行更改。在此情形下，再保险人更需做好保险产品的精算报价，将风险控制在偏好体系之内。

从律师视角看商事侵权的含义和代理责任

吴　晨*

摘　要：商事案件应指商人之间在从事商行为时所发生的纠纷。商事侵权行为指在商事活动中发生的侵权行为，其侵权行为客体既包括权利也包括财产性利益，商事侵权是一个开放的、不断发展的概念。商事侵权也有其特殊性，应当得到司法机关的同等对待。美国经济侵权责任研究中，在损害赔偿计算方法中引入的经济损失理论和对专家责任的规制值得我们借鉴到我国商事侵权中。同时，由于国内对商事侵权研究处于相对滞后的阶段，这就要求律师承担高度的代理责任与注意义务，为维护当事人的商事利益，建立健全商事秩序作出贡献。

关键词:商事侵权　代理责任　商事案件

2014年7月中旬，全国律师界首次侵权法论坛在美丽的江城哈尔滨召开。本次侵权法论坛的主题为商事侵权，论坛研讨的议题包括公司、知识产权和其他商事侵权的有关内容。

商事侵权对律师来说是一个比较陌生的概念，法学教育中没有商事侵权这门课程，民法通则、侵权责任法等相关法律中没有商事侵权这一侵权类型，法院案由中也没有商事侵权这类案由。因此，何为商事侵权，审判机关如何看待商事侵权案件的特殊性，律师研究商事侵权所希望达到什么样的实务效果等都是需要讨论的问题。

* 吴晨，男，法学博士，北京市民商法学研究会副会长，中华全国律师协会民事专业委员会委员，北京市东易律师事务所高级合伙人。

一、商事案件概念在审判机关的历史沿革[1]

定义商事侵权案件无疑应以定义商事案件为前提。在研究审判机关对商事侵权案件的定义时，须从商事审判组织和商事审判这两个概念说起。

从1978年重庆中院组建经济法庭肇始，人民法院开始以专门法庭处理经济纠纷。1979年7月1日，《人民法院组织法》规定最高法院、高级法院和中级法院设立经济审判庭。1983年2月，修改后的《人民法院组织法》规定各级人民法院普遍设立经济审判庭。2000年，最高法院机构改革，将传统的民事、经济、知识产权、涉外商事、海事海商审判统一更名为大民事，相对应的机构改为民事审判第一、二、三、四庭，民商审判也取代了经济审判成为指代商事审判业务的官方称谓。但是，最高人民法院也指出“现在叫的民商审判，是从经济审判中走来的民事审判，其裁判的案件从案由到性质与经济审判并无明显不同”。[2]2009年4月，人民法院应对金融危机商事审判工作座谈会在福建召开，这是最高法院首次在会议中使用“商事审判”这个称谓。2010年8月，全国首次商事审判工作会议在济南召开。至此，在人民法院审判体系中，“商事审判”作为一个独立的名词被确立下来。

在商事审判所包含的案件类型上，人民法院也是历经变化。1980年6月，最高人民法院经济审判工作会议中确定的经济审判工作收案范围是经济纠纷、经济犯罪和涉外经济案件。1982年1月，最高法院决定，经济犯罪案件由刑事审判庭审理，明确经济审判庭只审理经济纠纷。1985年，最高人民法院在《关于加强经济审判工作的通知》中指出：人民法院经济审判的收案范围主要是：（1）经济合同纠纷案件，包括法人之间，法人与个体经营户，专业户、农村社员之间的经济合同纠纷案件；（2）涉外的和涉港澳的经济、贸易、运输和海事纠纷案件；（3）农村承包合同纠纷案件；（4）法人之间或以法人一方为当事人，在生产、流通领域因侵权行为发生的损害赔偿案件；（5）当事人不服行政机关的行政处分决定，按照民事诉讼法（试行）和有关法律、法规的规定，向人民法院起诉的经济行政案件；（6）法律和法规规定可以向人民法院起诉的法人之间或以法人为一方当事人的其他

[1] 李志刚、张颖：“从经济审判到商事审判”，载《法律适用》2010年第11期，第46～51页；奚晓明：“当前民商事审判工作应当注意到几个法律适用问题”，载《法律适用》2007年第7期，第3～7页；安然：“全国法院商事审判会议在济南召开”，载《法律适用》2010年第10期。

[2] 《民商审判指导与参考》（总第1卷），人民法院出版社2002年5月版，第1页，卷首语。

经济纠纷案件。2000年，最高人民法院在大民事改革时对商事审判的分工做了进一步调整和明确。2000年12月，最高人民法院印发的《最高人民法院机关内设机构及新设事业单位职能》规定，民二庭审理国内法人之间、法人与其他组织之间的合同纠纷和侵权纠纷案件，审理国内证券、期货、票据、公司、破产等案件。这一文件成为法院系统对民事和商事案件的划分依据，此后法院系统所提的商事案件一般而言指由民二庭负责审理的案件。

二、商事案件的应然概念

从上文可见，审判机关对商事案件的类型划分更多的是考虑法院组织的专业化设置需要和案件平衡，其实并不具有定义商事案件的科学意义。如依照审判机关的划分标准，则会产生实践上的困惑，譬如涉外商事案件、知识产权、不正当竞争案件等难道不属于商事案件？因此，在理论和实践层面讨论商事案件，就应当回到商事案件的本来定义——商人和商行为上。

所谓商人，有观点认为系指商主体，其本质特征包括以营利为目的和以营业为常态。[1]这一观点在审判机关具有一定的代表性，导致将法人作为商事案件主体看待的结果。其实，任何法人最终都是由个人设立的，个人从商是商事活动的本来形态。我们即使观察审判机关所定义的狭义“商事案件”，民二庭审理的证券、期货、公司等案件也大量涉及自然人。因此，将商人限定为法人不符合商事案件的现实情形。我们应当认为，只要是争议所涉行为是商行为，则该人自然为商人。至于如何定义商行为，虽然有所谓主观说、客观说、主客观结合说等不同理论，但通说认为所谓商行为系指商人以营利为目的而实施的经营活动。

因此，从本源意义上说，商事案件应指商人之间在从事商行为时所发生的纠纷。对此概念中的“商人”应做广义理解。从这个角度看，商事案件除包括民二庭审理的一般“商事案件”外，还包括知识产权、不正当竞争和涉外商事案件，同时还应包括目前由民一庭审理，但是涉及商人和商行为的房地产案件、合同案件和侵权案件。

---

[1] 李志刚、张颖：“从经济审判到商事审判”，载《法律适用》2010年第11期，第48页。

三、商事侵权的含义

既然有商事案件这一概念，自然有商事案件的各种类型，商事合同和商事侵权是商事案件的两个主要类型。所谓商事侵权案件，从文意看系指商主体在从事商行为中因其权利受到侵犯而产生的纠纷。

学术界对商事侵权行为早有研究，在制定侵权责任法时，曾有学者呼吁将商事侵权行为写入侵权责任法，并规定不同的规则。[1]

审判机关在以往的民商事审判工作会议和商事审判工作会议上多不提“商事侵权”这一种概念，而是直接列举如公司类案件等具体案件类型并相应研究具体的审判规则。[2]近年来，审判机关也逐渐注意对商事侵权这一类型案件的特殊性进行研究，并有研究成果见诸报端。[3]

总结学界和审判机关对商事案件和商事侵权的研究成果，主要的观点包括：[4]

（1）商事侵权行为指在商事活动中发生的侵权行为，其侵权行为客体既包括权利也包括财产性利益，商事侵权是一个开放的、不断发展的概念；

（2）和其他商事案件一样，在审理商事侵权案件时，裁判理念应当不同于审理普通民事案件，具体体现在：保护营利性、尊重自治、维护信用、讲求效率、尊重商事实践等；

（3）和民事侵权案件相比，商事侵权案件有其特殊性，具体包括：过错客观化、举证责任倒置、损害赔偿计算具有特殊性等。

四、美国侵权责任法中的经济侵权

从法学教育的角度对侵权行为进行分类，美国法学院一般将对人身和财产的直接侵害作为基础侵权法课程的内容，而将对虚拟权利的侵害作为高级

---

[1] 杨立新：“侵权责任法应当规定商事侵权责任”，载《法制日报》2009年3月18日，第012版。

[2] 黄晓云：“充分发挥商事审判职能作用 不断拓展服务经济社会发展的广度和深度 访最高人民法院副院长奚晓明”，载《中国审判新闻月刊》2013年第93期，第12～15页；孙晓光：“加强调查研究 探索解决之道 访最高人民法院民二庭庭长宋晓明”，载《人民司法》2007年第13期，第11～20页。

[3] 宋晓明、高燕竹：“商事侵权法律规制若干问题研究”，载《人民法院报》2011年3月2日，第007版。

[4] 见本文第 1 页注1、第 3 页注2、第 3 页注3。

侵权法课程的内容。[1]对虚拟权利的侵权行为一般包括名誉侵权和经济侵权（Economic Torts）两类。其中经济侵权是可以和我们的“商事侵权”进行比较研究的概念。

经济侵权的具体侵权形态包括[2]：商业贬损、恶意违约、违反信托义务、故意干涉合同和商业机会、非故意干涉经济利益、不正当竞争和侵犯知识产权、虚假陈述、律师执业过错。

由于对于经济侵权行为研究的日渐成熟和在法学教育领域的逐步固定，美国法学会在2006年起草了《第三次侵权法重述-经济侵权和有关过错》一编的草案。[3]

从诉讼角度看，美国经济侵权责任主要研究的问题包括：以经济损失为中心的损害赔偿计算方法、对信托责任的违反、双方当事人之间的虚假陈述所产生的责任、过失经济侵权责任（指专家职业行为责任和营业行为对第三方的侵权责任）、合同中的诚信责任和恶意违约、干涉合同和干涉潜在经济利益所产生的侵权责任、不正当竞争侵权责任、商标侵权责任（包括商标淡化）、和商标侵权类似的在商业竞争对手之间发生的著作权侵权责任、对社会公众的欺诈性陈述所产生的侵权责任、贬损责任（包括对商品的贬损和商业信誉的贬损）、盗用侵权责任（包括对身份、商业秘密的盗用）、恶意诉讼侵权责任、教唆侵权和共谋侵权[4]。

源于普通法的传统，美国经济侵权责任是一个由社会经济生活、判例和成文法共同决定的开放体系。基于商事行为发生和侵害对象非人身及有体物是经济侵权责任的两个重要特性。在美国经济侵权责任研究中，最值得我们注意和借鉴的是，在损害赔偿计算方法中引入的经济损失理论和对专家责任的规制。

五、律师在商事侵权案件中的代理责任

虽然商事侵权是一个较新的名词，但是包括商事侵权案件在内的商事案

---

[1] Jay M. Feinman: Teaching Economic Torts, Kentucky Law Journal, Vol. 95, P893-P917; Dan B. Dobbs & M. Bublick: Cases and Materials on Advanced Torts (2006).

[2] Dan B. Dobbs & M. Bublick: Cases and Materials on Advanced Torts (2006).

[3] Restatement (Third) of Economic Torts and Related Wrongs (Council Draft No. 1, 2006).

[4] Jay M. Feinman: Teaching Economic Torts, Kentucky Law Journal, Vol. 95, P907-P908.

件却是大量发生的。2013年，全国法院审结一审商事案件395.7万件、一审知识产权案件10万件、一审涉外商事案件5364件，[1]商事案件数量已超越普通民事案件数量，[2]成为审判机关受理的第一大类型案件。

从律师代理的角度看，商事案件的律师代理率明显高于民事案件的律师代理率。[3]律师对代理商事案件和商事侵权案件并不陌生。但是，由于审判机关和律师界对商事侵权案件的特殊审判规则和代理责任缺少综合性的研究，也缺少司法文件的规范，律师在商事侵权案件中的代理技巧有待提高。笔者认为，为勤勉尽责地完成对委托人的代理责任，律师在代理商事侵权案件中主要需注意以下几个问题：

1.积极探索对各类商事权益的保护

我国侵权责任法对受其保护的权利类型采用了一般加列举的规范方式，尤其值得注意的是，侵权责任法采用了“民事权益”这一名词，意味着受侵权法保护的除了具有法定形式外观的权利之外，还保护“民事利益”这一更广泛的概念。[4]

尽管学术界对于侵权责任法所保护的权利类型尚存争论，但审判机关对权利类型所持的观点较为开放，不仅支持对权利的保护，也支持对未上升为权利的财产利益的保护。[5]律师在商事侵权案件中，应当积极探索对新类型商事权利和利益的侵权责任保护方式，特别注意对合同权利（债权）、商业关系等现行法律并无明文规定的商事权益的侵权法保护。

2.严格遵守商事侵权诉讼审判程序

我国的诉讼程序法采用民商合一体制，统一适用民事诉讼程序规范商事诉讼活动。在普通民事诉讼中，由于律师代理率低，当事人对诉讼程序把握不准，审判机关往往放松对诉讼程序的要求。例如在普通民事案件中，对举证期、答辩期等期限规定审判机关往往无法从严把握。由于商事诉讼的高代

[1] 周强：“2014年最高人民法院工作报告”，载http://lianghui.people.com.cn/2014npc/n/2014/0310/c382480-24592263.html.

[2] 同期一审民事案件审结数量为355.4万件。

[3] 据对北大法宝案例库2013年全年案例检索，股东资格确认纠纷案件一审律师代理率为92%，产品责任损害赔偿纠纷案件一审律师代理率为37%。

[4] 《中华人民共和国侵权责任法》第1条、第2条、第5条。

[5] 宋晓明、高燕竹：“商事侵权法律规制若干问题研究”，载《人民法院报》2011年3月2日，第007版。

理率所体现的高度专业化，无论是审判机关还是律师都应当严格执行诉讼程序，以保证诉讼效率和程序公平。在商事诉讼中，效率就是公平的另一种体现，迟来的判决往往意味着商业机会的流逝和商事诉讼价值的丧失。审判机关有条件在商事侵权案件中要求各方当事人及其律师严格遵守诉讼程序，并进而细化和强化程序失权制度。

3.充分运用商事侵权诉讼的中间程序

在商事侵权案件中，律师应当充分利用禁令等行为保全措施、先行判决措施等诉讼法所赋予的各项中间程序，及时、有效地保护当事人的商事利益。审判机关也应当通过制定司法解释、工作文件和发布指导案例等各种方法，在诉讼法框架下为商事侵权诉讼中的各项中间程序制定简便有效的执行规范，使中间程序成为律师可以普遍使用的诉讼工具。

4.在商事侵权案件中积极引入客观证据和专家辅助人，就侵权行为、归责原则、因果关系等问题充分举证。

商事侵权不同于民事侵权，审判人员对于商事行为的模式和内涵、商事习惯等问题不能完全凭借生活经验进行心证。商事侵权具有责任形态复杂精密、过错客观化等特点是理论界和实务界一致的看法。作为代理律师，在商事侵权案件中除向审判机关展现案件事实之外，还应借助对行业规范、业务模式、同行业其他企业的数据对比等各种形式的客观证据，向审判人员解释具体侵权案件中的一般行业准则，建立行业“理性人”的判断标准。同时，在商事侵权案件中，律师应当充分运用专家辅助人制度，向审判人员提供对争议问题进行判断的专业意见。

5.在商事侵权案件中建立科学、完备的损失计算方法

商事侵权的损失计算问题是律师代理商事侵权案件中的一个难题。由于在商事侵权案件中，受保护的权益往往在商业社会中处于纷繁复杂的急剧变动之中，其价值的体现并无一定之规。如原始出资一元所形成的股权，可能跌至几分钱而成为所谓“仙股”，也有可能涨至数百倍之巨。因此，对于财产损失的计算，特别是对可得利益等不直接和财产本身挂钩的损失，律师应当充分组织材料，建立科学完备的计算方法。作为审判机关，在处理商事侵权损失计算问题时，也不应过分依赖鉴定结论。应当认识到，很多商事侵权的损失计算方法对于鉴定机构而言，也是个全新的问题。审判机关更应关注的是鉴定依据，而不仅仅是简单采信结论。同时，在律师对鉴定结论提出有理有据的抗辩时，审判机关应当予以采信。

对于侵权损失中的纯粹经济损失问题，学术界已有较多的理论研究成果。虽然审判机关对于纯粹经济损失的赔偿持原则不赔、例外赔偿的看法，[1]但是，从律师角度看，应当多关注纯粹经济损失理论，充分研究与侵权事实有关的纯粹经济损失，向审判机关全面展现包括纯粹经济损失在内的损失全貌，争取审判机关的理解和支持。

6.积极研究律师执业准则，规范商事案件代理行为

在商事侵权案件中，规范律师执业行为是不得不提的问题。一方面，商事侵权案件是审判机关率先支持律师费主张的案件类型，[2]客观上保护和促进了律师案件代理制度；另一方面，商事侵权案件由于案由广泛、起诉门槛低、涉及金额较大、社会影响较大而且多具有市场竞争的意味，所以对律师规范执业也提出了较高的要求。全国律协和各地律协应当制定和细化商事侵权案件律师执业规范和业务指引，为律师代理商事侵权案件建立客观标准。而律师在代理商事侵权案件中，也应厘清案件当事人的商事利益，善用调解、和解工具，同时应当避免出于竞争目的的恶意诉讼和对法庭作出虚假陈述。

结　语

随着中国跃居世界最大的经济体之列，包括商事侵权案件在内的商事案件大量发生。无论是审判机关还是律师界，对商事侵权案件特殊规则的研究已经滞后于案件形势的发展。希望律师界积极总结商事侵权案件的代理经验，提炼商事侵权案件的代理规则，为维护当事人的商事利益，建立健全商事秩序作出贡献。

---

[1] 宋晓明、高燕竹："商事侵权法律规制若干问题研究"，载《人民法院报》2011年3月2日，第007版。

[2] 《中华人民共和国著作权法》第48条、《最高人民法院关于审理商标民事纠纷案件适用法律若干问题的解释》第17条、《最高人民法院关于审理专利纠纷案件适用法律若干问题的解释》第22条、《中华人民共和国反不正当竞争法》第20条。

网络电视机顶盒侵权责任分析

孙　彦*

摘　要： 网络电视机顶盒（简称“盒子”），是互联网电视系统中至关重要的技术设备。在“盒子”侵权案件中，主要涉及的是由于互联网电视内容侵权而要求“盒子”的生产商承担法律责任。根据国家规定，“盒子”的内容只能来源于国家颁发了牌照的互联网电视集成平台，“盒子”对于内容并无选择权和控制权。根据嵌入的IP地址不同，可将“盒子”分为“白盒子”和“黑盒子”。无论是白盒子还是黑盒子，盒子本身对于互联网内容的侵权行为不承担法律责任，盒子生产商亦不应对生产和销售盒子的行为承担侵权责任。如果盒子生产商参与了互联网内容的提供和传播，则根据不同侵权行为承担相应责任。

关键字： 互联网电视　侵权责任

2014年是互联网电视机顶盒侵权纠纷大战的一年，国内以小米公司为代表的主流生产电视机顶盒的厂商纷纷遭到起诉，法院的判决结果也往往令人疑惑丛生，有时判决侵权，有时判决不侵权。到底“盒子”侵不侵权？无论是司法界还是产业界均处于一种混乱状态。为此，我们有必要在此梳理一下。

一、“盒子”的作用和地位

(一)“盒子”的技术地位

“盒子”全称网络电视机顶盒（Network Tv-set Box），是互联网电视

*　孙彦，男，北京市天元律师事务所律师。

（IPTV）系统中至关重要的技术设备。互联网电视（IPTV）是指是以电视机为终端，以IP网络为承载网，为用户提供多媒体综合服务的业务。IPTV业务涉及四方主体： 内容/应用提供商（内容服务平台提供节目源）、业务提供商（集成播控平台）、网络提供商（传输企业 ）和最终用户 。

网络电视机顶盒的基本功能包括：（1）转屏功能：该功能主要是把在电脑、手机上浏览的格式内容转换成适合在电视屏幕上显示。转屏技术解决数字媒体文档在不同设备间的传输共享、显示格式的转换等问题。（2）传输和交互功能。电视机顶盒可以把网络和电视联系起来，并实现交互式点播。用户可以通过电视机顶盒对于互联网电视内容进行选择和观看。

在“盒子”侵权案件中，主要涉及的是由于互联网电视内容侵权而要求“盒子”的生产商承担法律责任。因此，在涉及内容侵权时判定盒子生产厂商需不需要承担侵权责任时，我们只需要考察盒子在互联网电视系统中的传输功能即可。对此，本文认为，“盒子”只是网络传输内容的一部分，其在IPTV系统中的技术地位与目前有线电视系统中的机顶盒地位完全一致。其只是一个传输环节，本身并不上传和控制传播内容，控制和传输内容的是IPTV集成播控平台。

（二）中国互联网电视系统中的“盒子”的法律地位

国务院办公厅《关于印发三网融合试点方案的通知》（国办发【2010】35号，以下简称“国务院35号文”）规定，广播电视播出机构负责IPTV业务“集成播控平台的建设和管理”，负责“节目的统一集成和播出监控”，负责“电子节目指南（EPG）、用户端、计费、版权等管理”，电信企业负责“IPTV传输服务”。

根据原国家广播电影电视总局《关于三网融合试点地区IPTV集成播控平台建设有关问题的通知》（广局【2010】344号）之规定，IPTV业务共涉及IPTV集成播控平台、IPTV内容服务平台、IPTV传输服务三方面，其中，前两者均应由广电机构作为运营主体，电信企业仅负责IPTV传输服务。IPTV集成播控平台（包括节目内容统一集成和播出控制、电子节目指南、用户端、计费、版权等管理子系统）总平台牌照由中央电视台申请，分平台牌照由地方电视台申请。IPTV业务内容服务平台全国平台牌照由中央三台和拥有全国性节目资源的省、市广电机构申请，地区性牌照由拥有地区性节目资源的广电机构申请。

根据国家广播电影电视总局办公厅发放的《持有互联网电视牌照机构运营管理要求》（广办发网字〔2011〕181号）文件规定，互联网电视集成平台只能选择连接广电总局批准的互联网电视内容服务机构设立的合法内容服务平台，在提供接入服务前，互联网电视集成机构应对互联网电视内容服务平台的合法性进行审核检查。互联网电视集成机构所选择合作的互联网电视终端产品，只能唯一连接互联网电视集成平台，终端产品不得有其他访问互联网的通道，不得与网络运营企业的相关管理系统、数据库进行连接。集成机构所选择合作的互联网电视终端产品，只能嵌入一个互联网电视集成平台的地址，终端产品与平台之间是完全绑定的关系，集成平台对终端产品的控制和管理具有唯一性。集成机构选定拟合作的终端产品的类型、厂家、型号后，向广电总局提交客户端号码申请，广电总局将按照统一分配、批量授权、一机一号等现行的互联网电视客户端编号规则，针对合格型号的终端产品授权发放相应的号段，允许在号段范围内生产终端产品。经授权的集成机构，负责按照唯一原则确定每一台互联网电视客户端的编号。

从以上文件规定可以看出，在我国IPTV业务系统中，对于盒子接入的网络实行严格的管理，“盒子”只能唯一连接互联网电视集成平台，不得有其他访问互联网的通道，不得与网络运营企业的相关管理系统、数据库进行连接。也就是说“盒子”的内容只能来源于国家颁发了牌照的互联网电视集成平台，“盒子”对于内容并无选择权和控制权。互联网电视的内容是由广电总局批准的互联网电视内容服务机构设立的合法内容服务平台提供的，互联网电视集成机构应对互联网电视内容服务平台的合法性进行审核检查。

目前市场上有两种“盒子”，一种是根据上述有关法律政策，嵌入持有互联网电视牌照机构的互联网电视集成平台IP地址的盒子，另一种是嵌入的是其他网络IP地址。前者称之为“白盒子”，后者称之为“黑盒子”。例如，小米盒子接入iCNTV未来电视运营的中国互联网电视集成播控平台，包括节目采集与播控系统等全部由iCNTV未来电视进行管理，内容均来自iCNTV。小米盒子就属于白盒子的一种。

二、盒子的侵权责任分析

（一）白盒子的侵权责任分析

对于“白盒子”而言，由于“盒子”本身属于互联网电视传输的一个环节，其地位与网络路由器相同，本身并不控制内容的上传和选择，因此其不应对传输的内容承担侵权责任。

媒体内容在互联网电视中的传播涉及作品的信息网络传播权，信息网络传播权控制的是作品的上传行为，未经许可将他人享有信息网络传播权的作品上传到互联网构成侵权。而网络传输提供的是信息传递工具，网络本身属于中立的技术工具，其对用户传输的内容并无控制和选择权。

《世界知识产权组织版权条约》关于第8条的议定声明明确指出：不言而喻，仅仅为促成或进行传播提供实物设施不致构成本条约或《伯尔尼公约》意义下的传播。因此，“白盒子”的生产商对于互联网内容侵犯信息网络传播权的行为不承担侵权责任。

（二）“黑盒子”的侵权责任分析

由于黑盒子接入的不是持有牌照的互联网电视集成业务平台的地址，其违反了互联网电视业务管理的有关法规政策，存在行政违法的情况。但是其行政违法本身不能直接推论其传输的内容构成侵权。需要看其传播的内容是否侵权，以及其在传播中的地位和对侵权行为所起的作用。具体可以分以下几种情况分析：

（1）链接的内容本身没有侵权，黑盒子不侵权。

黑盒子经常采用搜索的方式接入互联网，如果其搜索链接的作品本身没有侵权，则黑盒子不承担侵权责任。

在深圳迅雷网络技术有限公司诉北京华录北方电子有限责任公司华录N1播放器侵权案件中，该播放器内置了浏览器软件并链接了百度、360搜索等网站。深圳迅雷网络技术有限公司授权飞狐信息技术（天津）有限公司《人再囧途之泰囧》的非独家信息网络传播权。深圳迅雷网络技术有限公司主张华录N1播放器搜索并播放飞狐信息技术（天津）有限公司传播的《人再囧途之泰囧》的行为构成侵权。终审法院认定华录N1播放器搜索并播放的作品是经过深圳迅雷网络技术有限公司授权的第三方视频网站所提供，著作权法并未赋予“链接”权利，在第三方网站已经取得授权的情况下，原告的权利已经用尽，因此驳回了深圳迅雷网络技术有限公司的侵权指控。

（2）链接地址是由盒子生产厂商自己经营和管理，生厂商需要对传播的侵权内容承担侵权责任。

有些“黑盒子”预置的IP地址（“网站”）是由黑盒子生产商自己经营

和管理的，此时，该企业不仅是盒子的生产商，而且是互联网内容提供者。作为互联网内容提供者，其应该对其提供的内容承担审查和注意义务，如果内容侵权，其应该承担侵权责任。

需要指出的是，此种情况下判定该企业承担侵权责任并不是因为其是盒子的生产商，而是因为其是内容的提供者。因此，可以说“盒子“本身还是没有问题的。

（3）与第三方合作，共同通过“黑盒子”提供内容。

如果“黑盒子“的生产商与其他网站等合作，共同提供内容并通过黑盒子传输，此种情况下，应根据“黑盒子”生产商在内容提供方面的过错和行为来判定其是否应承担侵权责任，此时的身份仍是内容提供商或者网络服务提供者身份，与其盒子生产商的身份无关。

三、结　论

综上所述，无论是白盒子还是黑盒子，盒子本身作为互联网电视业务中传播的实物设施，其对于互联网内容的侵权行为不承担法律责任，盒子生产商亦不应对生产和销售盒子的行为承担侵权责任。如果盒子生产商参与了互联网内容的提供和传播，则因根据其内容提供商的身份或者网络服务提供者的身份并结合具体案情来判定其是否应当承担法律责任。

法学教育

法律硕士（非法学）专业研究生招生问题的思考*

刘 影**

摘 要： 囿于各种条件的限制，在专业硕士招生方面，首经贸于2012年停止对法律硕士（非法学）专业研究生的招生，仅招收法律硕士（法学）专业的研究生。当前国家积极推进专业学位研究生教育，法律硕士（非法学）专业研究生的就业前景趋好，而在法学院整体规模日益扩大，师资队伍数量也大幅增加，“双导师制”进一步得到落实的背景下，法学院在培养法律硕士方面有自身的硬件和软件优势，经过几年的摸索，笔者认为，法学院招收法律硕士（非法学）专业研究生的条件日趋成熟，建议继续招收法律硕士（非法学）专业研究生。

关键词： 法律硕士（非法学） 法律硕士（法学） 招生 必要性

一、我校法律硕士专业的招生背景

现阶段，国内具有法律硕士招生资格的高校基本均招收法律硕士（非法学）专业的学生。笔者通过对全国151所（2014年前共116所，2015年新增

---

* 本文系首都经济贸易大学2015年度研究生部教育教学改革立项项目《法律硕士（法学）和法律硕士（非法学）的培养方式比较研究》的结项成果。

** 刘影，法学硕士，首都经济贸易大学法学院科研秘书。

35所）具有法律硕士招生资格的院校进行招生情况统计（2012~2015年）发现：仅招收法律硕士（法学）专业的院校只有2所，分别是首经贸和中国地质大学；仅招收法律硕士（非法学）专业的院校也只有4所，分别是清华大学、北京师范大学（2012~2013年招收法律硕士（非法学）专业和法律硕士（法学）专业，2014~2015年仅招收法律硕士（非法学）专业）、中共中央党校和中国科学技术大学；其他145所高校均同时招收法律硕士（非法学）专业和法律硕士（法学）专业的研究生。不管是与国内其他具有法律硕士招生资格的院校相论，还是与同是财经类院校的其他高校相较，法学院招收法律硕士（非法学）专业研究生是大势所趋。

中国法律硕士专业学位教育自1995年创办以来，经过20年的发展，为国家培养了大批的优秀法律实务人才。中国当初决定设立法律硕士教育，主要是考虑到司法活动范围越来越广泛，面对的问题越来越复杂，任务越来越繁重，要求越来越高，迫切需要一大批高层次的应用型法律人才。且各行各业都逐步纳入法治的发展轨道，也急需一大批既懂本行业专业知识，又具备法律专业知识的复合型人才。[1]2009年之前，只有法学硕士和法律硕士的区分，此处的法律硕士即为现在的法律硕士（非法学），亦即本科阶段为非法学专业，硕士研究生阶段为法学专业的培养方式。自2009年起，根据教育部通知，增加了法律硕士（法学）的新专业，亦即本科和硕士阶段均为法学专业的培养方式。

国家对专业学位研究生教育越来越重视，屡出政策增加专业学位研究生的比重，扩大法律专业硕士研究生的招生规模在所难免。2013年，教育部、国家发展和改革委员会及财政部共同推出《关于深化研究生教育改革的意见》，为全面贯彻落实党的十八大精神和《国家中长期教育改革和发展规划纲要（2010~2020年）》，进一步提高研究生教育质量，对深化研究生教育改革提出意见，其中有不少涉及硕士专业学位教育，主要包括以下几个方面。一为优化人才培养类型结构，积极发展硕士专业学位研究生教育，培养类型结构以学术学位为主转变为学术学位与专业学位协调发展。二为完善招生选拔办法，推进学术学位与专业学位硕士研究生分类考试。三为建立以提升职业能力为导向的专业学位研究生培养模式。四为面向特定职业领域，

[1] 霍宪丹：《不解之缘——二十年法学教育之见证》，法律出版社2003年版，第213页。

培养适应专业岗位的综合素质，形成产学结合的培养模式，加强实践基地建设，强化专业学位研究生的实践能力和创业能力培养，大力推动专业学位与职业资格的有机衔接。[1]我国从2009年才开始大规模招收专业硕士，当年全国仅有4万人报考专业硕士，其中不少还是报考学术硕士的调剂生，而在2012年研究生考试中，报考专硕的人数达到了43万，占到全部考生的1/4。教育部也明确表示，在招生政策上将继续向专业硕士倾斜，预计到2015年，专业硕士与学术硕士比例将达到1∶1。[2]放眼世界，专业硕士比例扩大也是大趋势。在美国，专业硕士学位获得者的比例至20世纪90年代已占整个硕士学位获得者人数的55%以上；在英国，从授予学位比例来看，每年授予专业学位研究生学位资格占研究生总数的比重在75%左右；在法国，专业硕士学位授予数量已占到总数的69%，硕士专业教育已经成为法国硕士教育的主体。[3]

十八届四中全会通过了全面推进依法治国的决定，显示出国家坚守法治思维和法治方式的决心。参见欧美等法律制度相对完备的国家，法治国家对实务型法律人才的需求量是很大的。随着越来越多的法律硕士研究生毕业后进入社会，活跃在法院、检察院、律师事务所、公司法务部门等岗位上，填充了法律实务部门的大量人才空缺，为我国的法治化建设作出了自己的贡献，也得到了用人单位的广泛认可。而与法学硕士相比，法律硕士在培养目标上更重视实务型，更能适应众多岗位的需求，所以法律硕士的培养规模扩大在所难免。

首经贸自2009年法律硕士专业学位授权点获批以来，于2010年开始招收第一批法律硕士，包括法律硕士（非法学）专业和法律硕士（法学）专业，自2012年起停止了对法律硕士（非法学）专业的招生，仅招收法律硕士（法学）专业。截至2015年6月份，首经贸共培养了5届法律硕士，包括2届法律硕士（非法学）专业和5届法律硕士（法学）专业。其中4届法律硕士（含2届法律硕士（非法学）专业和4届法律硕士（法学）专业）已顺利毕业，1届在读。

---

[1] 参见教育部、国家发展改革委和财政部共同推出的《关于深化研究生教育改革的意见》。

[2] 参见http://www.masterchina.org/html/hyzx/201309/5528.html。

[3] 冀祥德：“论中国法科研究生培养模式转型之必要—从以培养法学硕士为主转向以法律硕士为主”，载《环球法律评论》2012年第5期。

二、我校法律硕士（非法学）专业招生调整的原因

首经贸招收了2010级和2011级共2届法律硕士（非法学）专业的研究生，自2012年起至今停止对法律硕士（非法学）专业的招生，仅招收法律硕士（法学）专业的研究生。据笔者之拙见，原因在于以下几点。

第一，由于法学院同时招收法律硕士（非法学）专业和法律硕士（法学）专业的研究生，两个专业学生的法律功底截然不同。就法律硕士（非法学）而言，本科的学习很少涉及法学专业知识，而法律硕士（法学）的学生已经有了4年本科法学专业的基础，且两个专业的培养方式（包括培养目标、培养方案、课程设置、授课方式、管理方式、实践能力要求、就业引导等）仍有很多模糊不清的地方，不易区分培养，这也容易导致教师在培养过程、学生在求学过程中易出现混淆局面，影响两个专业学生的培养质量。与其如此，不如仅选择培养相同专业背景的法律硕士（法学）专业的研究生，这部分学生已有了本科的法学基础，也相对较容易培养。

第二，由于前些年法律硕士（非法学）的研究生在就业时不时面临所谓的“就业歧视”，甚至有些单位在招聘信息中明确规定不招聘法律硕士（非法学）专业的研究生，从而致使法学院教师在教授法律硕士（非法学）专业的学生时也顶着较大的心理压力。我国的法学硕士尽管按照学术型研究生的路数来培养，但多数法学硕士在毕业时选择从事法律实务，造成在职业方向上与法律硕士高度重合，实践中（尤其是近些年），法律硕士得不到社会应有的认可，难以体现其作为专业学位毕业生的优势和特色，专业学位的教育意义在现实中并没有得到体现。[1]在2012年决定停止招收法律硕士（非法学）专业时，2010年招收的第一批法律硕士（非法学）专业的学生尚未毕业，故学校在选择招收法律硕士（非法学）专业的学生时持谨慎态度，在招收两年之后停止招收该专业的学生。

第三，截至2012年时，法学院给法律硕士专业授课的教师规模不大，师资力量较为紧张，同时给法律硕士（非法学）和法律硕士（法学）专业的学生进行授课，会让老师们不得不把大量的时间和精力投入到备课和授课中去，也会影响教师进行专业学术科学研究的精力分配，不利于法学院整体科

[1] 戴一飞：“法律硕士联考二十年：制度回顾与政策反思”，载《政法论坛》2014年第6期，第160页。

研水平的提高。

第四，法律硕士学位点在获批成立之初是归首经贸专业硕士教育中心进行管理的，当时法学院仅提供教师进行授课，受制于专业硕士教育中心的统一管理，与法学院学术型硕士的授课和住宿均在花乡校区不同，法律硕士学生的授课和住宿均在红庙校区，法学院不少有益于学生日常管理和培养的想法无法践行，这不但让法律硕士研究生对学院和学校的归属感不强，也不利于鼓励法学院老师培养法律硕士的信心。

三、我校恢复招收法律硕士(非法学)专业研究生的必要性

法学院经过几年的培养，对法律硕士和法学硕士的区分培养有了更深入的认识，法学院招收法律硕士（非法学）专业研究生的条件日趋成熟，在当前国家积极推进专业学位研究生教育的背景下，笔者建议学校恢复法律硕士（非法学）专业的招生，原因主要包括以下几点。

第一，通过法学院自身近几年的摸索，加之参考兄弟高校的做法，学院对法律硕士（非法学）专业和法律硕士（法学）专业的区分培养积累了不少经验。法律硕士（非法学）研究生类别作为向美国学习的一个试验，在过去十几年中取得了辉煌的成就，但是它并不能完全满足我国对法律人才的多元化需求。所以根据本国特色和传统，在吸收了大陆法系和英美法系优点基础上发展了法律硕士（法学）研究生这一新类别。同样是实务型人才，法律硕士（法学）研究生却又更能做到专业化。因此作为两种各有侧重的法律职业人才，两者共同构成了我国高层次法律职业人才的来源。[1]有了培养目标的区分，就可以在培养方案、课程设置和就业导向等方面研究区分培养的具体步骤，这也有待于我们在实践中进一步摸索。

第二，法律硕士（非法学）专业研究生的就业前景趋好。已步入社会的法律硕士（非法学）专业的研究生用自己的实力证明了自身的价值，同时由于国家政策的限制和舆论的呼声，近几年法律硕士（非法学）在就业时面临“就业歧视”的现象越来越少，其作为高水平的复合型人才越来越受到用人单位的认可。以首经贸为例，在停止招收法律硕士（非法学）专业的学生时，第一届（2010级）法律硕士（非法学）尚未毕业，后经统计，2010级

---

[1] 胡弘弘、谭中平：“法律硕士（法学）研究生的培养目标与定位”，载《中国高教研究》2011年第11期，第44页。

和2011级法律硕士（非法学）专业学生的就业形势良好。就法学院2010级和2011级法律硕士（非法学）的就业情况来看，两届共毕业45人。其中：选择去法院、检察院和律师事务所等与法律专业直接对口的共8人，占比18%；选择去国企、事业单位的共12人，占比27%；选择去会计师事务所、投资公司的共5人，占比11%；选择去银行、其他公司类的共12人，占比27%；其他毕业生的选择分别为自主创业、非法律对口类的公务员等。总体来看，这两届毕业生的就业情况还是令人满意的，可见法律硕士（非法学）专业的就业并没有起初想象的那么困难，只要用心培养，教育学生认真学习专业知识，注重提高自身实践能力和综合素质，还是可以为社会培养出一大批能够实现自身价值的有用之材。

第三，目前法学院整体规模日益扩大，师资队伍数量也大幅增加。专业硕士教育中心已于近年将法律硕士的管理权移交给法学院，这样法学院在日常管理中可以践行较适宜的管理方法和培养模式，法律硕士的授课和住宿已全部由红庙校区转移到花乡校区，做到了与学术型硕士同上课同住宿，增强学生对学院和学校归属感的同时也调动了教师培养的积极性。在2009年法律硕士学位点申报时，能够承担法律硕士8门必修课与5门推荐选修课的专任教师人数为23人。法律硕士学位授权点获批后，学校通过人才引进、教师职务聘任等方式，补充和新增专任授课教师11人，新增专任教师中既有教授、副教授，也有应届博士与博士后。因2位教师退休和调离等，截至2015年6月，首经贸法律硕士专任授课教师人数实际为32人。与几年前相比，法学院现在的师资队伍大幅增加，师资力量较为雄厚，有能力也有条件招收更多的法律专业硕士进行培养。另一方面，从保证教师教学工作量的角度来看，招收法律硕士（非法学）专业研究生也有其必要性。

第四，法学院自身的硬件优势明显。首经贸在模拟法庭训练方面，法律硕士可使用3个专业实验室进行实务训练。首先是模拟法庭，它具有较先进的摄、录、编和同声传译系统，操作灵活方便，活动安排多，利用率高，它同时又是北京市丰台区人民法院第八审判庭，可开庭审理真实案件，学生可充分利用模拟法庭进行模拟实务训练。其次是法律诊所，它是进行法律实践的重要场所。教师通过指导学生办理真实案件的方式对学生进行训练，培养了学生的学习兴趣，使其掌握了办理案件的流程，同时也锻炼了学生的法律文书写作能力和沟通协调能力等。诊所教育能够弥补传统“说教式”教学忽视培养学生分析、解决能力的空缺，使其从实践和经验中学习法律职业技能，实实在在地培养了学生事实调查的实践能力与推理能力。[1]再次是非诉讼实验室，它是通过软件系统进行实践教学的重要场所，拥有中文速录机、电脑等各类设施100余台。学生的实践能力在校内就能得到有针对性的锻炼。

第五，法学院注重法律硕士实践能力的提高，针对法律专业硕士设置了“双导师制”，适应社会对法律硕士的实务性要求。法学院与司法实务部门合作建设了很多实习基地，如北京市第二中级人民法院、北京市东城区人民检察院、北京市丰台区工商局、北京市嘉安律师事务所等。为了充分使用这些实习基地，法学院把定期进行专业实习与学生社会实践列为两个必需的培养环节。其中，法律硕士研究生的专业实习主要安排在实习基地，采用学院统一安排与校外导师安排相结合、分段实习与集中实习相结合的方式进行，实习期累计不得少于6个月。这些实践教学基地为法律硕士的专业实习提供了重要保障，对学生整体素质的提高起到了积极的推动作用。

四、结　语

首经贸于2015年迎接了法律硕士专业学位授权点的国家评估，法学院抓住契机，听取业内专家的建议，根据自身的情况对已有的法律硕士（法学）的培养方案进行了修订，贯彻落实《关于深化研究生教育改革的意见》，加强高校、科研院所和企业之间人才交流与共享，建设专兼结合的导师队伍，完善校所、校企双导师制度，重视发挥导师团队作用，[2]使其更符合法律硕士复合型、应用型的人才培养目标。如法学院能招收法律硕士（非法学）专业研究生，法学院新修订的法律硕士（法学）培养方案中的“双导师制”也为法律硕士（非法学）专业提供了借鉴，“双导师制”可同时落实在两个专业的法律专业硕士的培养过程中，真正发挥校内导师和校外导师联合培养的作用，旨在培养实践能力强、业务适应快的高水平法律实务人才。

通过上面的论述可以看出，不论是从硬件、软件还是从国家政策的导向来看，法学院招收法律硕士（非法学）专业研究生的条件已相当成熟。就相关调查表明，法律硕士（非法学）和法律硕士（法学）的就业渠道存在差

---

[1] 李傲：《互动教学法——诊所式法律教育》，法律出版社2004年版，第192页。

[2] 参见教育部、国家发展改革委和财政部共同推出的《关于深化研究生教育改革的意见》。

异，但都有较大的社会需求，二者的发展前景都很广阔。在这种利好的大形势下，法学院招收法律硕士（非法学）专业的研究生一方面顺应了历史的潮流，另一方面也有利于扩大法学院的招生规模，为社会培养更多的高水平法律实务人才，扩大学校的影响力。

法律书评

国家建构中的法理学转型

——兼评《立法者的法理学》

孙森森*

摘　要：《立法者的法理学》是强世功教授的论文集。该书以立法者的法理学为统辖，将各篇论文整合在一起，为读者展现了一种理论的转向——从法律人的法理学到立法者的法理学。本文试图在分析作者的这种转向的同时，从实用主义角度和规范主义的立场作出一种反思，阐释国家构建中法理学转型的问题。

关键词：法理学　国家建构　法律因素　非法律因素

《立法者的法理学》是强世功教授在2001~2006年发表的论文集。书中的内容分为三编。第一编主要介绍和阐释了立法者的法理学基本的内涵；第二编通过从中国宪法和美国宪法这两个载体运用立法者的法理学的思考方式，对于两部宪法的一些问题给予了理论上的分析；第三编的两章则运用这种立法者法理学的思考方式从国际化和现代化的格局当中重新构建了当前世界的各种冲突以及台湾问题的解决方向。

立法者法理学的思维方式始终贯穿于整本书的论文中，作者正是运用

*　孙森森，男，中国人民大学法学院2012级宪法学与行政法学硕士研究生，北京市第三中级人民法院法官助理。

这种区别于法律人法理学的思维框架对于一些问题作出了有启示的分析。作者熟练地运用政治哲学、社会学、历史学的分析角度再现了法律背后的政治运作和权力运行。这种宏大的分析给人以深刻的启迪。文章也有很多新颖之处，如作者将法理学与民族命运、国家建构联系在了一起，并通过立法者法理学的思维对其之间的联系做了深入的分析和阐述，重构了法理学的内涵。又如作者提出了法律人-政治家的思考，也是对法理学的拓展性思考。

国家是不是应该纳入法理学的思考范畴当中是本书要回答的一个核心问题，对于这个问题回答的不一致即会分别被归入法律人的法理学和立法者的法理学的“队伍”中。前者主张将国家的因素排除在法理学的思考之外，更倾向于纯粹的法律内部的特性的研究，构建法秩序的完整体系；后者则强调应把国家纳入法理学的考查范围，将国家建构视为法理学努力的重要目标。

本文第一部分和第二部分将会就什么是立法者的法理学，以及与法律人的法理学的主要区分在什么地方，作者为什么要坚持立法者的法理学，在整体上对该书的观点进行初步的概括和梳理。第三部分则从实用主义的角度和规范主义立场对这种立法者的法理学进行深入的反思，探讨这种主张的不足与缺陷。第四部分就上述的分析作整体上的总结。

一、法律人的法理学和立法者的法理学

（一）概念的界定

在理解立法者的法理学之前，界定法律人的法理学显得尤为必要。

1.法律人的法理学

什么是法律人的法理学？作者认为没有国家的法律观即是法律人的法理学。[1]

正如作者所言“这种没有国家的法律观事实上在强调法律的内在特性。”[2]“由于笼罩在马克思主义法理学上意识形态教条扼杀了马克思主义法律观作为理论本身所具有的创造力，导致具有创新意识的年轻一代法学家在理论上开始另起炉灶，采取回避的方式对马克思主义法理学进行了公开的

[1] 强世功：《立法者的法理学》，生活·读书·新知三联书店2007年版，第10页、第13页。

[2] 同上书，第9页。

反叛。”[1]从讨论法律本质问题出发，[2]同时由于法律文化论和法律现代化论的兴起，这种新的研究方式从另一径路出发，对马克思主义法理学进行了解构，而将“国家、政治、权力和斗争等等所有这些马克思主义法理学中的理论要素差不多被完全清除出法律文化研究和比较研究的视野，或者至少从文化的角度对这些概念进行了重新塑造”[3]。

简而言之，这种法律人的法理学即是将与“法律不相干的因素”排除在外，只是讨论法律内在的特性，而避免讨论过程中过分依赖于有关国家、政治、权力、阶级等“非法律因素”的探讨而致使真正的“法律”缺场。

实质上，法律人的法理学在“故意”忽视法律背后的意识形态。不得不说，在历史上，由于过分的注重意识形态的因素，从而长期禁锢了法理学的探索和理论发展。诚然，法律人的法理学为解禁后的法理学“繁荣”提供了法律移植的道路，也为法律职业共同体的培养奠定了良好的共识。但这种法律人的法理学因为“水土不服”没有在根本上解决中国问题，更无法真正地得到信仰和遵守，更难为国家建设和文明复兴提供实效的强有力的支撑。同时由于法律人的法理学背后暗含了一种“守法主义”的倾向，在国家转型和重新建构的时候不能运用“变法”的思维适应国建的建设，可以说其只是暂时为市场经济秩序的构建和发展提供了基础性的制度供给，但在国家治理和文化复兴方面则显得无能为力。

2.立法者的法理学

不同于法律人的法理学，立法者的法理学则强调“既要从国家治理的技术角度来思考法律，又要从形成良好的政治秩序或者生活方式的角度来思考法律”[4]立法者的法理学将国家、政治、权力和阶级等因素纳入了法理学的考量当中。换言之，立法者的法理学就是引入国家维度的法理学。

应该特别强调的是这里的“立法者”有着特别的含义。正如作者所言，

---

[1] 强世功：《立法者的法理学》，生活·读书·新知三联书店2007年版，第6~7页。

[2] 其中值得注意的文献即是在《法学》杂志1998年第1期中发表的署名为法律文化研究中心的《法律的本质：一个虚构的神话》，该篇文章在法律本质的讨论中引起了比较大的争论。关于法律本质探讨的综述性文章请参考赵雪纲：“关于法律本质的认识论探讨（上）”，《山东大学学报（哲学社会科学版）》2000年第2期；“关于法律本质的认识论探讨（下）”，载《山东大学学报（哲学社会科学版）》2000年第5期。

[3] 强世功：《立法者的法理学》，生活·读书·新知三联书店2007年版，第7页。

[4] 同上书，第24页。

“这里的‘立法者’也不是现代立法意义上的法律制定者（law-maker），而是古典意义上创建政体的立国者或者立法者（legislator）”[1]。作者之所以赋予或者特别强调此处“立法者”的特别含义，并非在咬文嚼字，实际上作者已经把本文中的一个核心思想注入了这个概念中。这种“立法者”的法理学并不纯粹是一种简单的传统意义上的法理学，更是有着一种古典意蕴的国家构建的内涵。正如有学者认为如果不同国家建构结合起来，那么这种法理学是一种法律的法理学，哈特的法理学，而不是一种真正的国家法理学，最深层的法理学。[2]作者倡导的这种蕴含国家建构的法理学，区别于只是将法秩序构建以促进经济发展的传统的法理学，而是将包括中华复兴、国家建设在内的问题视为自己的追求。正是通过这样的概念的诠释，作者巧妙地将自己的核心观点注入其中，为之后的论述展开作了充分的准备。

作者认为“国家不能仅仅理解为法律构建的机器，而且还必须理解为先于法律而存在的具有文明伦理意涵的政治共同体”[3]。

3.法律人的法理学和立法者的法理学

法律人的法理学和立法者的法理学之间存在一定的界分，主要在于以下几点：首先，法律人的法理学主张将国家、政治、阶级等因素排除在法理学考察的范围之外，仅仅就法律本身的特性进行思考，而立法者的法理学则主张将这些因素纳入到法理学的思考中。其次，法律人的法理学核心是“个人权利中心”，将“国家放在次要或者是派生的位置上，也在政治价值的判断上把国家放在恶的位置上”[4]，立法者的法理学则“将国家作为法理学思考的起点，这种思考方法并没有排斥个人权利的考虑，反而尤其看重对人权的保护，只不过对人权的保护不是由于个人权利在逻辑上的天然价值优先性，或者说把人权保护这种理论逻辑的可能性变成政治现实的可能性，因为个人权利既需要强大国家的保护，同时个人权利的保护也是现代国家得以强大和现代文明得以提升的重要内容”[5]。

从作者的行文来看，作者倡导的立法者的法理学并非对法律人的法理学

---

[1] 强世功：《立法者的法理学》，生活·读书·新知三联书店2007年版，第24页。

[2] 高全喜：“论革命的法理学”，载《北京大学研究生杂志》2010年第1期。

[3] 强世功：《立法者的法理学》，生活·读书·新知三联书店2007年版，第8页。

[4] 同上书，第15页。

[5] 同上书，第19页。

的完全颠覆，而是一种扬弃。因为“立法者的法理学非但不否定法律人法理学的技术要素，而是更加注重于挖掘和提升法律技术在建构国家政治秩序乃至文明秩序中的强大力量”❶。同时立法者的法理学主张将“法律技术的强调与马克思主义法理学中对国家和政治的强调有机结合起来，并在此基础上超越二者”❷。因此从本质上看，立法者的法理学是在更广的意义上扬弃了法律人法理学的内涵，是对没有国家法律观是一种积极的修正。

（二）从法律人的法理学到立法者的法理学

虽然没有国家的观点“用自然权利和程序规则抽空了国家的伦理意涵，将国家变为法律机器”❸，从而为法律移植扫除了思想上的障碍，同时也促进了法律共同体在法律知识上、思维上达成了基本的共识，进而使得法律人团结在了一起，但这种“工具效能意义上的有效性，并不能自动地、理所当然地转化为价值性的优越性”❹。作者批评这种没有国家的法律观“在理论方法上将‘事实’等同于‘价值’，把传统到现代的发展看作是价值提升，从而用‘事实’抹杀了‘价值’本身的存在”❺。因此，作者希望“从法理学中重新找回国家”，并且认为“把国家和文明作为法理学思考的中心，无疑是对没有国家的法律观的扬弃”❻。这种有国家的法律观“把当代主流法理学中对法律技术的强调与马克思主义法理学对国家和政治的强调有机地结合起来，并在此基础上超越两者。这种法理学并没有否定法律人的法理学，而是在政治立场上重新整合这种法律观，把权利本位的形式理性看作是现代国家的治理技术”❼。

作者之所以赞成迈向立法者的法理学正是基于这样的考虑，法律人的法理学局限于法律内部的视角，无法从更广阔的视角来思考法律。

---

❶ 强世功：《立法者的法理学》，生活·读书·新知三联书店2007年版，序言部分第8页。

❷ 同上书，第24页。

❸ 同上书，第17页。

❹ 同上书，第17页。

❺ 同上书，第17～18页。

❻ 同上书，第20页。

❼ 同上书，第24页。

二、迈向立法者法理学的缘由

法律人的法理学并非一种不正确的法理学。相反，法律人的法理学对于扫除法律移植的思想障碍和建立法律职业共同体职业意识有着重要的作用。那么为什么要迈向立法者的法理学呢?

1.传统国家、民族国家和文明国家之间的嬗变

依作者的观点，晚清时期由于列强入侵，为救亡图存而通过效法西方，建立民族国家，不得不将“法制、宪政和民主等等这些西方传入的概念在中都服务于国家主义和民族主义，服务于民族国家的建构”❶。这种急切的愿望使得“国家”不仅在别的领域，而且在法理学研究领域中成为研究的核心对象。晚清以降，诸多的仁人志士前赴后继，为改变落后挨打的局面，试图将封建主义的帝国扭转，转变成一个现代的民族国家，以适应这种“三千年未有之大变局”，使国家重新屹立于世界民族国家之林。这种民族国家的建立，本身就是把法律作为一种治理技术，或者说通过法律的国家治理。❷

新中国的建立，随着民族国家的建立，传统国家向民族国家的转型宣告结束。但由于一段时间内意识形态以及冷战思维的影响，国家、权力、阶级等更是成为了法理学研究的主流和主旋律。恰恰是这种绝对的主流长期盘踞在法理学研究的核心研究部分，在另一方面压制了对其他对象的研究。进入20世纪80年代后，意识形态逐渐开始轻松化，同时由于法律文化、法律现代化、法律全球化的影响，这种近乎一元式的研究范式被打破。学界开始思考“非法律因素”之外的法律本身的特质。建立新的范式首先必须将国家、政治、权力、阶级等非法律因素剔除出法理学的研究范围。因为这种“非法律因素”长期盘踞在法理学研究的中心领域，以至于使得对其他部分的研究成为了异类，这种情形还直接影响了法律移植的进行和法律职业共同体法律意识的培育及成长。因此，在这一时期中非法律因素在法理学的研究中被冷漠了，取而代之的是一种没有国家的法律观。

进入21世纪之后，随着全球化的深入，以及本土化意识的觉醒，学界开始对法律移植作出深刻的反思，因为法律人的法理学直接为法律移植给予了理论上的支撑，本土化的思考首先质疑了这种无国家法律观的合理性。作者

❶ 强世功：《立法者的法理学》，生活·读书·新知三联书店2007年版，第28页。

❷ 常安：“法治、国家与文明复兴”，载《内蒙古社会科学》2013年第2期，第62～67页。

认为处于转型时期的中国“要把国家重新纳入法理学的思考中，立法者的法理学必须重新回到文明冲突中建构民族国家的政治立场，对国家利益有一个整体的认识”[1]。这种法律观的转变与有的学者提出的法律人的政治观向政治家的政治观转变有着共同的时代背景预设和理论倾向。[2]毕竟中国的先贤只把民族国家的建立视为“救急之计”，只是为了摆脱国家落后，而想要实现真正的富强，必须重新回到文明国家的路径。[3]因为中国终究是一个有过几千年文明史的大国，在历史上也曾经位居中华法系的中心，有着长期影响周边国家的法律文化，面对英美法系和大陆法系影响日益增强，中华法系中心的辐射能力日渐式微，我们不得不思考怎么样重建或者恢复往日的辉煌。中华法系的中心不能是完全的法律移植堆积塑造成的法律机体，而必须能够为全球法律文化发展作出自己的贡献，只有这样才符合一个大国的表征。因此怎么样将中国古代的法律文化进行改造并结合法律移植的成果，并相互扬弃，才能使回归中华法系的中心成为指日可待的目标，也唯有此才能促成中国法律文化的繁荣。

这种有国家的法律观到没有国家的法律观，再到有国家的法律观的转变正是为了适应不同的历史时期的情形而发生的。

2.通过法律修辞的政治表达

从后面的几章来看，作者正是从立法者的法理学出发，运用一种有国家的法律观切入，对中国宪法问题、美国宪法问题以及国际冲突和台湾问题作出了全面的阐释。正是立法者法理学这种可以通过法律修辞表达政治意蕴的思维范式，更易于实现立法者法理学的抱负。

对中国宪法问题的分析中，作者用这种有国家的法律观，对宪法的结构和序言的政治含义、宪法的文本及结构，以及个案监督的问题，不仅作出了法律上的诠释，而且从权力运作、政治体制的设计与运行对这些法律问题作出了“超越法律”的解释，对这些问题的理解和处理具有重要的启示意义。

同样，作者对于美国宪法中的一些问题的观察，也从宪法背后的政治理论和权力关系重新解读马伯里诉麦迪逊案件和美国领土主权确立的问题。

---

[1] 强世功：《立法者的法理学》，生活·读书·新知三联书店2007年版，第28页。

[2] 详细论述参见高全喜：“论宪法政治——关于法治主义理论的另一个视角”，载《北大法律评论》2005年第1期。

[3] 详细论述参见甘阳：“从‘民族—国家’走向‘文明—国家’”，载《书城》2004年第2期。

特别是对马伯里诉麦迪逊案件的重新解读，重新考察了马歇尔大法官作出判决的利益衡量以及权力博弈的过程。不仅从法律的角度分析了该案的推理漏洞，这样的分析也打破了单从法律角度分析解读出该案司法审查“神话”。另一方面，我们也应该注意到马歇尔大法官处理案件过程中，实际上是运用法律修辞包装政治意图的过程。例如在马伯里诉麦迪逊案件中，马歇尔法官将联邦党人和民主共和党的利益之争，通过法律形式的加工，使得联邦党人冠冕堂皇地取得了对于司法分支的控制权。同样在之后的一系列有关领土的案件中，马歇尔法官对于洛克理论的改造和其运用以及对于案件的判决中似乎并未秉持正义之标准，而是服务于国家领土取得的正当性作出了裁判。但不可否认的是，马歇尔法官对于马伯里诉麦迪逊案件和有关领土案件的处理中都取得了良好的法律效果和政治效果，在这一点上马歇尔法官是很成功的。从另外一个侧面，这同样也反映了政治利益、国家建构在马歇尔法官的思想中占据了极其重要的位置，而这些都是通过法律的修辞展开的。如果从作者的角度出发，我们当然可以说这种思维不可不谓一种典型的立法者法理学的思维，在进行法律处理的时候，对于国家建构、政治问题予以了良好的照应。

最后两章作者更是从政治秩序的宏观角度，发挥立法者法理学的思考方式，“透过战争的法理学这个侧面展现了现代与战争之间的内在关联”，“也以台湾为例，揭示出中国在地缘政治和文明格局中命运”。[1]同时从民族命运的高度对国际问题的冲突，以及大国崛起中的台湾问题进行了鞭辟入里的分析。从而使得这样更为广阔的命题也可以纳入法理学的思考框架中。如果仅仅从法律人法理学的思考框架出发，则很难将这种广阔的命题纳入其中。

3.国家建构中立法者法理学的抱负和视野

法律人的法理学强调自身理论的融洽，并能为法治建设提供理论上的支撑。正是因为这样的定位，法律人的法理学并不是不参考、吸纳政治、国家方面的理论，至少这些在法律人法理学的思考范畴中并没有占据主要的地位。

相较于法律人的法理学，立法者的法理学更强调将政治、国家等作为法律思考的对象。这与立法者法理学的抱负有很大的关系，因为其并不满足于将法秩序的构造作为唯一目标，而是更希望能够为国家的建构提供智识上

---

[1] 强世功：《立法者的法理学》，生活·读书·新知三联书店2007年版，序言第5页。

的支持。这种国家的建构并不应该仅局限于从传统国家到现代民族国家的转变。[1]笔者认为国家建构应该从三个方面来理解：首先，应当指的是最初建国的问题。即建设一个怎么样的国家——专制的、立宪的抑或是共和的、民主的国家。通常此时立法者法理学集中的体现即是宪法文件确立国家建构的基本框架和正当性。如美国费城制宪会议以及中国1954年全国人民代表大会的召开都是为了通过法律构建一个国家，当然这涉及一系列的问题，诸如制宪权的问题等，都是需要从法律上予以解答的。其次，建国后，国家的建构是一种静态的国家建设，通过国家的治理落实建构时的基本设计。最后，这里涉及国家转型过程中的建构问题。当然，这里的转型，并非革命式的转型，主要指一种宪政变迁式的转型。例如美国宪法变迁中的国家构建中建国、重建和新政三个时期的转变。这里同样涉及如何运用法律制度塑造国家的问题。正是基于这样的抱负，政治、国家等方面的知识、因素也必然会成为立法者法理学重点考虑的对象。这更需要一种更加广阔的思维来扩展自己的视野，而不应仅局限于法律人的思维中。

也正是因为立法者法理学这样的视野和抱负远远超过了法律人法理学的思维的局限性，所以促成了作者提出迈向“立法者的法理学”。

三、反思立法者的法理学

（一）立法者的法理学的思维

作者倡导的立法者法理学从行文来看，并未否定法律人的法理学（见前文分析），从第二章《宪法司法化的“悖论”》来看，作者更加强调从法律内部看待宪法司法化的问题，而不应当从政治策略或政策角度去分析。正因为宪法司法化的讨论中表面希望宪法的法律性得到彰显，但却在讨论过程中“所谓降到‘法律层面上’仅仅降到了法律政策的政治意识形态的话语层面上，并没有降到法律解释学的规则操作层面上”[2]这种“要在法律层面认真对待宪法，而在另一方面恰恰在法律解释的层面上忽略了宪法”[3]形成了悖论。从这个角度去理解，作者似乎在倡导一种规范化的思路，实质上作者并

[1] 常安：“法治、国家与文明复兴”，载《内蒙古社会科学》2013年第2期，第62～67页。

[2] 同上书，第58页。

[3] 同上书，第59页。

非这样想，因为作者强调“当我们思考宪法问题的时候，除了法律的维度，还必须增加政治哲学的维度，宪法在法律化或者司法化的时候，还必须政治化”[1]。作者表面上从法律政策学和法律解释学的角度去分析宪法司法化的问题，但实质上是用政治哲学的、权力分配的思路在国家转型的背景下来对宪法给出一种非法律因素的分解。

同样在《基本权利的解释》一文中，作者试图把受教育权放在整个宪法文本的结构中理解。通过理解宪法序言中的“中国”“国家”等不同的含义来重新阐释公民基本权利和国家机构在“政治有机体”[2]中的关系。从政治学意义上重新塑造了受教育权的含义：“既然人民不仅是政治的开始，而且是政治的结果”[3]，那么“建立人民自己的共和政治”[4]首要的便是保证人民的受教育权，因为这样人民才能成为政治国家的合格公民，有效地行使选举权和被选举权，从而实现政治有机体的永恒。该章虽然从宪法文本结构出发，和规范主义的出发点一致，但分析套路实际上依旧是用政治哲学的角度对宪法的基本权利的理解和阐释。

《谁来解释宪法？》一文从一开始即从权力配及权力运行的角度思考违宪审查体制。作者将法院的法律选择权视为“隐含的违宪审查”[5]以区别于立法上的违宪审查权[6]，实质上依旧是一种“宪政特洛伊木马”[7]。作者试图将违宪审查解构为立法上的违宪审查权、司法上的违宪审查，而这前提必须是法院享有违宪审查权。因此作者通过推理将法院的法律选择权视为“隐含的违宪审查权”而实现了这种“权力的分割”[8]。值得注意的是，作者的思路和马歇尔法官处理案件的思路有异曲同工之妙，即试图将这种违宪审查权的重新配置包装在法律修辞中，并且希望能够借此实现立法者法理学的抱负。但遗憾的是事实上这种“想象”的推论并不具有法律上的效力，从规范主义的路径出发，只能是理论上的“假想”。

---

[1] 强世功：《立法者的法理学》，生活·读书·新知三联书店2007年版，第73页。
[2] 同上书，第107页。
[3] 同上书，第116页。
[4] 同上书，第113页。
[5] 同上书，第59页。
[6] 参见该书第190页论述。
[7] 参见该书第二章《宪法司法化的“悖论”》，第42页。
[8] 详见该书181～189论述。

（二）从实用主义的角度理解有无“国家观”的变化

实际上无论是法律人的法理学，还是立法者的法理学，二者并无正确和错误之分，只是理解和处理问题的思路不同，关键在其能否适应时代的需求。法律人的法理学对于法律职业共同体意识的培育和法律移植的进行起到了重要的作用。但随着时代的发展和全球化在包括法学在内的各个领域的扩张，仅停留于法律人法理学的层面似乎很难满足于“国家和平崛起”的战略需求。随着经济的发展和崛起、民族自尊心的增强，“本土化”和文化认同随之成为了重要的一环，法律人的法理学在这一层面上很难为政治民族的培育和国家复兴提供智识的支持和充足的养分。

国家、权力等因素自然能纳入法理学的思考当中，但并不能完全依赖这种方式，而放逐法律人的法理学，任由非法律的因素过度地干预规范的要素而影响纯粹的规范的思考。倘若不是这样，法律人的法理学就不仅不能为立法者的法理学提供技术上的支撑，而且会使得立法者的法理学失去根基，从而使后者成为一种“屠龙术”。

（三）从规范主义的角度看立法者的法理学

这种立法者法理学的视角分析问题固然可以实现超越法律视角的目的而更全面地分析问题，乃至于将国家、民族的命运问题都纳入其中进行重构和思考。只有将国家、权力等因素作为考察的因子，才能发挥立法者的法理学独特视角的作用，因此政治哲学的思考便和立法者法理学的视角“完美”地结合在一起，成为阐释问题的重要范式。

笔者并不反对这种思考的范式，但我们也应该警惕这种范式的过度应用于法律人的思维当中。作者似乎也注意到了这一点：作者很可能意识到这种政治哲学方法来解释法律问题会使得法律问题更偏向于政治化，从而为政治革命提供理论基础。因此作者也带有了规范主义的思考，希望通过宪法解释技术建国，实现宪政。[1]

规范主义的径路强调应该从文本出发，用法律内的视角思考和分析问题，这并不是说规范主义具有这种封闭性而完全排斥政治、国家、权力等因

[1] 参见该书198页，以及第二章中关于法律解释学角度分析宪法司法化，文章主张提高法律人法理学的技术而治国等都可以看出作者思想中的这种痕迹。

素。法学是社会科学的分支，法学并非一个完全自给自足的体系，许多的研究方法和概念都曾经或者将要从其他学科的术语中借用。但过度地运用非法律的思维方式，势必会影响法律人思维的独立性和纯粹性，从而致使法学成为别的学科的殖民地。

作者过度地从国家、民族、权力和阶级的因素去思考法律问题，并非一种法律人的法理学，而恰恰是这种过分地强调非法律因素的作用而忽视法律的作用的做法，曾在历史上一定的时期内压制了法理学的发展。立法者的法理学中含有的非法律因素在本源上即有意识形态的印迹，这种天生的“反叛”，如果过多地干涉和影响法律的思考，将会严重阻碍法理学的发展。

此外这种政治哲学的路径更多的是理论上的推演，对于分析问题虽然可以从更广的角度和思路上去把握，但过度地运用这种思维以及对严格规范的忽视使其脱离了文本依据而缺乏实效。更重要的是这种分析根本上可能致使对规范的稳定性造成冲击。将法律中的任何事件和问题的分析都依赖于政治哲学方法的运用看似很深刻，但在本源上彻底地背叛了规范的约束和限制。

余　论

界分法律人的法理学和立法者的法理学，其实也是对于传统法理学和现代法理学的划分。将国家建构与国家治理纳入法理学的思考范畴是法理学（或者说法律）对于现实的回应，这样的法理学才是有生命的。作者作出这种界分也是一种理论上的突破和探索，把国家重新带入法律的思考范围内，使得法律能和国家真正地连接起来，使得法律真正成为国家建构和治理的有效手段。当然，作者更希望法律能够在国家复兴的道路上发挥更为巨大的作用，不得不说这里蕴含着作者一种深深的忧国忧民的情怀。

当然，我们应该明确，法律人的法理学并非没有丝毫的用处。相反，法律人的法理学为立法者法理学的运用和分析提供了规范上和技术上的准备。同时不可忽视的是立法者的法理学也为法律人法理学的运用提供了更为广阔的适用空间和较多的分析对象。

毋庸置疑，将国家建构的思考纳入法理学的范畴是对传统法理学的扬弃，作者的这种理论探索不仅对促进法理学的重构或者转型有着重要的意义，无疑也会为国家建构的现实需求作出理论上的回应。笔者和作者一样期待这种转向能够真正地发挥效用，通过迈向立法者的法理学实现真正的国家复兴！

论备付金的法律性质

张　娜*

摘　要： 实践中备付金利息的归属留给存管备付金的商业银行和第三方支付机构约定。第三方支付机构由于天然的谈判地位上的劣势，鲜有第三方支付机构可以通过意思自治获得备付金的利息，备付金的利息往往被约定归商业银行所有。第三方支付机构备付金利息归属的问题的产生，主要是因为第三方支付备付金的法律属性没有界定清楚，这就需要先厘清第三方支付机构、商业银行、客户和商户之间的法律关系，才能界定第三方制度机构备付金的法律性质。理顺第三方支付机构的法律关系，有助于理清备付金的法律属性。备付金的利息往往被约定归商业银行所有显然是存在一些缺陷的。

关键字： 备付金利息　第三方支付　信托关系

人类社会只要有分工、有交换，就必然有支付。支付可以说是最古老的经济活动。支付是经济、金融活动的基础。无论何种经济活动和金融活动，无论传统金融还是互联网金融，离开了支付就无法完成。中国第三方支付始于1998年，至今已有17年的历史。根据艾瑞咨询数据，从2010～2013年，中国第三方互联网支付交易规模的年均增速接近80%，其中移动支付交易规

* 张娜，女，法学博士，首都经济贸易大学经济学博士后。

模的年均增速接近300%，呈现出高增长的态势。第三方支付对降低中国经济运行中的交易成本，提升效率，促进经济发展转型具有价值。第三方支付机构作为资金来往上的中介，在其提供支付服务的过程中会产生备付金。这主要是由于客户支付和商户收款时间的不同步，会使得客户向商户支付的货款在第三方支付平台上至少停留3~7天，客户和商户交易过程中在第三方支付平台滞留的货款就是备付金。关于备付金，早在2013年6月中国人民银行制定的《支付机构客户备付金存管办法》（以下简称“办法”）中就有规定：“备付金是指支付机构为办理客户委托的支付业务而实际收到的预收待付货币资金。”备付金包括三部分，首先是从客户付款至确认收货的时间差而滞留在第三方电子支付平台上的资金，其次是指客户自愿先将资金打到第三方电子支付平台上的资金以便于以后的消费支出，最后是第三方支付平台对于商户的清算延迟。备付金管理是监管第三方支付机构的重点问题，该“办法”第一次提到了备付金管理，且对备付金的管理作出了基本要求。第三方支付涉及资金的周转支付，对于备付金的存管、支付、监管已经有了相关的规定，但是对于备付金法律性质界定存在问题，致使备付金利息归属的问题没有在法律法规中确定。虽然在《支付机构客户备付金存管办法（征求建议稿）》中曾规定备付金利息为第三方支付机构所有，但《支付机构客户备付金存管办法》发布时关于备付金利息的条款却不见踪影。实践中备付金利息的归属留给存管备付金的商业银行和第三方支付机构约定。第三方支付机构由于天然的谈判地位上的劣势，鲜有第三方支付机构可以通过意思自治获得备付金的利息。为什么会有第三方支付机构备付金利息归属的问题？主要还是因为第三方支付备付金的法律属性没有界定清楚，这就需要先厘清第三方支付机构、商业银行、客户和商户之间的法律关系，才能界定第三方制度机构备付金的法律性质。

一、问题的提出：现有法律法规的规定

1.法律效力层级低

我国已经有一些部门规章在规范第三方支付（如下表），但在我国的法律层级划分体系中，第三方支付的法律效力层级比较低，可以采取的监管和处罚方法有限。现有的部门规章仅对各类支付服务业务规则、备付金管理、消费者保护、反洗钱等做了原则性规定，可操作性较差。第三方支付已经在中国蓬勃发展，并为中国国民经济总量贡献重要力量，时值《电子商务法》

立法之际，可以在《电子商务法》中确立第三方支付的相关规定，以提高法律效力等级，为第三方支付的发展提供明确指引。

表一：第三方支付相关法规汇总[1]

第三方支付法规	制定主体	主要内容
2005年《电子支付指引(第一号)》	中国人民银行	针对金融机构电子支付的指引性规定
2007年《关于网上交易的指导意见(暂行)》	商务部	界定第三方支付机构以及网上交易服务提供者主体资格
2010年《非金融机构支付服务管理办法》	中国人民银行	针对第三方支付机构的具体规定
2013年《支付机构客户备付金存管办法》	中国人民银行	针对客户备付金的管理规定
2013年《国家外汇管理局综合司关于东方电子支付有限公司等8家支付机构开展跨境电子商务外汇支付业务试点的批复》等	国家外汇管理局	跨境外汇支付
2014年《关于加强商业银行与第三方支付机构合作业务管理的通知》	中国银监会 中国人民银行	明确双方权责，加强支付安全保证，规定商业银行对资金进行实时监控

2.关于备付金的规定

随着第三方支付在中国的快速发展，关于备付金的相关问题，《非金融机构支付服务管理办法》也做了较为详尽而严格的规定，归纳而言主要体现在如下方面：第一，明确规定了暂存于第三方支付企业内的客户资金性质为备付金，仍归客户所有，第三方支付企业不得将其用于客户指令支付以外的用途。第二，建立备付金的强制存管制度，第三方支付企业收取的客户资金，必须存管于商业银行中，商业银行负有日常监督、头寸调整时复核的责任。第三，明确规定第三方支付企业的实缴货币资本与客户备付金日均余额的比例，不得低于10%。第四，第三方支付企业应当将自有资金和客户资金进行分户管理。以上措施，较好地解决了客户备付金的安全问题，为客户资金提供了较为有力的安全保障。

[1] 笔者根据现行有效的法规总结概括得出。

3.备付金法律性质的质疑

我国宪法[1]、刑法[2]、民法[3]等法律对于公民财产权的界定，从不同角度确认了公民存入银行的储蓄的所有权并未转移。无独有偶，根据《非金融机构支付服务管理办法》规定，客户是备付金的所有权人。但是现实中客户直接与第三方支付机构建立法律关系，而与备付金存管商业银行不存在直接的法律关系。所以问题就来了：首先第三方支付机构既不是银行也不是准入的投资机构，它无法实施储蓄行为吸收客户储蓄资金。其次客户和备付金存管银行之间没有直接的法律关系，备付金存管银行的备付金账户是以第三方支付机构的名义开设的。最后客户是备付金的所有权人，备付金利息理应作为孳息归客户所有，然而现实中却不存在备付金存管行向客户支付备付金利息的任何法律规定或者实践。存在这些疑问，主要是由于没有界定清楚备付金的法律属性，这就需要剖析第三方支付的业务模式也没有对相关法律关系进行细致分析。

二、第三方支付中的法律关系

第三方支付行为中的法律主体主要涉及第三方支付企业、网上交易的商户和客户双方、银行等，在不同主体之间形成了较为复杂的多层次法律关系。第三方支付中参与者之间的民事法律关系主要是合同法律关系，但由于网络交易的复杂化，该合同法律关系往往由一系列的合同构成。这些合同围绕网络交易双方的买卖合同或服务合同，共同促进网上支付的实现。第三方支付的法律关系主要包括：第三方支付机构和网上交易双方之间的法律关系和第三方支付机构和支付银行之间的合作关系。

---

[1] 《中华人民共和国宪法》第13条规定："国家保护公民的合法收入、储蓄、房屋和其他合法财产的所有权。"

[2] 《中华人民共和国刑法》第91条规定，公民私人所有的财产，是指公民合法收入、储蓄等。

[3] 《中华人民共和国民法》第75条规定公民财产包括公民的储蓄。

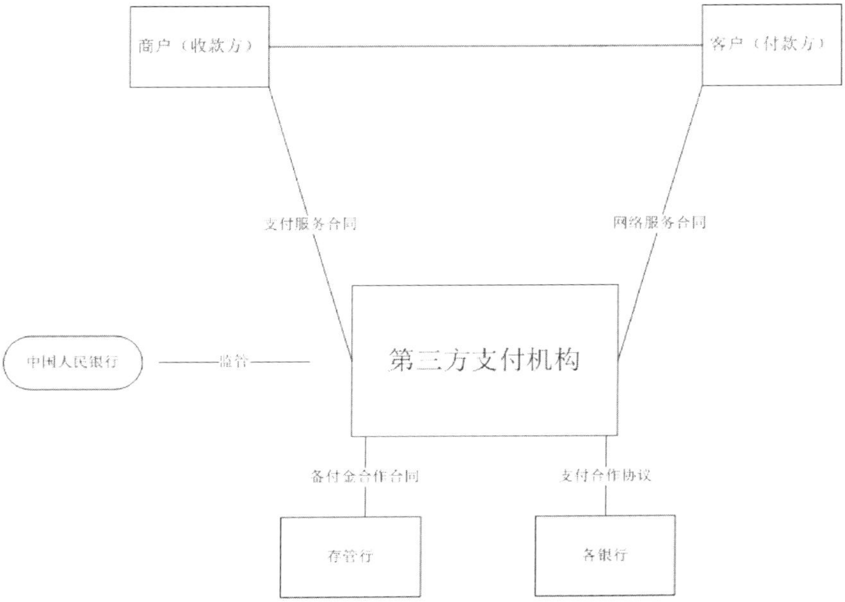

图一：第三方支付法律关系图

1. 第三方支付企业与网上交易双方之间的法律关系

商户和客户之间的买卖合同关系是第三方支付机构提供服务的基础。网上交易的双方，即第三方支付中的付款方和收款方，他们是第三方支付的原因、起点和终点，也是第三方支付中最重要的参与者。第三方支付机构与客户之间的法律关系被认定为信托关系[1]或者是消费保管合同[2]。第三方支付企业与其客户之间定位为委托关系或是代理关系，对第三方支付企业的定位为中介组织，按照其同客户之间签订的服务协议和支付协议，根据客户的指令为客户和商户提供代付代收款的服务。

---

[1] 张春燕："第三方支付平台沉淀资金及利息之法律权属初探——以支付宝为样本"，载《河北法学》2011年3月。

[2] 唐松松："浅议第三方支付平台沉淀资金及其利息的归属"，载《商品与质量》2012年2月。

2. 第三方支付企业与银行之间的法律关系

第三方支付中的银行根据其扮演的角色不同可分两类：一类是提供资金转移和结算服务的银行，一般同时也为客户的签约行；另一类则为存管行，即为第三方支付企业提供存管服务的银行。由于角色不同，第三方支付企业与上述两种银行之间所形成的法律关系也略有不同，在同提供资金转移和结算服务的银行之间，双方往往是通过签订合作协议的方式形成金融服务合作合同关系。通过此类协议，第三方支付企业以其灵活多变的运作方式，完成了银行没有精力也不愿应付的小额交易中的资金支付问题。同时，银行能够从此类合作中得到适当利润分成。双方之间是平等的金融服务合作关系。而在同存管行之间，除了存管服务合同关系外，基于《非金融机构支付服务管理办法》的规定，存管行同时还负有对第三方支付企业的备付金使用进行监督、复核的义务。《非金融机构支付服务管理办法》第28、29条规定，存管银行应当对第三方支付企业存管在本机构的备付金使用情况进行监督，第三方支付企业对其存管账户头寸进行调整时，也必须先经过存管银行法人机构的复核。由此可见，在第三方支付企业和存管银行之间，除了备付金存管服务合作外，双方之间还有监督管理的法律关系。

三、备付金法律性质厘清

1.备付金非信托财产

实践中第三方支付机构将自有资金和备付金分开管理，这为把客户资金界定为信托财产奠定了基础。比如欧盟要求第三方支付机构将未兑付的电子货币（备付金）与机构自有资金分隔开，将未兑付的备付金认定为第三方支付机构的负债。根据美国相关规定，第三方支付机构一般应将客户备付金存入联邦储蓄保险公司保险的银行无息账户，联邦储蓄保险公司认定第三方支付机构的备付金为机构的负债。但是认为备付金是信托财产的学者，其信托理论本身不能自洽。如果备付金是消费者的信托财产，其利息收入也应当归于客户所有，第三方支付平台对此无权占有和使用，也就不可能将客户的消费存入备付金存管行。若向客户返还利息，支付机构有吸收存款嫌疑，且利息难以计算，存在着一定的操作难度；若利息归支付机构所有，则又缺乏相应的政策支持。在逻辑上走不通时，又寻求实践情形自圆其说，比如由于考虑到将部分利息收入分配给消费者会产生高成本，从而采用新股申购冻结资金利息的处理方式将利息收入划归消费者权益保护机构的资金来源。

2.第三方支付机构是备付金的所有权人

在客户和第三方制度机构的服务合同中，法律关系客体为服务行为即支付行为，其本质是债权，即特定人之间请求为一定行为或不为一定行为的关系。[1]第三方支付机构接受客户支付请求所实施行为的对象为货币。如果从货币是种类物而非特定物入手，根据种类物所有权为谁占有谁所有，从而认定客户因支付需要和第三方签订了服务合同后并将资金转给第三方支付机构，所以第三方支付机构作为客户资金的实际占有者应为备付金的所有人。由于物权行为和债权行为的竞合，客户对其转入支付机构的资金享有债权请求权，而第三方支付机构对备付金享有物权请求权，这使得支付机构作为备付金的所有人有了理论支持。即使是使用信托理论的国家，比如英美法系国家，根据英美法系信托财产理论，信托关系存续期间，信托财产的所有权属于受托人。第三方支付机构理应为备付金的所有人。

3.第三方支付机构与存管银行之间的储蓄合同本质

在第三方支付机构与存管银行的合同中，标的物是备付金即支付机构实际收到的预收代付资金。第三方支付机构在存管银行开设的账户是以支付机构的名义，在实践中支付机构和存管银行可以通过合同约定备付金利息的归属，支付机构和银行之间的合同都采用书面形式签订。存管银行是具有资质的商业银行。试想如果商业银行破产，只有第三方支付机构有权请求存管银行返还财产赔偿损失，而客户无法作为债权人或者说所有权人要求存管银行返还财产赔偿损失。根据我国现行法律的通说认定机构的储蓄，机构应为所有权人。所以支付机构是备付金的所有人，理应获得备付金的利息。

四、小　结

目前现行的备付金相关规定的理论逻辑上的瑕疵，致使备付金监管在实际执行过程中还有一定的盲区。另外备付金相关政策回避了客户备付金的利息归属问题。虽然在《支付机构客户备付金存管暂行办法（征求意见稿）》稿中曾有建议备付金的利息归第三方支付机构所有，但最终未在发布的法律中得到确认。现实中，备付金利息的归属交由银行和第三方支付机构协商约定，由于商业银行对第三方支付机构的备付金还存在法定的监管职能，所以

[1] 王利明：《民法总论》，中国人民大学出版社2009年版。

第三方支付机构和银行合作中相对的劣势地位，备付金的利息往往被约定归商业银行所有。但这种约定同样存在法学理论上的缺陷，因《非金融机构支付服务管理办法》明确规定了暂存于第三方支付企业内的客户资金性质为备付金，仍归客户所有。归客户所有的备付金怎么可以由第三方支付机构和商业银行协商约定备付金利息的所属？可见有必要从理论上理顺客户和第三方支付机构合同的性质，才能妥善解决备付金利息归属的问题。

理顺第三方支付机构的法律关系，有助于理清备付金的法律属性。客户与第三方支付机构之间的合同为服务合同法律关系的客体为债权行为。第三方支付机构在提供服务时占有了货币——种类物而非特定物。客户对其转入支付机构的资金享有债权请求权，而第三方支付机构对备付金享有物权请求权，这样支付机构理所应当作为备付金的所有人，备付金的利息应属于第三方支付机构所有。此外第三方支付机构的收益渠道有限，代单个客户保管的金额较小分利息繁琐，将客户与第三方支付机构之间的合同定义为消费保管合同可以妥善解决备付金利息的问题，也符合国际惯例。

仁道司法的内涵及其现代价值*

李德嘉**

摘　要：儒家所倡导的仁政思想与传统司法之间存在着紧密的联系。一方面，“刑不中，则民无所措手足”，追求公平正义的司法是实现仁政的前提条件；另一方面，仁政的理念规范了传统司法的内容和价值。因此，古代的司法理念可以概括为追求“仁道”的司法。仁道司法的提出是对司法权内容上的规范，核心在于法中求仁的司法目的。法中求仁是传统司法的目的和核心价值。司法的目的不在于惩戒罪犯而在于通过司法实现社会的公正、恢复社会秩序，从而实现儒家的仁政理想。因此，法中求罪不利于社会和谐，法中求仁才能使百姓发自内心地接受司法裁判。

关键词：仁政　人本　人情

一、重新发现仁的意义

仁，是儒家所提出的重要概念。孔子在《论语》中一共109次谈起“仁”，而每次提到“仁”的意涵都各不相同，可以说“仁”的内涵是十分丰富的。

首先，孔子的仁是尊重“亲亲”原则，以“爱人”为核心要求的道德范畴，是对人的价值的尊重与保护。比如，马厩失火，孔子首先关心的是“伤人乎”，郑玄认为这里反映出了孔子“重人贱畜”的思想，说明孔子最为关

---

*　本文是中国政法大学陈光中教授主持的“2011司法文明协同创新计划”研究项目的阶段性成果，写作过程中受到了陈先生的指导和帮助，在此表示感谢。

**　李德嘉，中国人民大学法学院博士研究生，中国台湾地区中央研究院历史语言研究所访问学者。

注的是人的价值。另外，在一般的儒家看来，春秋时期的管仲、子产都是所谓的“法家”人物，所推行的政治主张乃是“霸道”，因此对其多有非议。而孔子则指出，管仲与子产所行之政治措施能够在一定程度上起到安定百姓民生的作用，故而高度评价管仲和子产的功绩。孔子评管仲：“管仲相桓公，霸诸侯，一匡天下，民到于今受其赐，微管仲，吾其被发左衽矣。”[1]而且，连声说：“如其仁，如其仁。”[2]子产在郑国执政，孔子认为“其养民也惠，其使民也义”。[3]子产不毁乡校，孔子更是大加赞赏：“以是观之，人谓子产不仁，吾不信也。”[4]从孔子对管仲和子产的评价可以看出，孔子认为，能否养民爱人，施行符合“仁”道要求的统治是评价政治得失的关键因素。

其次，儒家的“仁”同时也具有评价意义，对现实政治和社会规范的内容正确性进行评价。所谓以“仁”释“礼”，就是指经由“仁”的塑造，保障“礼”的品质，即社会规范的内容正确性。如果从法理学的视角去看，仁是法律背后更高的价值准则，成为了现实法律的高级法背景。仁之所以能够成为“高级法”，可以从以下两个方面得以证明。首先，孔子对仁的定义是从消极和积极两个层面展开的：“仲弓问仁，子曰：‘……己所不欲，勿施于人。’”[5]这是消极的一面，而积极者则如“子曰：……夫仁者，己欲立而立人，己欲达而达人”[6]。从以上两句话可以看出，孔子对“仁”的普遍意义上的界定仅仅是在形式上的，并不包含任何特殊的目的和内容。也正是因为这一点，孔子对“仁”的这两个界定才能在普遍意义上被适用，它使得任何人都无法以任何借口来逃脱“仁”的这两个要求。其次，孔子对于“仁”的内涵的实质界定是多元的。在孔子看来，“仁”的具体内容包括：“孝弟”“爱人”“先难而后获”“恭敬忠信”“恭宽信惠敏”。甚至于，在不同的场合，对于不同的人，孔子对于仁的具体内容的叙述也各不相同。但必须指出的是，孔子的这些界定都是在前面所提及的“仁”的形式普遍性

[1] 《论语·宪问》。
[2] 《论语·宪问》。
[3] 《论语·公冶长》。
[4] 《左传·襄公三十一年》。
[5] 《论语·颜渊》。
[6] 《论语·雍也》。

意义上展开的，这些具体的内容必须置于上述对“仁”的形式界定之下来进行审查。这样，一方面暗示了“仁”具有多种意义和内涵，“仁”的概念是开放和多元的，不是封闭和唯一的，这样就排除了任何人试图宣称自己掌有对“仁”的绝对且唯一的理解。另一方面，通过对仁进行普遍意义上的界定，从而使仁的概念变得抽象，大大拓展了仁的意义内涵。现实中的人们可以随着时代的发展赋予“仁”新的意义和价值。

在儒家思想的影响下，“仁”的要求贯穿了政治法律的制度与实践，也体现在司法的活动当中。古代司法以“法中求仁”为根本目的，惩治犯罪不是目的而是手段，司法的目的是恢复被破坏的儒家人伦秩序，实现社会的基本正义，最终促进君主“仁政”政治目标的实现。以“法中求仁”为目的的仁道司法核心是在司法活动中贯彻“爱人”的人本思想，具体表现为一系列的宽宥犯罪的制度措施。另一方面，“仁”也规范司法权行使的道德内容，司法活动应该体现儒家“仁”的思想的要求，只有合乎仁道的司法才能取得公信，司法的结果才能取得良好的社会效果。

二、仁道司法的实质内涵

（一）仁政与司法的关系

在孔子之“仁”的基础上，孟子提出了“仁政”的概念。具体而言，孟子的仁政思想包括了“从民之欲，为民制产”“薄税敛”和反对“滥杀”等多个方面。然而，孟子“仁政”思想的真正价值其实并不在于以上概括的一些具体政治主张，而在于其思想实质：人政，即以人为政治之目的。孟子之“仁政”的基础是人人皆有的不忍人之心，统治者将此不忍人之心推己及人的施政过程就是仁政。孟子所说的“推恩”的政治实际就是要让统治者以自己的心理去体察百姓感受，以现在的话说就是换位思考，将心比心，其内涵是要将政治的对象——百姓由抽象的芸芸众生转化为有感情、有欲求的人来对待。孔子说仁的本意是爱人，孟子之仁政也可以说是爱人的政治，以人为目的的政治，人本的政治。

孟子从人本的角度提出“仁政”，意味着社会治理方式的根本转变。具体而言，就是礼乐与刑政两种统治手段的运用。仁义之所以是为政之本，在于仁政是以人为目的的政治。因此就统治的方式而言，礼乐之治可以移风易俗，使百姓能够形成自我治理的良好风气，而不是依靠严刑峻法的威吓来使百姓臣服。简单以刑政压服百姓的政治，并不合于行“不忍人之政”的仁政理想。在仁政的政治理想中，如何处理礼乐与刑政两种社会治理手段的运用，这就涉及仁政与司法之间的关系。

首先，实现仁政是司法的根本目的，司法是实现仁政的手段之一。魏征就曾经这样概括仁政与司法的关系，提出“仁义为理之本，刑罚为理之末”的思想。他说：“故圣哲君临，移风易俗，不资严刑峻法，在仁义而已。故非仁无以广施，非义无以正身。惠下以仁，正身以义，则其政不严而理，其教不肃而成矣。然则仁义，理之本也；刑罚，理之末也。为理之有刑罚，犹执御之有鞭策也，人皆从化，而刑罚无所施；马尽其力，则有鞭策无所用。由此言之，刑罚不可致理，亦已明矣。”[1]这里将刑罚列为末，并不是说刑罚不重要，而是与仁义在治国安邦中的作用地位相比，仁义发挥更为基础性的作用，而刑罚只是实现仁政的手段与措施。

其次，产生犯罪和社会不安定因素的根本原因是不能实现仁政。《论语》引述曾子之言说：“上失其道，民散久矣。如得其情，则哀矜而勿喜。”[2]孔子认为百姓犯罪的根本原因在于是统治者的倒行逆施导致社会的不安定，因此司法官员在量刑的时候应该将犯罪的社会原因考虑在内，对犯罪人根据情况予以一定的宽宥。唐代君臣在总结隋朝法制得失的时候也指出，隋朝灭亡的根本原因不在于法制松弛或是司法过于宽缓，而恰恰是因为隋朝统治者不能“修仁义”，行仁政，因此导致了社会的动荡。因此，唐太宗就说：“隋炀帝岂无甲杖？适足以至灭亡，正由仁义不修，而群下怨叛故也。宜识此心，当以德义相辅。”[3]

最后，在王权大一统的体制下，君主施行仁政是司法宽和的前提。在君主专制时代，君主之好恶深深影响一时的政治风尚，所谓上有所好下必甚焉，正是君主专制时代政治现实的写照。如果专制君主好用重刑治理国家，那么全国的官吏都会以治狱深刻为自己的目标，从而导致刑狱泛滥。汉代路舒温认为，刑讯泛滥的根本原因在于统治者重用酷吏，当治狱深刻成为官吏选拔的一项标准的时候，则天下官吏无不以酷吏为自己的榜样。“今治狱吏则不然，上下相驱，以刻为明；深者获公名，平者多后患。故治狱之吏皆欲

---

[1] 《全唐文》卷一百四十《魏征理狱听讼疏》。

[2] 《论语·子张》。

[3] 《贞观政要·论仁义》。

人死，非憎人也，自安之道在人之死。”[1]唐太宗对于酷吏以入人以罪的心理把握得更为清楚，他说：“夫作甲者欲其坚，恐人之伤；作箭者欲其锐，恐人不伤。何则？各有司存，利在称职故也。朕问法官刑法轻重，每称法网宽于往代。仍恐主狱之司，利在杀人，危人自达，以钓声价，今之所忧，正在此耳！深宜禁止，务在宽平。”[2]

（二）仁道司法是司法权行使的规范性要求

第一，哀矜折狱、生道杀民的刑事司法观。孔子提出的“哀矜折狱”是与重刑主义相对的刑事司法思想。《论语》引述曾子之言说：“上失其道，民散久矣。如得其情，则哀矜而勿喜。”[3]他要求司法官员在查明事实真相之后，还要予以“哀矜”，考虑百姓犯罪的社会原因。孔子认为百姓犯罪的根本原因在于统治者的倒行逆施导致社会的不安定，因此司法官员在量刑的时候应该将犯罪的社会原因考虑在内，对犯罪人根据情况予以一定的宽宥。孟子在孔子哀矜折狱的基础上进一步提出了以“生道杀民”的刑事司法主张。孟子说：“以生道杀民，虽死不怨杀者。”[4]赵岐注释道：“杀此罪人者，其意欲生其民，故呈伏罪而死，不怨杀者。”[5]根据赵岐的解释，以“生道杀民”的意义是说司法官员在审理死刑案件时，应以“求其生”之道慎重地处理案件。如果确实罪大恶极，则应该保护广大人民的生命安全，不得已将之处死。“生道杀民”的根本目的在于保全人的生命。在儒家看来，刑罚的作用不仅在于维持社会秩序，保护广大平民的安全，对于犯罪人也要尽量以仁恕之心对待。

儒家所言的哀矜折狱与生道杀民并不是要司法官员毫无原则地宽恕罪犯，而是要根据实情，以法中求仁而不是法中求罪的态度来处理刑事案件。哀矜折狱与生道杀民的基础都是“中”，也就是荀子所说的“中和者，听之绳也”。[6]荀子说：“赏不欲僭，刑不欲滥。赏僭则利及小人，刑滥则害及

[1] 《汉书·贾邹枚路传》。
[2] 《贞观政要·论赦令》。
[3] 《论语·子张》。
[4] 《孟子·尽心上》。
[5] 赵岐：《孟子注疏·孟子章句》。
[6] 《荀子·王制》。

君子。”[1]法中求仁并不意味着法外容情，而是使无罪之人免于刑罚，可矜之人得到宽宥，有罪之人罚当其罪。

第二，司法执中、宽严相济的刑事政策论。司法的一个重要原则是执法适中，宽严适度。这个“中”和“度”应是符合科学依据的司法裁量的确定，而不是用刑的任意。儒家并非一意求宽，目的在于法中求仁，一味宽缓的司法如果导致放纵犯罪的结果，显然不是儒家仁政的目的。因此，宋代程朱就一改前代儒家力主司法宽和的观念，主张重刑。他们要求刑事政策应该根据当时实际政治需要作出适度调整，其在理论上将重刑与仁爱相联系。朱熹强调刑事司法活动可以抑制人的恶性，震慑犯罪，这本身就蕴含着仁爱的精神，即通过惩罚来劝诫百姓，使民众养成敬畏法律的习惯。比如，朱熹就曾经指出：“惩一人而天下知所劝诫，所谓辟以止辟，虽曰杀之，而仁爱之实已行乎中。”[2]因此，用刑之宽猛只是儒家权变精神的体现，是统治者在天下大乱之际的权宜之计，并不影响背后司法的目的依然是实现仁政。故而，他说：“天下大乱，民遭陷溺，亦与以权授之，不可守先王之正道也。”[3]

就司法而言，宽与严都是成文法的框架内的具体用刑裁量问题。根本而言，两者之间的关系不是相互补充而是在准确适用法律前提下的用刑宽缓还是深刻。对于用刑裁量的宽与严，正确的态度应该是司法执中：首先正确保证准确适用法律的规定，然后在量刑时以“法中求仁”的 态度对待刑事司法。这就是雍正帝所言的：“用刑之际，法虽一定，而心本宽仁。”[4]比如，在秋审、朝审之中，提倡：“凡情有可原者，务在缓减”，并以此标榜“宽严之用，务在得中”。因此，清代秋审、朝审中出现的诸如停勾、减等、留养承嗣等做法，都是“听狱者，求所以生之”理念的体现。

第三，情法两得的情理司法观念。《论语》中曾记载一段孔子与其弟子关于“三年之丧”的对话，在这段对话中宰我追问孔子“三年之丧”的意义到底在哪里？从孔子与其弟子的这段对话中，我们可以发现，孔子将“三年之丧”的周礼，直接归结为亲子之爱的生活情理，“夫君子之

[1] 《荀子·致士》。

[2] 《朱子语类》卷七十八

[3] 《孟子集注·离娄上》。

[4] 《大清会典事例》卷八四六。

居丧，食旨不甘，闻乐不乐，居处不安，故不为也”[1]。这样，既把整套“礼”的血缘实质规定为“孝悌”，而又将孝悌建筑在朴素的日常父母之爱上，因而是否行旧礼的基础在于人的内在心理而非外在强制又更非宗教的神秘要求，也就是“今女安，则为之”。礼正是由于取得了这种日常心理的内在依据而趋于人性化，礼的依据和正当性全系于人自身。正如李泽厚所指出的那样：“由神的准绳命令变而为人的内在欲求和自觉意识，由服从于神而变为服从于人、服从于自己，这一转变在中国古代思想史上具有划时代的意义。”[2]正是由于孔子将社会规范的正当基础直接诉之于生活情理而非神意，使中国传统法律的合理性直接建立在这种心理情感基础之上，因而国法与天理、人情才有了沟通的基础。清代名吏汪辉祖对中国古代的法律运作有一段十分精妙的结论：“读律尚已，其运用之妙，尤在善体人情。”[3]所谓人情，就是儒家所倡导的“父慈子孝”“夫义妻顺”“兄友弟恭”的伦常纲纪之情。由此，我们可以发现中国传统法中人本因素的体现正在于这种基于人间伦常的情理之中。

三、仁道司法的现代价值

（一）以人为中心的实质主义司法理念

中国古代仁道司法的一大特征是以现实中的人为法律规制的中心，在法官的眼中，案件中的人都是现实中活生生的个人，而且是与其所处的伦理秩序、生活情景、人际情感相联系的个人。传统司法中不存在独立的个人，每个人都根据其所处的人伦秩序的位置而承担不同的法律责任，同时，法官在判决时也会考虑每个人的具体生活情景和人际情感联系。

首先，传统司法中的人是处于不同伦理关系中的人，每个人都按照其所生活的伦理秩序中的位置来承担责任。比如，传统法律中以当事人之间的服制关系来作为决定案件性质和罪行的前提条件，其在刑事法律传统中的表现就是“准五服以制罪”。服制定罪的意义是在立法确定有关亲属相犯行为的罪名刑等时，根据亲属关系的亲疏、尊卑作出区别规定。在亲属之间的伤害

---

[1] 《论语·阳货》。

[2] 李泽厚：《新版中国古代思想史论》，天津社会科学院出版社2008年版，第21页。

[3] 《佐治药言·息讼》。

案件中，法官就会根据亲属间的尊卑长幼关系的不同来确定每个人不同的法律责任。如果是卑幼殴击尊亲属而未折伤，则根据其所殴击对象的尊卑来确定罪行。殴缌麻尊亲属徒一年，殴小功及大功尊亲属各再加半年，殴齐衰尊亲属徒三年，殴斩衰尊亲属则斩。而反过来，若是尊长欧击卑幼而未折伤，则按照被殴者的身份秩序相应减轻处罚。可见，在亲属间的伤害情形中：尊亲属犯卑亲属，服制关系越重，罪刑越轻；卑亲属犯尊亲属，服制关系越重，则罪刑越重。这样对于不同亲属身份的人给予不同的判决，恰恰体现了儒家“爱有等差”的原则，体现了传统司法中的人往往存在于各种不同的人伦关系之中，定罪量刑也需要根据人伦关系的远近而决定。

其次，传统司法中的人是生活中的个人，每个人在案件中都有其具体的生活情景和人际情感联系，法官在裁判时都必须要考虑每个人的具体情理，这样才能做到“情法两尽”。比如在 “弟弟为争夺家产而殴打兄长致死”的案件中，法官在裁判中就注意到本案案犯是家中独子这一生活事实，如果判决案犯以死罪，则难免给一个家庭造成绝祀的结局。甚至法官还假设了被害的兄长的想法，认为即便兄长泉下有知也不愿意看到自己的家庭因为弟弟犯罪而绝祀。因此，法官不惜违背法律的文本规定对本案中殴死兄长的弟弟进行宽恕。

成文的律令对于犯罪或处罚的规定往往是抽象的且具有普遍性的，比如《宋刑统》对“指斥乘舆”罪的规定：“诸指斥乘舆，情理切害者，斩；非切害者，徒二年。”律文小注曰：“言议政事乖失而涉乘舆者，上请。”法律对“指斥乘舆”的行为主体和行为模式都作出了普遍性的规定，全体臣民只要有“指斥乘舆”行为的都犯此条，除皇帝本人不可能犯此条外，无一例外。律文小注仅仅排除了因为议论国家政事有失误而冒犯天子尊严的行为，如果是因议论政事而有过错则需要上请，由中央的司法官员和皇帝作出决断。比如，在“前妻诉丈夫指斥乘舆”的案件中，被告为原告之前夫就是案件中的具体人伦情感关系，而法官在裁判时也正是基于对具体案件中的人伦情感关系的考虑而作出了裁判。法官认为，夫妻关系是一种重要的人伦秩序，夫妻之间应该存在深厚的感情和情义。在具体案件中，天子尊严所代表的国家政治秩序和夫妻间的人伦情感发生了冲突，法官的价值取向恰恰是站在了保护夫妻之间的人伦情感关系一边。

与传统司法以现实中的人为规制中心不同，现代司法的着眼点是人的行为。现代司法以人的行为为规制中心，与整个现代法制系统的宗旨相关，体现了法律的进步和发展。首先，现代法律以行为为中心，排除了传统法律中对人的思想的规制。在现代法制的体系中，人的思想是自由的，不受任何法律的规范和调整，刑法中废除思想犯，是近代刑法的一大进步。而传统法律以人为规制中心，往往强调原心定罪，其规范的触角往往深入人的思想。历史上，规范和调整思想活动的法律往往打击与当时主流所不符的所谓“异端”思想，对人类思想发展造成了禁锢的作用。同时，以行为为规制中心的法律与以权利为本位，高度抽象化、类型化的现代法律体系是相互依存的，关注行为而不是人，是法律发展史上的进步。然而，以行为作为规制中心的现代司法也有其弊端。比如，以行为作为法律规制的唯一对象，则会造成对行为背后所隐藏的个人的忽视。[1]虽然，现代司法理念以当事人为中心，在程序上赋予当事人各项权利，实体法律上保障当事人各项基本诉讼权利。但在司法裁判中，法官所关注的只是当事人所为之客观行为，作为判决对象的当事人只是作为抽象的、高度类型化的形象而存在，司法所关注的只是具备或不具备行为能力或法律资格的抽象的人，而非现实生活中所具体存在的个人。

从这个意义上说，传统司法以人为中心的特点恰可以弥补现代法律以行为为中心所造成的对具体个人的遗忘。仁道司法，在司法中充分重视人情因素的价值，有如下几个方面的意义：

第一，在司法过程中发现和重视当事人行为背后的现实情理。成文法传统中的立法者重视对行为的抽象和类型化、体系化，而司法者就应该在普遍适用的成文法的规范下考虑具体案件中的特殊情景，在这个将普遍性规则与具体个案的特殊情景相调适的作业中，人情往往能够发挥巨大的作用。在这一点上，传统法官以情理解释法律、在判决中阐释个案中的人情与法意的经验可以更好地增加普遍性法律在特殊案件中适用的合理性，不仅起到了正确适用法律的作用，而且可以同时做到使当事人口服心服，做到案结事了。

第二，仁道司法使法官认识到具体生活中弱者的真正存在，看到个案中当事人因为身体缺陷或是精神缺陷等情形所造成的具体特性。比如，对于一个限制行为能力人的行为是否构成某项法律所规定的犯罪，从主观方面而言，就应该以与其行为能力相适应的条件为标准，而不能以普遍的多数正常

[1] 胡玉鸿：“个人独特性与法律普遍性之调适”，载《法学研究》2010年第6期。

人的情形为标准。

第三，仁道司法往往看到案件中所存在的现实中的个人，往往是将人置于其所处的人伦关系中去解决案件，从某种意义上说，人情与人伦有互通之处。从一个方面来说，将人置于不同的人伦关系中来确定其法律适用，可以说传统社会有家族而无个人，家族伦理吞噬个人价值，是传统社会个人不具有独立性的体现。但如果从另一个方面分析问题，传统司法重视人伦秩序和睦的法律价值，注重保护人际之间的伦理秩序和血缘亲情，在某种程度上说，抵制了王权对家族伦理秩序的渗透，司法在王权与家族之间划上了一条人伦情感、伦理秩序不得侵犯的明确界限。

（二）先教而后杀的司法教育功能

古代社会刑罚严酷，法律的主要功能不在于规范，而是对犯罪者的惩罚。上古传说五刑之属三千，动辄刑人肢体，轻则残疾，重者死刑。在这样的社会背景下，孔子倡导“仁政”，认为严刑峻法并不能使人发自内心地接受规范的约束，只会使人丧失廉耻。因此，社会的治理根本在于施行仁政和为政以德，引导百姓自觉遵守社会的一般规范。同时，儒家相信人的本性可以为善，因此，不能放弃后天改造人心的教育努力，也正是由于人性本善的人性假设，儒家普遍相信教化对改造人心的积极作用。在这样的政治思想指导下，儒家将拯救时弊的希望寄托于人性的恢复和人情的维护上。人际情感、伦理的维系，则有赖于仁政和“德治”。“仁政”的重要一环，就是推行教化，也就是对百姓进行日常伦理的教育。就法律与教化的关系而言，教化应该为刑罚的先导，刑罚不是目的，最终应该通过司法过程使百姓得到教化，理解圣人人伦、人情之教。

将“仁”的思想贯彻于司法中，体现在儒家十分强调司法与教化之间的关系上。首先，儒家强调“教而后诛”。孔子说：“不教而诛谓之虐。”孟子发挥孔子“先富后教”之说，认为对待百姓首先应该“制民之产”，使百姓有恒产然后有恒心。在此基础之上，“然后驱而之善，故民之从之轻”。富与教，是治理国家不可或缺的两个方面。缺乏恒产和基本生活保障，百姓“惟救死而恐不赡，奚暇治礼义哉”，而如果富而不教，则会“及陷于罪，然后从而刑之”。孟子认为这样的结果就是陷民于罪，是“罔民也”。[1]其次，古代儒家还十分重视司法本身所具有的教育功能。古代州县官吏也往往将教化百姓作为自己的重要职责，因此，古代州县官吏除了承担行政上的事物官和司法上的审判官两种角色之外，还肩负有教育子民的重要职责。唐代进一步将官员的教化职责法律化。唐代法律规定：官员的考核标准分为“四善”“十二最”，其中居“四善”之首就是“德义有闻”，而“十二最”中专门规定“政教之最”，其要求是：“礼义兴行，肃清所部”。[2]

美国法律史学家伯尔曼指出：“所有的审判都应该具有教育意义，不只是确定罪行。延长诉讼程序总比责令和嘲弄被告或使其缄口要好。被告的自由陈述也比法院（依霍姆斯之义）做不体面的事要好。法院的审判应当帮助人精神净化，而不应在我们的尊严之上再施暴行。它应该把蕴含在法律程序中的价值戏剧化，而不是漫画化。”伯尔曼进一步分析了教育之于法律的意义：“法律不应只图方便，它应当致力于培养所有有关人员——当事人、旁观者和公众——的法律情感。”[3]伯尔曼认为，只有当公众在法律程序当中唤起了他们对整个生活的意识和对终极目的的意识的时候，法律才能真正地为公众所尊重。因此，司法应当起到教育公众尊重法律、敬畏法律、信仰法律的作用。

---

[1] 《孟子·梁惠王上》。

[2] 相关规定可以参考《唐六典》卷二，“考功郎中”条。

[3] [美]伯尔曼：《法律与宗教》，梁治平译，中国政法大学出版社2003年版，第34～35页。

论孤儿作品的著作权保护

张　云*

摘　要： 孤儿作品是指仍处于著作权保护期，使用者通过尽力查找仍很难、甚至不能找到权利主体的作品。随着社会经济和网络技术的发展，孤儿作品问题逐渐凸显，对孤儿作品的著作权保护进行合理、适当的法律安排是十分必要和重要的。然而，我国现行法律并未对孤儿作品问题进行立法规制。2014年6月向社会公布的《著作权法》修订草案送审稿中仍存在对孤儿作品界定模糊、尽力查找无标准等问题。基于此，本文欲通过对美国的"限制救济模式"和加拿大、欧盟的"强制许可模式"等孤儿作品的著作权保护模式进行比较分析，提出完善我国孤儿作品著作权保护的立法建议。

关键词： 孤儿作品；保护模式；立法建议

近年来，"孤儿作品"问题备受瞩目，众多国家和地区均已对此问题进行了较为完善的法律规定。我国国家版权局于2014年6月发布的《著作权法》修订草案送审稿虽增加了关于孤儿作品的部分内容，但仍存在诸多不足之处。因此，我们有必要对孤儿作品的著作权保护问题进行进一步探究。

一、孤儿作品相关基础理论分析

（一）孤儿作品问题之提出

孤儿作品问题起源于美国。1998年，美国最高法院判定《版权期限延长法案》（CETA）并不违宪，由此，将版权保护期限延长至作者终生及其死

*　张云：女，1991年生，北方工业大学民商法专业研究生。

亡后第70年12月31日，或者法人作者创作完成后的第120年。过长的保护期限极有可能阻碍文化自由地传播，因此，美国部分学者呼吁尽快通过立法解决“那些找不到作者的作品”给文化传播带来的困扰。而真正将孤儿作品问题推向美国乃至世界版权界风口浪尖的是“谷歌数字图书馆案”。2004年，谷歌一项名为“阿波罗”计划的数字图书馆项目，未经出版商和版权人同意便将一批重要图书馆的书籍数字化。[1]为此，美国作家协会及美国出版商联合会对谷歌提起诉讼，不仅如此，包括加拿大、中国在内的多个国家对此提出抗议。2005年1月，美国参议院将孤儿作品立法提上议程，并发布了专门针对孤儿作品立法的咨询意见书，在美国版权界反响巨大。此后，在美国国会中，针对孤儿作品提交的议案不断，但一直未获批准。2008年，美国版权局提出了新的《孤儿作品法案》，该法案包含了孤儿作品的概念、范围以及对孤儿作品救济的限制制度，并提议将孤儿作品立法加入美国版权法，影响深远。受美国影响，英国、加拿大等国及相关国际组织逐渐认识到孤儿作品问题的严重性并加快孤儿作品立法。可见，在海量作品的时代，随着信息科技尤其是网络技术的突飞猛进，孤儿作品的问题与文化传播之间的冲突日愈激烈，加强对孤儿作品的法律规制已为必然趋势。

（二）孤儿作品的概念及特征

目前，国际社会并未对孤儿作品的概念达成一致，各个国家及国际组织往往仅从某一角度对孤儿作品进行界定。[2]我国学界通过对国内外具体情况的研究，对孤儿作品的理解偏差不大，认为处于著作权保护期内，使用者通过尽力查找仍很难、甚至不能找到权利主体的作品均为孤儿作品的范畴。[3]由此，孤儿作品的特征为：（1）孤儿作品尚未进入公有领域，属于受著作权法保护的作品。孤儿作品一旦超过著作权保护期限，便成为公共资源，任何人有权使用，授权困难问题也就无从谈起。（2）其使用应获得著作权人许可。（3）其使用者通过尽力查找仍很难，甚至不能找到作品权利主体（不限于作者）。孤儿作品的这一特点直接促成了孤儿作品的著作权困境。

---

[1] 管育鹰：“欧美孤儿作品问题解决方案的反思与比较—兼论我国《著作权法》相关条款的修改”，载《河北法学》，2013第6期。

[2] 目前，比较权威的两种解释中，美国版权局着眼于使用者角度，欧盟强调使用者履行尽力查找之务。

[3] 阎冰清：“论‘孤儿作品’的利用”，载《编辑之友》2012年第7期。

一方面，孤儿作品作者的权益不可忽视，另一方面，若严格保护作者权益，则极有可能阻碍善意使用人进一步创作，浪费社会资源。如何平衡两者，值得思考。

（三）孤儿作品的范围

关于孤儿作品的范围，我国理论学界争议较大。总体而言，问题有二：一是作者身份明确但下落不明的作品是否为孤儿作品；二是真正的孤儿作品与表见性孤儿作品区分是否必要。

1. 作者身份不明的作品与作者身份明确但下落不明的作品

以作者状态为区分标准，可将孤儿作品分为作者身份不明的作品与作者身份明确但下落不明的作品。前者多出现于作者不署名或署假名的情况，后者具体情形则更为纷繁复杂。部分学者将作者身份明确但下落不明的作品排除在孤儿作品之外，其理由是：在我国，作者身份明确但下落不明的作品，目前主要通过著作权集体管理制度来解决，由集体管理组织代为管理，虽然仍然存在诸多不完善之处，但基本上有相应的解决途径。[1]本文对此并不赞同。不可否认，著作权集体管理制度在协调著作权人与社会公众之间的利益关系以及保证著作权人权利的实现方面有着重要的实际意义。但是，我国著作权集体管理组织采取授权制，未向其授权的孤儿作品并不被其保护。需要注意的是，我国地域广阔，地区发展水平不均，实现普遍授权仍有差距。另外，我国著作权集体管理组织行政官僚色彩浓厚，普通注册用户权益仍难以得到保障。可见，我国著作权集体管理制度并不能充分保护作者身份明确但下落不明的孤儿作品，在现阶段单纯依靠此制度实有不妥。

值得注意的是，我国《著作权法》修改草案送审稿中规定了我国的延伸性集体管理制度，使集体管理的对象范围更加宽泛，省去了权利人授权许可的程序，特定条件下可以代表非会员开展业务管理。但是，在此制度并不完备的情况下用以解决孤儿作品问题，可能会出现更大的问题。

2. 真正的孤儿作品与伪称的孤儿作品

有的学者主张将孤儿作品区分为：真正的孤儿作品、表见性的孤儿作

[1] 董慧娟：“孤儿作品的利用困境与现行规则的评析”，载《中国出版》2010第9期。

品以及伪称的孤儿作品。[1]此种分类以权力稳定性为标准对孤儿作品进行区分，将其视为一个范围更大的概念，从学理角度分析十分严谨，但仍有不妥之处。本文认为，真正的孤儿作品与表见性孤儿作品的区分并无实质意义，且欠缺操作性。首先，判定孤儿作品过程中最重要的因素是使用者的“尽力查找”，只有使用者尽力查找之后才会知晓作品是否处于著作权保护期、权利人是否可以取得联系。若使用者尽力查找后仍无法与权利人取得联系，此时无论著作权人是否再出现，该作品已为孤儿作品。其次，使用者并不知道真正的孤儿作品一开始就推定了权利人实际上已不复存在，仍需尽力查找，但最终仍无法确定权利人，所以区分真正的孤儿作品与表见的孤儿作品并无实质差异。再次，真正的孤儿作品要求使用者合理勤勉查找的标准达到了多年追踪的程度，这一标准界定模糊，另外其必须消耗巨大成本，显然在实践中难以操作。最后，虽然在我国真正的孤儿作品著作权归属国家，但我国并未对相应部门及其职责进行清晰定位，这同样会造成使用人难以获得版权许可，故仍宜将其纳入孤儿作品的保护范围。所以，本文认为，可将孤儿作品简单地分为真正的孤儿作品和伪称的孤儿作品。

（四）我国孤儿作品保护的必要性

由于语境化和地方性特征,一些完全与我国情况无关的制度,是没有必要在中国法制环境下拿来讨论的，但孤儿作品并不属于这类情况。我国对孤儿作品进行保护存在必要性。这首先需要从孤儿作品产生的原因谈起。孤儿作品问题产生的根本原因在于数字化时代的兴起，尤其是网络技术的高度发展使作品的传播与修改极为便捷。一方面这使侵害作者权益的行为更具隐蔽性，另一方面，即便是善意使用作品的情况下，使用人也很难确认作者并获得授权。从我国目前实际情况来看，（截至2013年，我国互联网普及率高达45.8%，并逐渐走向饱和）我国显然已步入数字化时代。另外，孤儿作品

---

[1] 周艳敏，宋慧献在《关于孤儿作品著作权问题的立法设想》中对孤儿作品作此区分。伪称的孤儿作品是使用者在没有通过合理的、勤勉的寻找以确认、找到权利人的情况下，任意声称某作品属于孤儿作品。此种情形按照普通侵权对待。真正的孤儿作品是指权利人实际上已经不再存在的作品，使用人通过合理的、勤勉的寻找，甚至经过多年的追踪，或者借助特定的法律程序，已经无法确定权利人身份或下落。此时孤儿作品或进入公有领域或将版权归于国家或有关组织。表见性孤儿作品，是使用人通过合理的、勤勉的寻找，无法确定权利人身份与下落的作品，实际上权利人具有复出的可能。此时孤儿作品才具有权利不稳定性，需要法律特别调整。

产生存在制度上的必然性。纵观国际社会，著作权自动保护原则以及越来越长的著作权保护期限促使孤儿作品问题逐渐凸显。在这一方面，我国毫无例外。除此之外，我国孤儿作品数量庞大也有其特殊缘由。一是特殊历史时期（尤其是“文革”）造成大量作品作者不明确或作者下落不明。二是我国民众著作权意识薄弱，加之网络的虚拟性，催生出大量不署名或署假名的作品。

其次，对孤儿作品进行合理、适当的法律规制是保护著作权人合法权利的需要，更为重要的是，这是社会进步和维护使用者合法权益的需要。我国著作权制度极为重要的目的即“鼓励有益于社会主义精神文明、物质文明建设的作品的创作和传播，促进社会主义文化和科学事业的发展与繁荣”。如果孤儿作品的著作权立法不完善，那么就会有潜在的使用人因日后的侵权损害赔偿问题而被迫放弃了原先的使用计划，这势必最终导致大量优秀的社会文化资源的荒废和流失，这显然有悖于我国著作权制度之宗旨。综合以上原因，本文认为在我国对孤儿作品进行完善的立法规制很有必要。

二、我国对孤儿作品的调整现状及所面临的问题分析

（一）我国现行制度与孤儿作品保护之分析

新问题出现之后，若既有的一般性制度可以解决，新的立法则没有必要。但我国现有著作权一般制度在保护和利用孤儿作品方面明显不足。

首先是合理使用制度。我国《著作权法》对合理使用作出了穷尽式的列举。但立法者并不能洞察现实社会的一切并将各类合理使用行为加以罗列，许多孤儿作品的使用行为尚未能被该制度涵盖。其次，合理使用仅限于已经发表的作品。事实上，孤儿作品包含了部分未发表的作品，但这种情况下使用者并不能援引合理使用制度对作品加以利用，这就给文学、艺术创作，尤其是纪实类文学创作带来了麻烦。所以，合理使用制度并不能很好地解决孤儿作品问题。

其次是法定许可制度。根据现行著作权法的相关规定，我国存在六种法定许可情形。但是这种例外的许可模式也存在一些弊端使得孤儿作品问题的解决陷入困境。其一，若孤儿作品不属于六种法定许可情形之一，则孤儿作品不能援引法定许可得以利用，即法定许可制度仍不能解决所有的孤儿作品问题。其二，我国法定许可制度中所规定的报酬计算支付规则计算标准过于

简单、固定，无法科学的反映作品的实际价值。就报酬支付规则而言，在使用者无法确认或联系到著作权人的情况下，如何向著作权人支付报酬，法律暂无规定。其三，实践中，此制度仍存在很大问题。国家版权局在《关于修改草案的简要说明》中指出："从著作权法定许可制度二十年的实践來看，基本没有使用者履行付酬义务，也很少发生使用者因为未履行付酬义务而承担法律责任，权利人的权利未得到切实保障，法律规定形同虚设。"可见，我国的法定许可制度在解决孤儿作品问题时也不具备优势。最后是著作权集体管理制度。此部分内容上文中已详细说明，故不再赘述。

（二）我国现行法律与孤儿作品保护之分析

1.《著作权法实施条例》中的孤儿作品

我国《著作权法实施条例》第13条将"作者身份不明的作品"限定为有"原件"的作品，此种情况下使用者可直接与原件所有人协商并获得许可，并不会产生孤儿作品之困境，所以直接适用此规定解决孤儿作品问题很是不妥。退一步讲，该条文忽视了权利人明确但下落不明的作品，同时，条文对"原件"界定模糊，尤其是在网络环境下对原件的界定更困难。

2.《著作权法》中的孤儿作品

《著作权法》第19条将国家设定为孤儿作品的最终所有者。这一规定缺陷重重。其一，权利主体虚无问题。国家如何行使孤儿作品的权利？具体程序如何？这都是我们需要面临的问题。其二，国家享有权利的有主作品与属于公有领域的无主作品以及孤儿作品之间的边界模糊化。[1]我国著作权法并未规定孤儿作品的认定程序与规则，这无疑使得区分更加复杂，难度可想而知。

3.《著作权法》修订草案送审稿中关于孤儿作品的规定

2014年6月，向社会公布的《中华人民共和国著作权法》修订草案送审稿第51条规定："著作权保护期未届满的已发表作品，使用者尽力查找其权利人无果，符合下列条件之一的，可以在向国务院著作权行政管理部门指定的机构申请并提存使用费后以数字化形式使用：（一）著作权人身份不明的；（二）著作权人身份确定但无法联系的。前款具体实施办法，由国务院

[1] 赵力："孤儿作品法理问题研究—中国视野下的西方经验"，载《河北大学》2012年第5期。

著作权行政管理部门另行规定。”本次著作权法修改草案主动增加孤儿作品条款，无疑具有重大意义。但是，该规定仍存在如下几个问题。

首先，孤儿作品无明确界定。本次修改中并没有直接使用孤儿作品这一概念，也没有对孤儿作品作出明确界定，这给具体认定孤儿作品带来难度。其次，尽力查找无具体标准。此次修订草案中并未规定尽力查找之具体标准，这种没有配套细则推行孤儿作品的方案极易造成使用人任意声称某作品为孤儿作品，极大损害著作权人的利益。最后，使用方式界定模糊。送审稿将孤儿作品的使用方式限定为 “数字化”。从著作权法角度来说，对数字化的理解不同，所得到的法律效果也就不同。若将数字化完全理解成复制，显然这不利于对孤儿作品的有效利用。若对数字化作扩大解释，将其扩展至各种数字化形式的发行、网络传播，这当然有利于孤儿作品的利用，加之《著作权法》修改草案中拟定的使用费提存制度，貌似也保障了孤儿作品权利人的合法权益。但是，使用者仅用复制使用而提存的使用费弥补了作品复制之外的各种使用费，这对于孤儿作品的权利人有失公平。

三、国外孤儿作品著作权保护模式之比较研究

（一）美国之限制救济制度

美国2008年《孤儿作品议案》在孤儿作品著作权保护模式上采用限制救济制度，即使用者在尽力查找权利人无果时，无需支付使用费便可直接利用孤儿作品；权利人出现后，可起诉使用者，获得有限制的补偿。 同时议案也对限制救济的方式包括金钱救济和禁止令救济做了详细的规定。可见，限制救济制度承认使用孤儿作品仍然构成侵权，重新出现的版权人可提起诉讼以获得有限制的损害补偿，但版权人提起诉讼之前，国家公权力并不介入。

（二）加拿大、欧盟之强制许可模式

加拿大、欧盟在解决孤儿作品问题时采取了强制许可模式。即由某种特定的符合使用资格的使用者依照特定的程序向特定的组织或机关进行使用申请，进而获得特定使用许可，从而合法使用该作品的模式。 加拿大、欧盟之强制许可模式以授权原则为框架，以行政机关公权力介入为关键点，将资源与成本进行了重新配置，基本实现了使用者与著作权人之间的利益平衡。

（三）对两种保护模式的总结分析

限制救济制度之下，使用者尽力查找后无需支付使用费就可直接利用孤儿作品，显然更为高效便捷，也促进了对作品的有效利用。但是此制度也存在诸多不足之处：其一，只有权利人自主提起诉讼才能启动救济程序，这就意味着若权利人未提起诉讼，即便使用者未尽到合理勤勉查找的义务也不会受到处罚。这无疑会使恶意利用作品的可能性加大，加剧作品被滥用的风险。尤其在我国，地广人多，部分偏远地区交通不便、信息不通畅，加之权利人版权意识相对薄弱，难以以诉讼方式维护自己的权利，所以使用者恶意使用作品的风险大大加强。其二，诉讼成本较大。因在诉讼中双方当事人的权利义务处于十分不确定的状态，当事人前期可能花费成本巨大，即便作品权利人胜诉，也有可能因合理补偿标准模糊而最终得不偿失。[1]其三，合理补偿标准模糊，这将导致法官的自由裁量权过大。

与限制救济制度相比，强制许可模式的优势在于：(1)国家公权力介入对合理勤勉查找进行审查，避免使用者恶意利用孤儿作品。(2)使用人只要从权利许可中心获得许可，其行为便有了法律依据，减少被追诉的风险，有利于对孤儿作品的利用。（3）提存制度的设立保留了版权人的利益，版权人出现后可依法获得补偿，保证了权利人的合法权益。但是，此模式仍存在不足之处：一方面，增加了版权行政管理机构审查批准的负担，效率较低。然而在我国，著作权的相关事宜一直由政府进行管理，负担审查批准的工作相对来说成本较低。另一方面，由于孤儿作品的商业价值未开发，提存使用费很可能会低估作品的使用价值。[2]

综上所述，限制救济制度与强制许可模式各有所长，但强制许可模式更适合我国解决孤儿问题，当然，在设计我国孤儿作品制度上也应借鉴限制救济制度的相关内容，以更好地解决我国孤儿作品问题。

---

[1] 袁泽清："论孤儿作品的利用与保护"，载《西南民族大学学报》2008年第2期。

[2] 赵锐："论孤儿作品的版权利用—兼论《著作权法》（修改草案）第25条"，载《知识产权》2012年第6期。

四、完善我国孤儿作品著作权保护的建议

（一）在立法中对孤儿作品进行准确界定

我国目前立法仍未明确孤儿作品的概念，致使在对孤儿作品的认定上缺少统一标准，在特殊情况下易造成混乱，所以在立法中对孤儿作品进行准确界定十分必要。另外，虽然《著作权法》修改草案送审稿基本确定了孤儿作品的范围，但仍存在范围稍窄、界定模糊等问题。本文认为，在立法设计时应单独对孤儿作品的概念及范围加以界定，明确孤儿作品为仍处于著作权保护期，使用者通过尽力查找仍很难、甚至不能找到权利主体的作品；包括著作权人身份不明和著作权人身份确定但下落不明的作品。

（二）对“数字化”进行明确限定

《著作权法》修改草案将孤儿作品使用方式限定为“数字化”，但并未对其进行解释。由于我国正处于经济文化发展时期，加之网络技术的迅速发展，基于知识产权法中的利益平衡原则，本文认为数字化应做扩大解释，将其扩展至各种数字化形式的发行、网络传播，这有利于对孤儿作品的利用以及文化的传承与发展。当然，权利人的利益也不可忽视，修改草案中设计的提存制度虽存在一些不足，但只要对其加以完善，仍可以很好地保证权利人的利益。

（三）设置孤儿作品认定程序，详尽“尽力查找”之内容

我国《著作权法》修改草案中规定的“尽力查找”既是界定孤儿作品的前提，也是允许使用人对作品加以利用的条件。但是目前我国法律尚未制定出尽力查找之具体标准，这很可能使孤儿作品制度流于形式，对孤儿作品的利用和保护是十分不利，所以我国急需设定尽力查找之标准，详尽其内容。

由于孤儿作品形式多种多样，不同作品尽力查找的程度也各不相同；加之我国地域辽阔，不同地区的搜索技术水平参差不齐，对尽力查找的认定应在一般条件的基础上采取个案处理的方法，对不同类型作品尽力查找义务应有不同标准。[1]对于尽力查找的一般条件，本文认为可以从以下几个方面考虑：（一）时间条件：尽力查找发生在使用孤儿作品之前。（二）手段条

[1] 金永锋、彭婧：“孤儿作品保护大陆与香港比较研究”，载《电子知识产权》2011年第3期。

件：使用者穷尽所有可能方法仍无法获得著作权人信息或联系不到著作权人。（三）内容条件：寻找内容包括著作权人各种信息，以及获取上述信息的所有可能途径。尽力查找的手段条件具体包括：（一）通过著作权登记机构查询；（二）向相应的著作权集体管理组织查询；（三）通过互联网等公众渠道辨认、追寻著作权人信息；（四）使用数据库查询；（四）使用适当的技术工具印刷出版物，内部或外部人士的协助；（五）法定期间内，在全国性报刊和网络媒体上公开征询作者；（六）其他。

行政许可机关在对使用者的尽力查找进行审查时，应在一般条件下参考具体手段方式，综合评判其是否构成尽力查找。这种做法一方面考虑了不同作品尽力查找之程度因地域、经济所导致的差异，另一方面，一般性条件的规定对使用者及审查者加以制约，避免不公。

申请使用人尽到勤勉寻找义务后，可推定其为善意，提存使用费后，行政许可机关可颁发给使用人许可证，允许其使用作品。

（四）完善提存制度，明确提存费用标准

虽然我国拟定了提存制度，但并未对提存使用费的标准做明确规定，加之实践中基本不考虑作品的市场价值，权利人的利益很可能得不到完全的保障。对此美国2008年《孤儿作品法案》已有相关规定，[1]值得我国借鉴。因此，提存费除了考虑作品本身的价值外，还应对作品的市场价值等因素进行综合衡量。

（五）完善孤儿作品著作权登记制度

为了不与《伯尔尼公约》相冲突，应完善非强制性版权登记制度，鼓励权利人将相关信息向专门的登记机构进行注册登记。登记机构安装合理的数字版权管理系统，对登记信息进行分类，方便信息查询和搜索。一方面，这将减少孤儿作品的数量，维护著作权人的合法利益；另一方面，为使用人寻找著作权人提供便利。

---

[1] 美国2008年《孤儿作品法案》规定：“通过对作品的种类与性质、独创性特点、使用作品的目的及同类作品在市场上的交易价格等确定补偿费具体数额，使其不得高于使用人通过使用孤儿作品所获得的利益，也不得低于社会一般情况下使用该作品应付的费用。”

（六）完善著作权集体管理制度

完善著作权集体管理制度，对于解决孤儿作品问题具有重要意义。《著作权法》修改草案原则性规定了延伸性集体管理制度，但目前我国集体管理制度仍存在诸多漏洞，有必要从以下几个方面加以完善：（1）完善集体管理组织管理和运营，重塑公信力。首先，管理组织要平等对待会员、非会员；其次，要做到信息公开透明。（2）加强服务，真心实意维护著作权人利益。（3）促进著作权集体组织管理方式的现代化，完善信息化建设。

五、结　语

在数字化不断演进的今天，孤儿作品问题逐渐成为各界关注的焦点。孤儿作品在我国同样客观存在，我国著作权法有必要对其做出回应。本文结合国外经验并结合我国实际提出完善我国孤儿作品制度的建议，希望对读者有所裨益。

论我国的遗嘱信托制度

卢　娜*

摘　要：遗嘱信托是一种依单方法律行为设立的信托。其与普通的契约信托相区别，是以遗嘱为载体，与遗嘱同时设立、同时生效的信托类型。由于遗嘱信托能够实现被继承人生前对遗产作出的诸多设计、能够达成简单传承财产以外的诸多目的，因而在英美等信托业发达的国家得到了普遍适用。遗嘱信托不但可以灵活地实现有关遗产的规划设计，还能够在一定程度上降低继承纠纷的发生，实现遗产的效益最大化。对于个人财富大量积累、继承纠纷不断增多的我国，它是一个非常具有实用价值的法律制度。但我国现有法律对遗嘱信托概念、性质界定不清，导致有关成立、生效、登记等规定在逻辑上较为混乱。为探究应然的遗嘱信托，进而提出有效的制度完善建议，本文对遗嘱信托制度予以全面论述和研究。

关键词：遗嘱信托　信托　遗产继承

当今中国经济飞速发展，人们的私有财产急剧增加，越来越多的人将目光投向理财领域，希望通过理财达到有效利用固有财产的目的。因此，在短短一二十年的时间里，信托这种可以灵活运用、满足人们理财规划的方式逐渐兴起。信托公司也如雨后春笋般在全国范围内广泛设立。但信托业的迅猛

* 卢娜：女，法学硕士，现任职于中国社会科学院法学研究所科研处。

发展，并没有在我国继承领域得到很好的体现。放眼西方世界，以英、美两国为例，遗嘱信托已占据其个人信托业务中的很大份额，信托在继承领域得到了充分的运用和发展。[1] 被继承人可以通过设立遗嘱信托实现受托人依其遗愿执行或管理遗产，受益人按其遗愿得到应有保障的规划目的。相比一般的遗嘱继承，被继承人可以信托形式将其生前意志长时间延续至死后，更加凸显了其对固有财产的支配权利。不仅如此，设立遗嘱信托还有助于减少因遗产分割产生的民事纠纷，有助于继承人之间的和睦相处。

我国2001年颁布的《信托法》在第8条中规定："设立信托，应当采取书面形式。书面形式包括信托合同、遗嘱或者法律、行政法规规定的其他书面文件等。"该条文规定了以遗嘱设立信托这种方式，使我国遗嘱信托有了法律依据。但我国现有关于遗嘱信托的法律规范过于简单、概括、不配套，致使这种可以高效、灵活、专业处理遗产，充分尊重被继承人遗愿的遗产处理方式不能很好地在现实中得到运用。因此，本文欲通过对遗嘱信托制度的深入剖析，结合国内外的立法与实践经验，找寻进一步完善我国遗嘱信托立法的途径和方法。

一、遗嘱信托制度概述

（一）遗嘱信托的界定

1. 信托的概念

信托制度起源于英国，《不列颠百科全书》将其定义为："是一种法律关系，在此关系中，一人拥有财产所有权，但同时负有受托人的义务，为另一人的利益而运用此项财产。"[2] 它源自英国中世纪的用益制度，而用益制度孕育于英国封建土地所有制和王权统治的历史背景下。为了规避缴纳高额赋税、规避长子继承制度，以及支持苦行僧圣芳济会修道士生活等目的，当时的英国百姓们将自有财产转交他人管理，由他人出于对委托人的诚信而管理财产，并最终将管理财产所获收益及财产本身交给指定的受益人。在经过了长时间的发展之后，用益制度最终以信托制度的形式展现

---

[1] 张军建、陈光："建构我国遗产信托制度的思考"，载《中南大学学报（社会科学版）》2004年12月版。

[2] 徐孟洲主编：《信托法学》，中国金融出版社2004年版，第4页。

在当代人面前。由于信托制度对于“信任”存在较强的依赖，所以在法律制度相对健全、信用体系相对完备的美国得到了长足发展。美国法学家协会在《信托法重述》中如此定义信托：“信托，除慈善信托、结果信托以及推定信托外，是指以明示意思表示而设定的，发生在当事人之间的一种财产信任关系，在这种关系中，一方享有财产上的所有权，并负有为另一方在衡平法上的利益处分和管理财产的义务。”[1]

在英美法系，信托财产的所有权普通法上归属于受托人，而衡平法上归属于受益人。这种所有权的分离对于不具有衡平法基础、秉承“一物一权”原则的大陆法系国家是不可行的，因此在移植过程中遇到了很大困难。为规避这种冲突也为了维护原有的法律体制，各大陆法系国家和地区在给信托定义时都作了改良。例如，日本《信托法》将信托定义为：“是将财产权转移或为其他处分，使他人依照一定目的管理或处分财产。”[2]韩国《信托法》认为:“信托是指以信托人与受托人间特别信任的关系为基础，信托人将特定财产转移给受托人，或经过其他手续，请受托人为受益人的利益或特定的目的，管理或处分其财产的法律关系。”我国台湾地区在“信托法”第1条中如此定义：“称信托者，谓委托人将财产权转移或为其他处分，使受托人依信托本旨，为受益人之利益或特定之目的，管理或处分信托财产之关系”[3]而我国也在2001年出台的《信托法》第2条中规定：“本法所称信托，是指委托人基于对受托人的信任，将其财产权委托给受托人，由受托人按委托人的意愿以自己的名义，为受益人的利益或者特定目的，进行管理或者处分的行为。”

在1984年第15届国际私法大会上，为了融合英美法和大陆法在信托制度上存在的差异，大会最终通过了《关于信托的法律适用及其承认公约》。并于该公约中对信托作出了兼顾两大法系特点的定义，该公约第2条规定：“当财产为受益人的利益或为了特定目的而置于受托人的控制之下时，信托是指委托人设定的在其生前或死后发生效力的法律关系。”[4]

---

[1] 周小明：《信托制度比较法研究》，法律出版社1996年版，第2页。

[2] 徐孟洲主编：《信托法学》，中国金融出版社2004年版，第4页。

[3] 李礼仲主编：《信托法规》，五南图书出版股份有限公司2003年版，第1页。

[4] 徐孟洲主编：《信托法学》，中国金融出版社2004年版，第5页。

2. 遗嘱信托的概念和分类

（1）遗嘱信托的概念。

遗嘱信托是指通过遗嘱方式而设立的信托，其包括两大基本要素即“遗嘱”和“信托”。遗嘱是指被继承人生前依法对其遗产或相关事务作出的预先处分，当被继承人死亡时才生效的一种单方民事法律行为。结合上文我们对信托概念的介绍，可以得出，遗嘱信托应是这样的一种法律关系：被继承人（即遗嘱信托的委托人）为了更好、更详尽地规划身后事宜，基于对受托人的信任，依法设立遗嘱，并在遗嘱中以信托条款的方式将其预对遗产进行的处分、管理、运用、给付等规划信息列明，当遗嘱生效即被继承人死亡时该信托条款同时生效，受托人依据信托目的，为了受益人的利益或其他特定目的，以自己名义按照遗嘱内容对遗产作相应的管理、处分行为。❶

因为遗嘱信托制度是遗嘱制度和信托制度的交叉结合体，所以兼具二者特点，总结起来具体有：

① 遗嘱信托是一种单方法律行为。这主要是承继了遗嘱信托关系中遗嘱的特点。设立遗嘱信托与设立普通遗嘱的目的是一致的，都是被继承人希望生前对其遗产按照自己的意愿进行分配。因此，遗嘱信托只要求被继承人根据自己的真实意思作出设立遗嘱信托的行为即可有效成立，而不需要他人为同意的意思表示。且只要遗嘱信托符合法律的相关要求，则被继承人死亡时遗嘱信托随同遗嘱自动生效。

② 遗嘱信托是死因行为。死因行为是一种以行为主体死亡为生效要件的法律行为。作为遗嘱信托设立载体的遗嘱是最为典型的死因行为。因而，遗嘱信托同遗嘱一样，都以被继承人的死亡为生效要件。

③ 遗嘱信托是明示信托行为。信托有明示信托和默示信托之分，其区分标准是意思表示作出的方式。委托人用明确的意思表示实施信托行为的是明示信托。委托人没有明确意思表示，但根据行为可推定其确有设立信托意图，最终达成受益权回归委托人效果的信托属于默示信托。默示信托现仅存在于英美法系，且推定只能由法院作出。而遗嘱信托以遗嘱为载体，是意思的外化表达形式，所以遗嘱信托只可能是明示信托的一种。

④遗嘱信托属他益信托。信托可依受益权的归属对象不同而划分为自

❶ 吴肇武：“遗嘱信托之概念辨析”，载《法制与社会》2001年第10期。

益信托和他益信托两类。委托人将自己设为信托利益享有者的信托是自益信托，将委托人以外的第三人设为信托利益享有者的信托是他益信托。[1] 遗嘱信托因属于死因行为，只有委托人死亡遗嘱信托才可生效，所以委托人不可能成为遗嘱信托的受益人。因此，遗嘱信托属于他益信托。

（2）遗嘱信托的分类。

① 遗嘱信托按其行为方式不同可以分为遗嘱执行信托和遗产管理信托。

遗嘱执行信托是指以完成被继承人意愿为目的，由受托人承担遗嘱执行人的职责，按照遗嘱要求处理被继承人身后事务及分配遗产等的行为。它是一种以执行遗嘱为信托内容的信托业务。在该种遗嘱信托中，受托人接受被继承人的信托后，待遗嘱生效即按照遗嘱的要求完成诸如遗产清理、收取被继承人生前债权、偿付被继承人生前债务、用遗产缴纳各项税负及支出或完成分配遗物、分割遗产等事项。相对于设立一般遗嘱执行人，遗嘱执行信托的受托人往往是具备一定资质的信托机构。它们相对于继承人等自然人具有更加独立、客观处理事务的能力和视角，能够更加公正、高效、高质量地执行遗嘱，并且能够更好地保证遗嘱和遗产的安全。

遗产管理信托是以实现遗产有效管理为目的的信托。[2] 受托人按照遗嘱的要求对遗产实施管理行为，目的是使受益人获得信托带来的利益。当"继承未定时"——往往表现为遗嘱继承存在纠纷或受益人（继承人、受遗赠人）下落不明，受托人无法按遗嘱执行分割遗产等行为的情况下，暂时代为对遗产进行管理。当"继承已定时"，即继承人可以顺利继承遗产时，遗产仍因所立信托由受托人为受益人的利益或特定目的实施管理行为，管理所得收益及遗产按照遗嘱要求的时间、条件、数额等交予受益人。遗嘱管理信托可以避免继承人对遗产不当管理带来的减损，可以避免继承人对遗产的任意挥霍，可以保证受益人在较长时间内拥有稳定的生活来源等，是遗嘱信托中运用最为广泛的一种。

② 遗嘱信托按照设立目的的不同还可分为私益遗嘱信托和公益遗嘱信托。

所谓私益遗嘱信托，是指委托人在遗嘱中为使特定人享有利益而设立的信托，即该种信托的利益最终归属于信托行为所指定的某个或某些特定人。

---

[1] 霍玉芬：《信托法要论》，中国政法大学出版社2003年版，第57页。

[2] 杨立新："对修正《继承法》十个问题的意见"，载《法律适用》2012年第8期。

例如：A生前设立了一项遗嘱信托，将其遗产在遗嘱生效后交由专业的信托机构管理，信托基金每年向A的孙女B支付30万元人民币用于B的生活支出及学业支出，直至B年满25周岁。因A设立遗嘱信托的目的在于使B整个学生时代享有足够的生活保障，是为B的个人利益作考量，因此属私益遗嘱信托。所谓公益遗嘱信托是指委托人希望将自有遗产用于公益事业而设立的遗嘱信托，其信托利益的最终归属者是不特定的公众人群。公益遗嘱信托的受益人往往为某学校、某医院、某社会福利机构或某公益组织等。例如：A在遗嘱中设立了这样一则信托条款：将其拥有的某几处房产交予专业信托机构出租并管理，出租房屋所得的全部收益于次年3月1日捐赠给嫣然天使基金会（将嫣然基金会作为受托人也可），信托存续期为20年。A设立的遗嘱信托将嫣然天使基金会作为受益人（或受托人），目的是将信托利益用于唇腭裂儿童的治疗等公益事业，所以该项遗嘱信托属于公益遗嘱信托。随着公益事业的不断壮大，投身公益成为了许多高资产人士的选择，这种选择甚至延续至他们身后，成为了公益遗嘱信托日渐流行的原因。私益遗嘱信托与公益遗嘱信托只是以设立目的对遗嘱信托进行的界分，在同一份遗嘱中可能同时出现，二者并不互斥。

（3）遗嘱信托与有关概念的区分。

① 遗嘱信托与遗赠。

遗赠是指被继承人通过遗嘱将其遗产的部分或全部赠予法定继承人以外的公民、组织或国家的行为。它与遗嘱信托都是借助遗嘱达成处理遗产目的的方式，但是二者存在着较大区别，主要表现在：a.受益人范围不同。遗嘱信托的受益人既可以是继承人，也可以是被继承以外的人，甚至可以是尚不存在但在未来某一时刻能够确定的人。但是，遗赠的受益人只能是继承人以外的人，通过遗嘱继承被继承人的遗产是遗嘱继承。并且，遗赠需要受遗赠人在一定期间内作出接受或者放弃遗赠的意思表示，所以受益人必须是遗嘱生效时已存在的人。b.主体不同。遗嘱信托法律关系具有委托人、受托人和受益人三方当事人。而遗赠法律关系只有两方当事人即被继承人和受遗赠人。c.受益人所获权利不同。遗嘱信托生效时遗产的所有权转移给受托人，由受托人对遗产进行管理、处分等行为，所得收益由受益人享有。因此受益人只享有遗嘱信托的财产性利益，不直接获得遗产所有权。而遗赠在经受遗赠人同意、遗嘱生效后，所有权直接由受遗赠人享有，遗赠事项也即结束。d.存续期限不同。遗嘱信托更加倾向于对遗产的长期管理，而遗赠只是对遗产一次性的处分行为。e.权利行使方式不同。受遗赠权的行使以受遗赠人知道遗赠后一定时间内作出的意思表示为前提，不表示即推定其放弃遗赠。而遗嘱信托即使在受托人不接受信托的情况下仍然继续有效，受托人的缺乏并不影响受益人实现其受益权。

② 遗嘱信托与遗嘱执行。

遗嘱执行是指遗嘱执行人管理遗产，在清偿完死者生前所欠债务与税款后，将剩余遗产分配给享有继承权者。[1]虽然遗嘱信托和遗嘱执行都因一定的信任关系而设立，但二者之间仍存在许多不同之处：a.目的不同。遗嘱信托的设立目的是通过受托人对遗产的管理、处分等行为，使受益人获得最大化的信托利益。而遗嘱执行的目的单纯是使遗嘱的内容得到贯彻落实。b.权利不同。在英美法中，信托财产的所有权具有双重属性，其在普通法上属于受托人、在衡平法上属于受益人。而大陆法系因不存在普通法和衡平法之分，主张“一物一权”，所以在信托财产所有权的归属问题上尚存有争议，但主流学说认为信托财产所有权的转移是信托制度的基础。而遗嘱执行人是为了有效执行遗嘱而设立的代管理人，其地位相当于被继承人或继承人的代理人。他只享有占有或管理遗产的权利，却不享有遗产的所有权。并且，遗嘱信托的受益人在信托存续期间享有受益权，可以获得实质性的财产利益。但遗嘱执行中的继承人在遗嘱执行人尚未完成清偿被继承人债务、税负、清理遗产等事项的情况下，只享有对遗产的期待权。c.期限不同。遗嘱执行存续期限较短。遗嘱执行人通常只负责清偿被继承人债务、税负、按遗嘱分配遗产等事务，待遗嘱事项执行完毕后即终止。而遗嘱信托注重受益人的长远利益，受托人所担职责是管理遗产使其保值增值。所以遗嘱信托存续期间较长，往往可长达数十年之久。

③ 遗嘱信托与生前信托。

生前信托顾名思义是指委托人在世时与受托人订立的一种信托契约，其存续期限延续至委托人死后的一定时间范围内。它与遗嘱信托的区别在于：a.成立要件不同。遗嘱信托是单方法律行为，只要存在委托人（被继承人）单方的意思表示即可成立。生前信托是一种契约信托，其成立需要委托人和受托人双方的意思表示达成合意才可成立。b.生效要件不同。遗嘱信托

[1] 李霞：“遗嘱信托制度论”，载《政法论丛》2013年第2期。

属于死因行为，它以遗嘱为载体，只有当被继承人死亡时信托才随遗嘱一同生效。而生前信托是契约信托，其生效不以委托人死亡为要件。即使一项生前信托以死亡为条件或始期，其仍为契约信托，且非以遗嘱形式设立，与遗嘱信托不同。c.生前信托的信托财产于委托人死亡前已转移给受托人，故该部分财产不构成委托人的遗产，不受继承法的规制。而遗嘱信托是以委托人的遗产作为信托财产而设立的。信托财产的处分一定程度上受到继承法的限制，且当信托终止后，信托财产仍可作为被继承人遗产由继承人继承。d.认证手续不同。设立遗嘱信托的遗产只有当委托人死后才能转移给信托。在美国，这项财产转移需要通过遗嘱检验法庭的检验程序才能完成。而设立生前信托的财产因于委托人生前已转移至信托，故无须经过遗嘱检验程序。

④遗嘱信托与被继承人死后，其继承人或遗嘱执行人按照遗嘱的要求与受托人签订信托契约的信托设立方式也不同。首先，此二者之间仍然存在单方法律行为和双方法律行为的差异，前者自遗嘱成立时遗嘱信托也成立，后者是在遗嘱生效后才成立的信托，其生效方式间的差别与生前信托一致。其次，遗嘱信托的委托人是被继承人，但后者的信托契约签订于被继承人死后，故委托人不可能是被继承人，只可能是继承人或遗嘱执行人。

（二）遗嘱信托制度的功能

1. 遗嘱信托可以实现被继承人对自有财产的身后管理

遗嘱是被继承人意思的外化，内容往往涉及被继承人死后各项事务如何安排，各项财产如何分配。遗嘱信托以遗嘱为载体，通过设立信托的方式使受托人持有遗产，并为了指定的受益人的利益而进行管理、处分行为。它充分尊重被继承人的意思自由，以被继承人的意思表示为基础，信托制度为运行模式，利用遗产真正实现了被继承人维护受益人利益的目的。在信托存续期间，受托人管理遗产受到遗嘱的制约，受托人无权违背被继承人的意思实施管理行为。当遗嘱信托在执行过程中遭遇遗嘱未预见的特殊情况时，受托人仍可根据被继承人生前设立信托的目的结合当时情况作出最有利于受益人的管理决定或规划。例如，父亲在遗嘱中设立了信托条款，以其拥有的A公司股权为5岁儿子设立信托以保障儿子的日常生活和教育。受托人指定由某专业理财师担任，要求尽到善良管理人的义务对信托财产进行保值增值管理，并将每年所获收益的50%用于支付其子各项学习费用和生活费用。该项信托的存续期限截至其子博士毕业，信托财产亦在此时转移给其子。从这个案例可知，父亲虽于孩子5岁时即离世，但遗嘱信托的存续期间估算长达20多年，延续了孩子的整个学生时代。这就意味着，父亲对生前拥有的A公司股权收益作出了预期分配规划，并借助受托人的帮助在其死后20多年间得以实现。该20年间股市有起有伏，受托人可以利用专业知识自由作出最有利于财产保值增值的购进、抛售决定，而无须被继承人在遗嘱中详尽列明。由于受益人不一定能够念至博士毕业，因此受托人可根据信托目的，结合实际情况（受益人硕士毕业不再攻读等）终止信托，将股权和收益提前给付受益人。所以，遗嘱信托是对被继承人意思自治根本上的尊重，其不仅尊重已经外化表达的当事人意思，甚至力求尽可能探寻当事人的内在真意并于其死后加以实现。

2. 遗嘱信托有助于减少因遗产分割引发的纠纷

无论在中国还是其他国家，遗产纠纷都是民事纠纷中的一大类别。原因在于人们对财产本身具有的趋利性及被继承人意思不明确造成的混淆。当被继承人未在生前对自有财产进行分配，待死后该部分遗产的分配就变得困难重重，尤其在具有多个继承人的情况下，如何分配、分多分少、以何种形式分配等都将成为纠纷的诱因。而遗嘱信托作为被继承人生前意思的外化表示，对于信托的设立目的、信托财产（即部分或全部遗产）的管理方法、分配方案等都将在遗嘱中得以明确。并且，与法定继承、遗嘱继承、遗赠等在被继承人死后才对遗产进行一次性处分的机制不同，遗嘱信托是一种长期的管理、处分行为；遗产所有权并不直接转移给继承人，故继承人均不能完全依照自己的意愿对遗产进行支配。如此便降低了继承人相互争夺的几率。在实践中，遗嘱信托的受托人多为相对中立的专业信托机构，中立者的管理使全体继承人的地位相对平等，因而纠纷也会减少。

3. 遗嘱信托具有合法节税功能

合法节税是遗嘱信托制度在英美等国家快速发展的一个重要原因。为了缓解贫富差距，西方发达国家纷纷开始征收高额的遗产税，使得继承人继承到的遗产大幅缩水。如果按照法定继承或遗嘱继承流程，当遗产首次分配时既要交纳一笔遗产税，当该部分遗产作为继承者遗产二次分配时又需交纳另一笔遗产税。如此一来，高额遗产在家族内部逐代继承的过程中将大量流失。而遗嘱信托的制度设计使继承环节减少的同时还保有了受益人的利益。例如：被继承人希望将遗产最终留给孙辈享有，又担心没有获得遗产的子辈生活遇阻。此时，他可以进行这样一种信托设计。在遗嘱中设立信托条款，指定遗产由值得信任的受托人持有，当孙辈未成年时由子辈作为受益人享有遗产收益，当孙辈成年时由孙辈获得遗产的本金。这样，遗产在移转至孙辈的过程中减少了一次继承环节，也就减少了一次缴税损失，因而达到了合理节税的效果。

4. 遗嘱信托可以发挥遗产最大效用

在英、美甚至我国香港、台湾地区等地的遗嘱信托案例中可以发现，被继承人通常出于担心继承人无法有效管理、使用遗产才选择设立信托。确实，理财需要一定的经济头脑和专业知识，不是任何人都可以掌握的。并且，设立遗嘱信托的委托人通常拥有高额财产且种类繁多，例如股权、债券、房产、基金等。在被继承人死亡后将这些财产全部兑现交给继承人非但不现实也不利于财产保值，但股票、基金交易、投资等又需要专业知识，所以将遗产转托给具备理财能力的受托人，由其对遗产进行管理、处分、保值增值，不但可以使受益人按期获得遗产利益达到保护受益人的目的，还可减少因不合理管理带来的损失和纠纷。事实证明，由不具有管理能力的继承者继承家产，不仅会造成遗产的损耗，还会间接影响某些企业的发展和员工的生计。遗嘱信托的制度设计为富二代不能接手家族企业、继承人挥霍成性等继承难题找到了解决的途径。

二、遗嘱信托的设立

遗嘱信托制度是继承制度与信托制度相结合的产物。[1] 它既是以遗嘱形式设立的一种法律关系，需要具备设立遗嘱的诸多要件，又是一种信托行为，需要符合信托法对设立信托的要求。但无论在遗嘱设立过程中，还是在信托设立过程中，都需要满足形式上的要件和实质上的要件。

（一）遗嘱信托的形式要件

结合继承法和信托法的相关规定，遗嘱信托设立的形式要件主要包括主体适格、形式合法、依法公示等内容。

1. 遗嘱信托的委托人适格

遗嘱信托是以遗嘱方式设立的信托，信托的委托人即为遗嘱的设立者。

---

[1] 林婷："刍议我国遗嘱信托制度的构建"，载《湖北财经高等专科学校学报》第24卷第2期，2012年4月25日。

遗嘱信托的设立过程即是被继承人将设立信托的意愿在遗嘱中作以外化表达的过程。这个过程的结果决定着遗产如何分配、以何种形式分配，各继承人及受益人的权利义务分配情况如何等重大利益事项。可见，设立遗嘱信托的主观意思是整个遗嘱信托的起点。所以，确保被继承人的主观意识清晰、可控，能够正确表达真实意思是设立遗嘱信托的关键。为此，无论在英美法系还是大陆法系中，都对被继承人的资格设置了限制。首先，被继承人只能是自然人。因为只有自然人才存在生理死亡的可能，法人等其他组织不存在死亡问题，亦不存在需要设立遗嘱的情况。其次，被继承人需具备遗嘱能力。所谓遗嘱能力，是指自然人依法享有的设立遗嘱，自由处分自己财产的资格。[1]一般认为，完全民事行为能力人因具备享有民事权利、承担民事义务的资格，可为民事行为，故具有遗嘱能力。但对于限制民事行为能力人是否具有遗嘱能力，各国规定不一，一般以年龄作为认定标准。美国UPC第2-501条规定，立遗嘱人须年满18岁具遗嘱意图且其心智健全。[2]我国台湾地区在2000年“民法”继承部分第1186条规定：“无行为能力人，不得为遗嘱。限制行为能力人，无须经法定代理人之允许，得为遗嘱。但未满十六岁者，不得为遗嘱。”[3]日本民法规定年满 20 岁的人为成年人，具有完全民事行为能力，但已满 15 岁的人可以立遗嘱，具有遗嘱能力。[4]而我国，因通常认为未成年人不具备处分财产等相应的认知及判断能力，不能很好地维护自己利益，所以，在对遗嘱能力进行限制时，只以有无完全民事行为能力为划分标准，并未从年龄角度作进一步规定。如此，便否定了精神正常、能为一定民事行为的未成年者设立遗嘱的能力。

笔者认为，我国继承法仅以行为能力作为遗嘱能力划分标准的做法稍显滞后。因为，一部分未成年已拥有一定的自有财产，法律既然允许10周岁以上的未成年人在与其年龄相符的能力层面为一定处分行为，就也应尊重其对自有财产作出的与年龄相符的生前处分决定，只是效力需要经过特别程序予以进一步认定。但信托并非简单的财产处分行为，且其涉及数额较大。在

---

[1] 郭明瑞、房绍坤：《继承法》，法律出版社2004年版，第139页。

[2] 我国台湾地区信托业商业同业公会：“遗嘱信托业务研究”，载http://docmbalibcom/view/bb9d502322fc4535ccfe1868cbde05edhtml，访问时间：2013年10月2日。

[3] 黎容秀：“遗嘱信托制度研究”，硕士毕业论文，厦门大学2006年，第11页。

[4] 郭明瑞、房绍坤：《继承法》，法律出版社2004年版，第139页。

未成年人是否可以设立遗嘱信托的问题上，仍应与一般的遗嘱设立行为相区别对待。首先，未成年人一般不具有大量的自有财产，需要运用信托制度的情形较少。其次，虽然未成年人可能具备处分财产等相应的认知判断能力，但其很难对信托涉及的风险承担等问题具备充足的认知或责任承担能力。因此，未成年人无法对自己作出的遗嘱信托设立行为独自承担民事责任。故，设立遗嘱信托仍应依照现有信托法的规定，仅以行为能力作为衡量标准，只承认具有完全民事行为能力的人具备遗嘱信托委托人资格。这一规定也与我国现有继承法对遗嘱能力的规定相一致。

2. 遗嘱信托的形式应当合法

遗嘱信托与其他信托的区别在于，它的设立依赖于遗嘱这一载体。只有遗嘱合法有效，遗嘱信托才可能具有法律效力。因此，我们首先需要明确遗嘱的形式要件。遗嘱是于被继承人死后才生效的一种法律行为，由于事后失去了向设立人求证遗嘱内容的可能性，所以各国对遗嘱都采用了“要式主义”。例如：美国统一遗嘱认证法（Uniform Probate Code）第2章第502款，英国1982年的司法管理法（Administration of Justice Act 1982）第17条，[❶] 日本民法第967条，我国继承法第20条等，都对遗嘱的设立形式进行了规定，主要包括：自书遗嘱、代书遗嘱、公正遗嘱、口头遗嘱、录音遗嘱、秘密遗嘱等。对于各不同种类的遗嘱形式各国法律也进行了细化规定。例如，日本民法第969条规定：设立公证遗嘱需具有2位以上证人，由被继承人在公证人面前口述遗嘱内容，并由公证人加以记录。公证人将记录内容对证人宣读或供其阅览后，被继承人及证人在遗嘱上签名盖章，以确认其正确性。最后，公证人应将上述过程记录后签名。[❷] 又如我国《继承法》第17条规定：“公证遗嘱由被继承人经公证机关办理。自书遗嘱由被继承人亲笔书写，签名，注明年、月、日。代书遗嘱应当有两个以上见证人在场见证，由其中一人代书，注明年、月、日，并由代书人、其他见证人和被继承人签名。以录音形式立的遗嘱，应当有两个以上见证人在场见证。被继承人在危急情况下，可以立口头遗嘱。口头遗嘱应当有两个以上见证人在场见证。危

---

❶ 戎慧静：“论我国遗嘱信托制度的完善”，硕士学位论文，上海交通大学法学院2009年，第14页。

❷ 我国台湾地区信托业商业同业公会：“遗嘱信托业务研究”，载http://docmbalibcom/view/bb9d502322fc4535ccfe1868cbde05edhtml，访问时间：2013年10月2日。

急情况解除后，被继承人能够用书面或者录音形式立遗嘱的，所立的口头遗嘱无效。”法律如此严格地限制设立遗嘱的形式与相关内容、程序，目的均指向保证被继承人的真实意思得到实现。

而遗嘱信托除受到遗嘱形式要求的限制外，同时还受到信托法的规制，必须符合信托的形式要件才能产生法律效力。我国《信托法》第8条规定：“设立信托，应当采取书面形式。书面形式包括信托合同、遗嘱或者法律、行政法规规定的其他书面文件等。”信托法的这一规定将录音遗嘱、口头遗嘱等非书面形式遗嘱排除在了遗嘱信托可适用范围之外。在近年有关遗嘱信托的诸多文章中，不少人认为第8条的规定没有与继承法衔接，造成只有自书遗嘱、代书遗嘱和公证遗嘱才可设立遗嘱信托，局限了委托人的意志自由。但笔者认为，信托法虽颁布已有十多年时间，但信托业在我国仍处在起步阶段，各方面的配套制度例如信用体系、公证体系、认证体系等都还不尽健全，如果将口头、录音等形式对信托行为开放，无疑会带来关于真实性等问题的争论，引发更多的纠纷。并且，信托与单纯的财产分配行为不同，它更多意义上是对财产的一种管理、规划行为，是需要建立在充分理性基础之上，甚至是需要经过反复推敲才能确定的理财设计。尤其是遗嘱信托发生法律效力之时委托人已经过世，更需要其在遗嘱中对信托的各项内容予以详细的列明。口头遗嘱这种只可能在危急情况下使用的遗嘱形式，不能为之后的信托行为提供充足依据，理应被排斥。录音遗嘱通常情况下也是在被继承人难于使用书面形式设立遗嘱的情况下才选择的形式，且易被剪辑等手段篡改。如果被继承人希望通过遗嘱设立信托，即使不具有书写能力仍可采用代书遗嘱的形式完成。所以，将遗嘱信托的设立方式限定在书面形式，是符合中国现实需要的。

3. 遗嘱信托的公示

信托是委托人将自有财产转移给受托人，由受托人为受益人的利益而进行管理、处分等行为的制度设计。这种制度设计非常灵活，不但可以实现委托人自己难以实现的财产规划设计，还容忍受托人在信托目的指导下发挥其自有能动作用。但将自有财产所有权置于他人名下，不仅给财产的安全性带来了极大威胁，也易使他人对财产性质及归属产生混淆。这种混淆可能导致以下情况发生：（1）当受益人主张受托人违背信托目的或忠实义务造成其受益权受损时，其首先需要证明存在信托财产。如果信托财产与受托人固有财产混淆，受益人的权利主张将受到阻碍，不利于信托目的实现。（2）信托财产所有权置于受托人名下但区别于受托人自有财产，当受托人的债权人、继承人等对该部分财产主张权利时，需对财产的信托性质加以证明。如果因混淆无法证明，信托财产将被用来清偿受托人的债务，从而损害受益人利益、破坏信托财产的安全性。（3）受托人对信托财产所为管理、处分行为均以自己名义作出。当受托人违背信托目的与善意第三人为交易行为时，善意第三人的利益可能因信托财产具有的追及效力而受到侵害。因此，美国、日本、我国台湾以及我国大陆等地均建立了信托公示制度，最大限度地向信托关系外部主体宣告财产的信托属性。日本《信托法》第3条规定："信托的公示（一）对应登记或注册的财产权，如不登记或注册，其信托不得对抗第三者。（二）有价证券信托须按敕令之规定，在证券上标明其为信托财产，股票及公司债券如不在股东名簿或公司债券簿上标明其为信托财产之意旨，则不得以此对抗第三者。"[1] 台湾"信托法"第4条规定："以应登记或注册之财产权为信托者，非经信托登记，不得对抗第三人。以有价证券为信托者，非依目的事业主管机关规定于证券上或其他表彰权利之文件上载明为信托财产，不得对抗第三人。以股票或公司债券为信托者，非经通知发行公司，不得对抗该公司。"[2] 以上两地信托法，都设立了登记对抗制度，以达到公示信托的目的。在美国，遗嘱认证程序 遗嘱认证程序：在美国，遗嘱须经遗嘱认证法院（probate court）认证后始能证明其为有效，亦即遗嘱认证系法院认定被继承人之遗嘱为最终有效者，以避免嗣后加以争执。依据UPC第3-102条，为有效证明财产之移转及遗嘱执行人之指定，遗嘱应经认证程序。换言之，受益人无法仅以遗嘱主张其对于立被继承人之遗产之权利。遗产认证是使系争遗产中财产的法定权利转移给受益人的程序。你无法将遗产带走，法院将决定由谁得到遗产。如果一个人死时立有遗嘱，遗产认证法院会确定这个遗嘱是否有效，审查对遗嘱提出的所有异议，安排偿还所有的债权人，并监督这个程序。如果一个人死时没有遗嘱，那么遗产认证法院会任命一个人来接受针对遗产的所有请求，偿还债权人，然后把所有剩余财产按照这个州的法律进行分配。为遗嘱信托提供了天然的公示程序。只有

---

[1] 霍玉芬：《信托法要论》，中国政法大学出版社2003年版，第278页，附录四"日本信托法"。

[2] 赖源河、王志诚：《现代信托法论》，中国政法大学出版社2002年版，第236～237页，附录一"台湾信托法"。

经过法院的程序认证的遗产才能进入信托成为信托财产。

我国《信托法》第10条规定：“设立信托，对于信托财产，有关法律、行政法规规定应当办理登记手续的，应当依法办理信托登记。未依照前款规定办理信托登记的，应当补办登记手续；不补办的，该信托不产生效力。”根据该规定，欲在我国以房屋等财产设立信托，信托登记手续就是必经程序，否则物上信托将不发生法律效力。并且，我国信托制度允许当事人事后补办信托登记，事后补办的具有追溯效力。这种将信托登记公示与信托是否生效相关联的登记生效主义设计，与日本、我国台湾等地所采用的信托登记对抗主义不同。它仅从契约信托的公示角度出发，并没有考虑到以遗嘱方式设立信托的特殊性。这给遗嘱信托生效及生效时间的确定等问题带来了操作上的困难。相关内容将在下文进行论述。

（二）遗嘱信托的实质要件

1. 合法且明确的遗嘱信托目的

遗嘱信托目的是指被继承人希望通过在遗产上设立信托的方式达成的法律效果。根据信托定义可知，信托是为受益人利益或特定目的而为的制度设计。因此，所有信托目的均是为实现受益人的利益或某些特定目的的，遗嘱信托亦如此。又因遗嘱信托是一种他益信托行为，受益人必须是委托人以外的人，所以其目的只能局限在使他人获利的范畴内。以上只是从宏观角度对遗嘱信托目的进行的定位，现实中被继承人设立遗嘱信托的目的具体而多样。但无论出于何种目的，其都应遵守合法和明确两大要求。

（1）遗嘱信托目的须合法。

我国《信托法》明确规定，合法的信托目的是信托设立的必备要件。《中华人民共和国信托法》第6条。而信托行为首先是一种民事法律行为，所以其设立、生效等都应遵从民法的基本原则。故在我国《信托法》第11条中，首先将民事行为“不得违反法律、行政法规或损害社会公共利益”的基本原则再次加以了强调。这也是信托法作为民商事特别法的具体体现。由于遗嘱信托是仅依被继承人单方意思即可发生法律效力的民事行为，所以在是否符合社会公共利益方面，存在易被人忽视的问题。其中，较为重要的是对信托目的中存在的违反公序良俗原则部分的管控。例如：某被继承人设立信托，将离婚作为其子获得信托利益的前提条件。这一遗嘱信托以拆散他人婚姻为信托目的，严重破坏了公序良俗，应认定为无效。又如：被继承人设立这样一则信托条款，只有其妻子不再嫁人才能享有信托利益。该项信托的目的是防止其妻子再嫁，实际妨碍了婚姻自由，因此也应认定为无效。再如："委托人系以受益人长期不得为竞业自由的行为为目的，而设立信托，此时因属长期限制他人营业自由的行为，对社会的公序良俗恐生不良影响，似应认定该信托行为无效为宜。"❶

除了承袭有关民事法律行为的一般性规定，信托法也必然对信托行为设置具有针对性的限制性规定，以防止当事人利用信托制度达成损害他人利益的目的。我国《信托法》规定："专以诉讼或者讨债为目的设立的信托无效。"《中华人民共和国信托法》第11条第4项。首先，信托制度建立的初衷是使财产通过信托得到合理有效的管理，并为委托人所指定的人带来利益。而以诉讼或讨债为目的设立的信托会将诉讼权利或追偿权转移给受托人，由受托人替代诉讼当事人或债权人实施有关行为。但信托受托人获得的财产所有权并非完全意义上的所有权，其不能代替与财产有直接利害关系的委托人的地位。在诉讼中，以民事诉讼为例：诉讼当事人是与案件存在直接利害关系的人，诉讼代理人也仅是以当事人的名义参与诉讼。如果允许以诉讼为目的的信托存在，非直接利害关系人的受托人将可在诉讼中以自己名义参与诉讼。这样，不利于法庭了解案件的事实真相，会使原本已经错综复杂的案件情况更加恶化。尤其在遗嘱信托这种只有委托人死亡才生效的信托中，受托人完全替代委托人，且法庭无法追加委托人这个真正的当事人参与诉讼，更加不符合以事实为依据解决纠纷的要求。并且，有效的信托以确定的信托财产为必备要件。而在诉讼或讨债的情况下，因为纠纷并未得到法律的最终裁决，债权债务关系并不明确，则信托财产也不能满足确定的要求。所以，"以诉讼或讨债为目的"被排除在信托合法目的范畴外是国际上的一项惯例。日本、韩国、我国台湾等地的信托法律规范都有相似的规定。

（2）遗嘱信托目的应明确。

信托目的的确定性与信托受益人的确定性、信托财产的确定性一同被称为信托上的三大确定性，是信托行为有效成立不可或缺的要件。❷我国信托法将信托目的作为信托书面文件应当载明事项中的第一项。《中华人民共和

---

❶ 赖源河、王志诚：《现代信托法论》，中国政法大学出版社2002年版，第64页。

❷ 钟瑞栋、陈向聪：《信托法》，厦门大学出版社2004年版，第4页。

国信托法》第9条。原因在于，信托目的是指导受托人信托行为的灯塔。尤其在遗嘱信托中，委托人于遗嘱信托生效时已经死亡，而此时，受托人可能还未了解信托事项。遗嘱中明确载明的信托目的，是受托人决定是否接受信托、如何为信托项下的管理和处分行为的唯一参考项。如果没有明确的信托目的，受托人将无法履行信托义务，受益人亦无法获得信托利益；当执行信托发生情势变更，失去向委托人寻求真意可能的受托人将变得盲目或不受约束，受益人的信托利益亦会受到损害。因此，只有具备明确信托目的的遗嘱信托，才能达成委托人的设立目的，信托才能发生法律效力。

2. 遗嘱信托受益人明确

在信托法律关系中受益人就是信托利益的享有者。日本学者将其定义为：委托人欲使其享有信托利益者或其权利的继受人。[1] 使受益人获得信托利益是信托制度建立的初衷，也是一切信托行为的最终目的。因此，在信托法律关系中，受益人的受益权是核心内容，受益人的地位也十分重要。

在私益信托中，受益人的明确与否决定着信托是否可以有效成立。如果在设立信托时没有指明受益人，受托人不能明确为了谁的利益而为管理、处分行为，那么该项信托就无法生效。因此，在私益遗嘱信托的设立过程中，委托人必须于遗嘱中列明谁是受益人，受益权归属于谁。我国《信托法》第43条规定：“受益人可以是自然人、法人或者依法成立的其他组织。委托人可以是受益人，也可以是同一信托的唯一受益人。受托人可以是受益人，但不得是同一信托的唯一受益人。”由于受益人是信托利益的享有者，所以在信托生效时已经过世的遗嘱信托委托人不能成为受益人，因为死亡的人无法享有权利。以此类推，当委托人在遗嘱信托中列明了某自然人或法人为受益人，但如果在遗嘱生效时该受益人已经死亡或被注销，那么此项遗嘱信托也因不存在受益人而归于无效。如果被继承人在遗嘱中没有指定受益人，但又明确规定其继承人不可享有信托利益，那么此项信托的受益人就是不确定的，该项信托应属无效。

私益信托以确定的受益人为生效要件，但是对于“确定”的理解也不可太过狭隘。信托是非常灵活的一种制度，委托人并非只能为信托生效时存

[1] 徐孟洲主编：《信托法学》，中国金融出版社2004年版，第168页，转引自［日］四宫和夫：《信托法》（新版），有斐阁，平成六年，第307页。

在且确定的自然人、法人或其他组织设立信托，对于生效时尚不存在或不能确定，但在未来某一时刻存在或能确定的主体为受益人的信托也具有法律效力。例如：被继承人可为其尚未出世的外孙设立信托，虽然遗嘱生效时其外孙尚未出世甚至可能还未被孕育，但外孙的出世是一项可以期待的事实，一旦被继承人的女儿有了后代，该项信托的受益人就是确定的，该项信托就可以有效成立。又如：委托人在遗嘱中以其参与投资设立的公司为受益人设立信托，即使于遗嘱生效时该公司还未成功设立，甚至连名称、地点、经营方向等都未能确定，但只要受托人可以根据遗嘱中的描述确定享有信托利益的应是何公司，该项信托就可有效成立。所以，所谓受益人的确定性并非以数量或时间为判断标准，而是以可否依委托人的描述确定受益人为判断标准。只要受托人能够于分配受益权时确定谁为受益人，即可认定该受益人是确定的。当然，为了防止受益人长期不确定给实现信托目的带来的无限期拖延，英美法系设立了“反永续规则”。即规定：信托利益如果未能在委托人生前及死后21年内确定归属，则该信托无效。[1] 对于公益遗嘱信托，因其受益者为不特定的社会大众，所以在受益人确定性上有所放宽。即使受益人在设立时没有确定或不能被确定，公益遗嘱信托仍可有效成立。

上述是站在信托法的角度，对受益人的范围及确定性问题作出的论述。对于遗嘱信托而言，其不仅仅受到信托法的规制，还受到继承法的规制。我国《继承法》第13条明确规定：“设立遗嘱信托，应当遵守继承法关于遗嘱的规定。”而我国《继承法》第7条规定：“继承人有下列行为之一的，丧失继承权：（一）故意杀害被继承人的；（二）为争夺遗产而杀害其他继承人的；（三）遗弃被继承人的，或者虐待被继承人情节严重的；（四）伪造、篡改或者销毁遗嘱，情节严重的。”笔者认为：遗嘱信托与遗嘱继承一样，都是被继承人对遗产身后处理问题的真实意思表示。该第7条的法理依据是“任何人不得因不法行为而获得利益”。若通过不法手段，继承人仍可获得继承权利，那么继承制度即有促使行为人为不法行为之嫌。并且，如果被继承者有机会了解继承者后来所为之行为，其给予继承者利益的意思也会发生变更。但继承权产生时被继承者已死亡，被继承者变更其意思的可能性天然地不存在，所以只能凭借制度设计填补这一空缺。对于遗嘱信托而言，

---

[1] 赖源河、王志诚：《现代信托法论》，中国政法大学出版社2002年版，第185页。

赋予信托受益人受益权与遗嘱赋予继承权是同样的，都应适用“不得因不法行为而获得利益” 的原则。所以，当遗嘱信托受益人具有《继承法》第7条所列情形时，也应认定其丧失获得受益权的资格。实际上，我国《信托法》在第51条对受益人具有严重侵害委托人和共同受益人行为时设定了变更机制，但仅将变更权赋予了委托人，而忽视了遗嘱信托的特殊性。

3. 遗嘱信托财产

信托财产是委托人基于信任转移给受托人，由受托人为了受益人利益或其他特定利益而管理、处分的财产。作为信托法律关系的标的，它是一项信托得以设立的必要前提。我国《信托法》第7条规定“ 设立信托，必须有确定的信托财产”，所以，确定的信托财产是信托关系有效成立的必备要件。

（1）财产范围。

首先，信托财产应是能以金钱衡量的财产，既可以是金钱、动产、不动产、有价证券等，也可以是知识产权、债权、租赁权等。并且信托财产还应该是能够为受益人提供受益权的财产，所以其应为积极财产，诸如债务等不能为他人带来利益的消极财产不能作为信托财产。其次，虽然我国信托法在定义信托时只明确“委托人基于信任将财产权委托给受托人”《中华人民共和国信托法》第2条。，但在定义信托财产时指明“受托人因承诺信托而取得的财产是信托财产”《中华人民共和国信托法》第14条。，已经肯定了在信托法律关系中财产所有权需要由委托人转移至受托人的事实。因此，为了实现所有权的移转，委托人设立信托的财产必须是其合法享有所有权，并且能够依法转让的财产。对于遗嘱信托而言，委托人的自有财产就是其死后的遗产，所以可设立遗嘱信托的财产范围就是遗产。相较于生前信托委托人可设信托的财产范围，遗嘱信托中委托人可设信托的财产范围更为广泛。因为在委托人生前，其个人享有的保险给付、伤残扶助金等均因专属人格性而不得转让他人，但遗嘱信托生效时委托人死亡，上述这些利益都转变为委托人的遗产可以由继承人继承。这里需要注意，因委托人死亡而获得的抚恤金、丧葬费等并非支付给死者而是支付给死者近亲属的费用，不属于委托人个人遗产，因此不得设立信托。此外，当受托人依照信托目的实施管理、运用、处分信托财产而获得的财产，也直接归入信托财产范畴。

（2）遗嘱信托财产的确定性。

由于遗嘱信托在委托人死亡时生效，所以受托人只能依据遗嘱确定设立信托财产的范围。因此，被继承人需要在设立遗嘱信托时列明其设立信托的财产范围。被继承人可以其全部遗产设立信托，也可以其部分遗产设立信托。以部分遗产设立信托时，需要被继承人对设立信托的财产范围进行描述，使受托人能够予以分辨。遗嘱信托财产只要在遗嘱生效时存在即可，遗嘱设立时其不存在或不能确定的，不影响信托发生法律效力。

（3）遗嘱信托财产的独立性。

遗嘱信托生效后信托财产转移给受托人，但这一转移与赠与等一般的所有权转移不同。信托财产的所有权转移是以实现特定目的为前提的转移。受托人虽然取得了信托财产的所有权，但不能完全依自己意思而随意为管理、处分行为。为了保障信托目的得以实现，防止受托人侵占信托财产、侵害受益权，应当保证信托财产的独立性。

① 信托财产独立于受托人的其他财产而存在。

虽然信托财产所有权于信托生效时由委托人转移至受托人，并在此后由受托人以其自己名义对财产进行管理运用、处分等行为，但信托的目的不是使受托人享有利益，而是使受益人享有利益，所以必须区分信托财产与受托人的其他财产，从而实现对受托人行为的监督。在实际操作中，受托人应当在信托财产转移后首先编制信托财产清册，以明确因信托而持有的财产范围。其对信托财产进行的任何管理、处分行为都应以信托目的为宗旨，凡不利于实现信托目的的行为都将被认定为是违反义务的。为了切实做到与其他固有财产分别管理的要求，受托人应当在管理、处分信托财产时制作独立账目。台湾“信托法”第31条就要求：“受托人就各信托，应分别造具账簿，载明各信托事务处理之状况。受托人除应于接受信托时作成信托财产目录外，每年至少定期一次作成信托财产目录，并编制收支计算表，送交委托人及受益人。”[1] 并且，当受托人死亡、被撤销或破产时，依旧应当保持信托财产与其固有财产相分离，信托财产不并入受托人遗产或清算财产。

② 严格控制对信托财产的强制执行行为。

为保证信托财产的独立性，使其不与其他财产发生混同，就要求信托财产不能为其范围外的债务提供担保。因为，如果信托财产为信托外债务提供担保，一旦主债务无法清偿，信托财产就将被用来清偿外部债务。此时，信

---

[1] 赖源河、王志诚：《现代信托法论》，中国政法大学出版社2002年版，第242页，附录一“台湾信托法”。

托财产就与其他财产形成了混同，不再是单纯用来使受益人获益的财产。而这不符合信托制度的设立目的，也破坏了信托财产的独立性。因此，为了确保信托财产的独立性质，限制信托关系外债权人对信托财产的强制执行行为是十分必要的。我国《信托法》第17条严格规制了强制执行信托财产的情况，只有在“（1）信托设立前已对信托财产享有优先受偿权；（2）处理信托事务时产生的债务；（3）信托财产自身税负；（4）有法律规定的其他情形”的情形下，信托财产才可被依法强制执行，其他任何情况，均不得对信托财产采取强制执行措施。日本《信托法》也在第16条作出了相似规定：“信托财产除因信托前之理由发生的权利或信托事务处理中发生的权利外，不得强制执行、临时扣押、临时处分或进行拍卖。”[1]不同的是，日本对于信托财产的保护更加全面，不仅规制了强制执行行为，还规制了拍卖行为。

③ 设立信托的财产权利不可随意抵销。

信托财产只能为信托目的而使用，如果利用信托财产与委托人的其他债务、受托人固有债务或其他委托人信托财产所生债务进行抵销，无疑将信托财产与其他财产进行了混同。因此我国《信托法》18条规定：“受托人管理运用、处分信托财产所产生的债权，不得与其固有财产产生的债务相抵销。受托人管理运用、处分不同委托人的信托财产所产生的债权债务，不得相互抵销。”所以，信托财产实际只能与其设立前就产生的债务或其自身所产生的债务进行抵销。对于遗嘱信托而言，信托财产属于遗产，按照继承法的规定，遗产应当首先用于缴纳税款和偿还被继承人生前债务，之后才转为信托财产，才受上述规定之限制。

（4）信托生效后的财产归属问题。

信托制度在大陆法系的移植之所以困难，与信托财产的所有权变动问题有着直接关联。英美法系普通法和衡平法制度下的双重所有权制与大陆法系的单一所有权制完全不同，虽然都叫“所有权”，但内涵却不同。如何实现信托制度的本土化，也是我国学者在信托法研究中长期讨论的重点问题。法学界通说认为，信托财产在信托生效后所有权于委托人转移至受托人名下，由受托人对信托财产实施占有、管理、处分等行为。将英美法

[1] 霍玉芬：《信托法要论》，中国政法大学出版社2003年版，第280页，附录四“日本信托法”。

系受托人享有的普通法上所有权和受益人享有的衡平法上所有权相比较。普通法上的所有权与大陆法系中的所有权的内涵更加接近。其包含财产的占有权、管理权、使用权、处分权等权能，只是各项权利的实施受到目的性的限制。这种目的性的限制来源于信托委托人设立信托的目的，限制保护的对象是信托受益人的利益。所以，受托人对信托财产享有所有权但不是具有完全支配性的所有权。

（5）信托财产的物权变动是否影响遗嘱信托的生效。

信托财产的物权变动是否影响信托效力，应依不同的信托设立方式而有所区别。在属于双方法律行为的契约信托中，信托于合同订立时成立，而何时生效以财产交付受托人的时间确定。但遗嘱信托属于单方法律行为，应该在生效问题上区别于契约信托对待。因其是以遗嘱形式设立的信托，所以应与遗嘱的生效时间相统一，认定于被继承人死亡时生效。而信托财产的物权变动是否影响遗嘱信托的生效，还需先对遗嘱信托情形下信托财产于何时转移至受托人的问题进行探讨。依照我国物权法及继承法的有关规定，遗产的所有权应认定于被继承人死亡时即转移至继承人名下。《中华人民共和国物权法》第29条。即使是不动产，在基于继承这一事实时，其所有权变动也于被继承人死亡时当然地转移于继承人。只是与普通动产不同，如果继承人没有及时为不动产办理登记，在随后为处分行为时其物权效力将受到影响。因此在实践中，当继承人需要处分其所继承的不动产时，应首先为该不动产办理相应的登记手续，使继承者在登记簿上成为所有人，而后再为相关行为。如果继承人没有办理相应登记手续，则其对该不动产实施的后续物权变动将不发生法律效力。笔者认为，遗嘱信托与遗嘱继承具有很多相通之处，它们都将遗产作为标的物，也都在被继承人死亡时生效。区别只在于获得遗嘱信托财产所有权的受托人只能为特定目的处分财产，而继承人获得的遗产所有权不受目的限制。而这一差异，仅存在于信托和继承生效之后，在生效之时并无区别。所以，该差异并不影响遗产的所有权变动。因而，可以将遗嘱信托中的遗产所有权变动问题在遗嘱继承的遗产所有权变动模式基础上进行类比推导。认定即将成为信托财产的那部分被继承人遗产于被继承人死亡时已自动进入信托，完成了所有权变动。如此，遗嘱信托财产所有权的变动时点和遗嘱信托的生效时点都以被继承人死亡时刻为准，也就不存在信托财产的物权变动将影响遗嘱信托生效的问题了。

4. 遗嘱的意思表示需真实

遗嘱是被继承人对其身后事提前作出的安排，是其内心真意的外部表达。只有能够代表被继承人内心真意的遗嘱即意思表达真实的遗嘱，才能作为分配、处分遗产等行为的依据。因此，意思表示真实是遗嘱发生法律效力的实质性要件。不能体现被继承人真实意思的遗嘱无效。我国《继承法》第22条第2、3款规定："遗嘱必须表示被继承人的真实意思，受胁迫、欺骗所立的遗嘱无效。伪造的遗嘱无效。遗嘱被篡改的，篡改的内容无效。"又因遗嘱信托以遗嘱为载体，是遗嘱的一部分。因此如果遗嘱无效则作为其内容而设立的信托亦无效。即意思表示真实不仅仅是遗嘱生效的必要条件，也是设立遗嘱信托的必备实质要件。

（三）遗嘱信托法律关系中的其他主体

在遗嘱信托法律关系中，委托人与受益人都是设立信托时的必备要件。但在遗嘱信托法律关系中还有两个主体，他们的存在与否并不影响遗嘱信托的有效设立。委托人可以在遗嘱中予以确定也可在信托的执行过程中由他人指定，这就是信托关系中的受托人和监察人。

1. 受托人

遗嘱信托的受托人是接受被继承人委托，按照遗嘱要求为了受益人的利益对所持有的信托财产为管理、处分行为的主体。遗嘱信托是单方法律行为，其设立和生效不以被继承人以外人的意思表示为要件。所以，遗嘱中是否指定受托人又或受托人是否接受信托都不影响信托的成立。我国《信托法》在第52条中指明，当受托人因丧失权利能力、行为能力、辞任等而缺失时，信托依然维持其原有效力不会终止。但在缺失时可以于遗嘱信托有效设立后由具有选任权的第三人指定填补空缺。在契约信托中，当受托人职责终止需要选任新的受托人时，除信托文件已存在规定的情况外，委托人都是具有指定权的第一顺位人。但在遗嘱信托中，委托人已于信托生效时死亡，唯一能够代表其意思的就只有遗嘱，所以当遗嘱信托需要选任新的受托人时首先要以遗嘱的要求为准。在遗嘱未作具体规定的时候，再由其他具有选定权的主体进行选任。一般情况下具有选任权的主体是：享有信托受益权的受益人或其监护人、公正中立的法院等。我国《信托法》第13条第2款规定："遗嘱指定的人拒绝或者无能力担任受托人的，由受益人另行选任受托人；受益人为无民事行为能力人或者限制民事行为能力人的，依法由其监护人代行选任。遗嘱对选任受托人另有规定的，从其规定。” 而在其他地区，受托人也可由法院进行指定。例如，我国台湾地区“信托法”第46条就规定：“遗嘱指定之受托人拒绝或不能接受信托时，利害关系人或检察官得声请法院选任受托人。但遗嘱另有订定者，不在此限。”[1] 美国《统一信托法》第704条d款也规定：“非慈善信托中要求填补的受托人职位空缺，必须依照下列优先顺序进行填补：（1）信托条款指定的人作为继任受托人；（2）全体合格受益人一致同意指定的人；或者（3）法院指定的人。”[2] 我国信托法之所以仅将选任权赋予了受益人，是因为：首先，信托是委托人基于信任而建立起来的法律关系，所以通常应由委托人对受托人进行选任，受托人无自行再次选任的权利。其次，相对于英美国家，我国法院和检察院对非诉讼事务的管辖权极其有限，信托法不宜为了受托人的公正选任而为法院或检察院增设新的管辖权限。最后，委托人设立信托的目的是使受益人获得相应利益，将选任权赋予受益人的做法最大限度地保护了受益人的利益。但是，由受益人选任受托人的做法，在实践过程中也不可避免地会与委托人的意思产生冲突。例如，为防止受益人挥霍财产而设立的遗嘱信托，其目的虽仍是使受益人获得利益，但却是限制受益人行为的一种手段，若在缺失受托人时由受益人直接选任，可能无法达到防止挥霍的目的，进而与委托人的意思产生冲突。

由于受托人直接支配着信托财产，其行为决定着信托目的能否达成等重要事项，所以受托人的选任问题也是各国信托法都涉及的部分。各国法律普遍对受托人设立了较为严格的资格限制，委托人或其他享有补选委托人权利的人只能在一定范围内选任受托人。其中，选择自然人作为受托人的，受托人应当具有完全民事行为能力且信用良好。日本和我国台湾地区在信托法中都要求受托人不得为未成年人、禁治产人及破产人。但由于我国还未建立自然人破产制度，所以信托法无法对受托人的信用设立统一的衡量标准，只能在行为能力方面加以限制。而选择法人作为受托人的，受托人应当具有从事信托业务的资质且不能处于资不抵债的情形，这也是出于信用方面的考量。

---

[1] 赖源河、王志诚：《现代信托法论》，中国政法大学出版社2002年版，第245页，附录一“台湾信托法”。

[2] 美国《统一信托法》第704条d款，载http://wwwdyxtwcom/falv/2011081955html，访问时间：2014年1月25日。

我国《信托法》在对受托人的范围进行规定时，特别附加了“法律、行政法规对受托人的条件另有规定的，从其规定”的条款。《中华人民共和国信托法》第24条。因为，在2007年颁布的《信托公司管理办法》中要求信托公司需要经过中国银行业监督管理委员会的批准、取得金融许可证才可经营信托业务。 我国《信托公司管理办法》第7条。为了提高信托公司的准入门槛，保证委托人和受益人的切实利益，我国对信托公司的注册资本还提出了远高于普通公司的要求，即最低限额为3亿元人民币且只得以货币作为实缴资本。并且，一旦信托公司被依法撤销、宣告破产，或者依法解散、丧失法人资格，就不得再继续履行信托职责。

此外，为了确保信托目的可以更好地实现，委托人往往会确定多个信托受托人以实现受托人之间的互相牵制与监督。在此种情况下，每个受托人都需要符合法律规定的资格限制。并且，在遗嘱没有特别注明的情况下，共同受托人共同持有信托财产成为共同共有人。对信托财产的处分及信托事务的处理等也需要各受托人共同完成，彼此承担连带责任。

2. 监察人

监察人顾名思义就是监督信托行为的人，主要表现为对受托人行为的监督。但信托中的监察人与法人任意机关的监察人和公司的监察人不同，他可以自己名义为受益人的利益实施诸如提起诉讼或诉讼外法律行为等行为。因此，信托监察人是可以自己名义介入信托关系中的主体，是信托法律关系的主体之一。

之所以在信托法律关系的委托人、受托人、受益人三者之外设立信托监察人，是为了填补信托灵活性给受益权保护带来的制度上的缺失。上文已提到，委托人在设立私益遗嘱信托时受益人可能是已经确定且存在的，但也可能是经过描述能够确定但设立时尚不存在或尚不能具体确定的人，在设立公益遗嘱信托时受益人则是不特定的社会大众。如此，当被继承人死亡遗嘱信托生效时，没有了委托人的监督也不存在受益人的监督，受托人的行为便无法得到有效的规制，需要制度引入第三人对其行为进行监督。所以，监察人的制度设计是围绕受益人的受益权而进行的，是遗嘱信托目的得以实现的有效保障。在台湾地区，信托监察人有着重要地位，“信托法”将信托监察人独立作为一章进行规定。其中第52条就规定了法院可以在受益人不特定、尚不存在或有其他保护受益人利益的必要情况时，依据利害关系人或检察官的请求选任信托监察人。[1] 而在大陆现行的信托法中只在公益信托章节要求信托必须设置监察人，对其他情况下信托监察人的设立并没有加以特别规定。

三、遗嘱信托的效力

（一）遗嘱信托委托人

1. 遗嘱信托委托人的权利

委托人在生前信托中除了具有设立信托的权利外，还拥有许多其他维护信托目的的实现的权利。例如，当不能预见的情况致使原有信托管理方式不利于受益人时，委托人有要求受托人变更信托管理方式的权利；又如，当受托人违背忠诚义务行事时，委托人有解任受托人的权利。但是，遗嘱信托不同于生前信托，它是一种单方法律行为。委托人于信托生效时已死亡，不再具有作为民事主体的资格，退出了信托法律关系。所以，在遗嘱信托中，信托法赋予委托人的诸多权利是否可以由委托人的继承者继承需要进一步论证。从遗嘱信托设立目的看，它是被继承人对自有财产作出的一种身后安排，与继承者有着紧密的利害关系。继承者可能成为遗嘱信托的受益人，也可能被遗嘱信托排除在获益范围之外。若允许继承者继承被继承人在信托中享有的变更、解任等权利，有可能导致被继承人生前意思被破坏。而从保护受益人权利的角度看，法律赋予委托人的权利均指向对受益人利益的保护。若允许继承者因继承权介入信托关系中，则可能会发生未在遗嘱继承中获得利益的继承者利用变更、解任等权利实施危害受益人利益行为的情况。所以笔者认为，凡是信托生效后法律赋予的专属于委托人的权利，在遗嘱信托中均不得由继承人继承。但是，如果遗嘱信托存在无效、失效或可撤销情形时，受托人持有遗产的原因行为失效导致遗产应回归原状，此时，继承人可以按照继承程序继承原设立信托的财产。

2. 遗嘱信托委托人的义务

由于委托人在遗嘱信托生效时已经死亡，所以委托人的义务只存在于信托设立阶段，即其仅有设立有效遗嘱信托的义务。首先，委托人设立遗嘱信托应当符合形式上要件即采书面遗嘱形式。其中，自书遗嘱应由委托人亲笔

---

[1] 赖源河、王志诚:《现代信托法论》,中国政法大学出版社2002年版,第241页，附录一“台湾信托法”。

书写并签字，代书遗嘱的应有两名以上见证人见证并签字，最后由委托人亲笔签字或盖章。其次，委托人在遗嘱中设立的信托条款应当全面、具体、明确。委托人需要在遗嘱中明确其设立遗嘱信托的意图，并应当在信托条款中明确列举设立信托的财产范围、设立信托的目的、管理处分安排、受益人、受托人等内容。对设立信托时尚不能确定或不存在的受益人，应当尽可能详尽地描述以便受托人辨别。最后，委托人设立信托的目的应当符合法律和公序良俗的要求。并且，其只能对自己享有所有权的财产设立信托。此外，委托人还应注意在遗产分配过程中为特留份人预留出必要份额。

（二）遗嘱信托受托人

1. 遗嘱信托受托人的权利

（1）管理信托事务的权利。

根据信托定义可知，受益人的受益权是借助于受托人的管理、处分行为获得的。没有受托人对信托事务的管理，就没有信托制度存在的基础。所以，受托人的第一大权利即是管理信托事务的权利。

无论在大陆法系国家还是在英美法系国家，它们都承认受托人享有管理信托事务的权利，但规定方式有所差异。大陆法系国家包括我国在内，对于受托人管理信托事务的权利规定得较为抽象，更多是作以原则性规定，对具体内容不加以详列。例如，我国信托法仅规定了受托人应根据信托文件为受益人的最大化利益而为信托管理事务。即只要受托人是为了受益人的利益而作出符合法律和信托文件规定的行为均将得到认可。至于受托人如何管理及享有哪些具体的管理、处分权利，法律并未作具体说明。而英美法系国家的做法与大陆法系完全相反，它们大多在成文法和判例中对受托人的此项权利进行详尽的列举说明。例如，美国《信托法重述》中将受托人的管理信托事务权具体至费用支出权，出租出卖权，和解、仲裁和弃权事宜，股份信托财产表决权等。[1] 英国更是在其《受托人法》中将该权利分解为十多项，包括出卖、拍卖权，开具收据权，解决债务权，保险权，期待权，酌情处理权等。

（2）取得报酬的权利。

在早期英国的信托制度中，受托人不具有获取报酬的权利。因为，信

[1] 徐孟洲主编：《信托法学》，中国金融出版社2004年版，第156页。

托本是建立在高度信任关系之上的法律关系，若受托人可以从该关系中获得私人利益，将会使信任关系因私人的逐利性而遭到破坏。但收取报酬与信任关系并非天然互斥，只要报酬来自法律或信托文件的授权即可排除其对信任的破坏性。所以英国法院在坚持受托人不得获取报酬原则的前提下，对该规则进行了适当的放宽——受托人可依委托人的明示或法律授权取得符合规定的报酬。这种放宽在信托逐步商事化的过程中，越来越得到了大多数国家的法律认可，甚至有些允许以营业为目的担任受托人的享有获取报酬的权利。例如，日本《信托法》第35条规定，除为营业而承受信托的受托者以外，其他均不得非因特约而接受报酬。[1] 而我国相较日本更加强调对私法自治原则的保护，更加尊重信托当事人的合意。不但认可受托人基于信托文件获取报酬，还允许信托当事人事后对报酬问题达成补充约定，但对既没有事先约定也无事后约定的情形，法律仍不允许受托人获取报酬。

（3）费用和补偿请求权。

受托人在管理、运用、处分信托财产的过程中往往会产生相应的费用或债务。这些费用和债务来源于信托事务，产生于信托财产，是为受益人的利益所负担的。因信托财产与委托人、受托人和受益人的固有财产均相互分离彼此独立，若由受托人以其固有财产承担费用与债务将造成信托财产和受托人固有财产的混淆，从而破坏信托财产的独立性。因而处理信托事务所产生的相关费用和债务应由信托财产支付或清偿。我国《信托法》第37条规定：“受托人因处理信托事务所支出的费用、对第三人所负债务，以信托财产承担。受托人以其固有财产先行支付的，对信托财产享有优先受偿的权利。”依据该规定，受托人在实际处理信托事务时可以在费用产生或债务清偿时直接以信托财产支付，或者先行以其固有财产进行支付，而后获得优先于其他债权人针对信托财产的优先受偿权。我国对信托所生费用及债务的这种责任分配方式与英美法系国家是一致的。但在偏重对受托人保护的国家，受托人除可从信托财产中支付管理费用、获得补偿外，还可向受益人请求补偿，因为处理信托事务是为了受益人的利益。例如，日本《信托法》规定，受托人因信托财产所产生之费用，或非因自己过错在处理信托事务中遭受的损失可

[1] 霍玉芬：《信托法要论》，中国政法大学出版社2003年版，第283页，附录四“日本信托法”第35条。

以要求受益者给予补偿，或要求其提供相应的抵押。[1] 虽然各国对费用和补偿责任分配存在差异，但对受托人因违背职责或过失而造成的债务或损失的责任分配是一致的，均明确应由受托人以其固有财产承担责任。

（4）拒绝权和辞任权。

拒绝权是遗嘱信托指定的受托人所特有的一种权利。在契约信托中，只有受托人承诺信托时信托才成立，受托人拒绝的信托不成立，因此受托人并不享有拒绝承诺的权利。但遗嘱信托是单方法律行为，仅以被继承人的意思即可成立，受托人承诺与否都不影响遗嘱信托的设立。所以，当遗嘱生效时可能存在受托人不知信托事项或者并未承诺的情形。此时，遗嘱中指定的受托人有承诺或拒绝信托的权利。我国信托法在对受托人另行选定问题上将遗嘱指定的受托人拒绝承受信托作为前提条件之一，从法律上承认了受托人在遗嘱信托中享有的拒绝权。

辞任权是受托人在承诺信托后享有的拒绝继续承受信托的权利。因信托是建立在高度信任基础上的法律关系，受托人的信赖地位难以轻易替代，当受托人拒绝继续管理信托事务时必将对信托目的的实现造成影响，所以其辞任权并非可以随意行使，而是受到限制的。我国《信托法》第38条规定，设立信托后，经委托人和受益人同意，受托人可以辞任。而对于私益遗嘱信托而言，受托人的辞任需要经过受益人的同意。并且，辞任并不意味着信托事务管理职责的终止，受托人需要在新受托人选出前继续承担其管理职责。对于受益人不特定的公益遗嘱信托而言，其受托人的辞任需由公益事业管理机构代替受益人批准才能实现。在司法机构广泛管辖非诉事务的国家，当受托人遇有迫不得已情形时，还可经法院批准而实现辞任。在一些国家，受托人的辞任情形甚至还可由信托文件事先加以规定，并于条件成就时行使。

2. 遗嘱信托受托人的义务

受托人所负义务在信托法律关系中尤为重要。因为信托财产独立于委托人和受益人，完全处于受托人的控制之下，其对信托财产实施的各项行为都会对受益人的利益产生直接影响。可以说受托人的行为决定着整个信托关系能否保持平衡、能否达成委托人设立信托目的、能否使受益人获得应有利

[1] 霍玉芬：《信托法要论》，中国政法大学出版社2003年版，第283页，附录四“日本信托法”第36条。

益等一系列关键问题。尤其在遗嘱信托下，设立信托的委托人于受托人行为时无法发挥任何监督、指导作用，受托人仅根据遗嘱和受益人的利益实施管理、处分等行为，这无疑加大了受托人的自由裁量权，因此更需强调其所负义务和责任。综观各国信托法，无一例外都对受托人的行为设置了诸多义务，并明确了违反义务时所需承担的相应责任。我国《信托法》更是对受托人的义务作出了宏观上的概括："遵守信托文件的规定，为受益人的最大利益处理信托事务。"具体而言主要有以下几点：

（1）忠实义务。

信托关系是一种信任关系，因被信赖而承诺信托的受托人当然应于其行为过程中始终保持对所负事务的忠诚。对遗嘱信托的受托人来说，其所负的信托事务是按照遗嘱的要求为受益人的利益为管理、处分信托财产的行为。因此，忠实义务是指受托人在处理信托事务时应始终忠实于遗嘱、忠实于受益人利益，任何行为的出发点都以前两者为准，不得夹杂任何私利。从忠实义务的具体内容出发，可将其分解为以下三点：第一，受托人只得为受益人谋利而不得为自己谋利。该义务体现在我国《信托法》第26条中，受托人从信托财产中所获利益只限于约定的报酬，其他任何利益均归属于受益人，即使受托人违背忠实义务为自己利益使信托财产增值，增值部分最终仍由受益人享有。第二，避免受托人自己利益与信托财产利益相冲突。我国《信托法》第27条对该义务作出了规定，即信托财产不得与受托人固有财产相混同。受托人对固有财产的管理、处分行为一般以为己谋利为出发点，这与信托受托人的忠实义务相悖。所以，一旦受托人固有财产和信托财产混同，就无法实现纯粹为受益人利益行为的要求。此规定与第26条一脉相承，不仅在制度上减小了受托人为己谋利的可能，还与分别管理义务相呼应，对信托财产的独立性进行了维护。第三，受托人应遵循公平交易规则。该规则在我国《信托法》第28条中得到了体现：除信托文件允许，或委托人、受益人允许的以市场价格进行公平交易外，受托人不能以其固有财产同承受的信托财产相交易，也不得将承受的多个委托人的信托财产进行相互交易，否则须对造成的损失承担赔偿责任。如此规定，避免了实质性自我交易压低价格给受益人利益带来的损害，也兼顾保护了公平交易给受益人带来的利益最大化。

（2）有效管理义务。

信托财产是信托设立的物质基础，是受益人获得信托利益的物质来源。信托法要求受托人应有效对信托财产进行管理，但如何达到"有效"二字，需要从以下三方面讨论：

① 分别管理义务。

分别管理义务来源于信托财产所具有的独立性特征。为了使受益人获得最大利益，受托人需要本着忠实义务对信托财产进行管理。这就要求受托人应首先明确哪些财产属于信托财产，该信托财产是为了哪个受益人的利益而持有，又应按照哪份信托文件行事。如此，将受托人固有财产与信托财产区分，将同一受托人承受的不同信托财产相互区分就变得格外重要。这不仅是受托人履行忠实义务的有效保障，也是维护信托财产安全的必要前提，还是某些信托财产取得公示效力的手段。因为在信托财产中存在各种各样的财产形式，不动产或不可代替物的公示较易实现，但对种类物的公示却较为困难。如果在信托财产管理过程中能切实做到分别管理，则更易区分交易财产的属性。即使是金钱一类的种类物只要可以做到在数量、质量上能够区分，就易实现不损害受益人或第三人利益的目的。我国信托法只要求受托人对信托财产进行分别管理、分别记账操作，但并未提供更为细致的具体方法。笔者认为，除进行分别记账外，还可对信托财产采取分别保管、物理隔离等操作。例如：同为金钱属性的不同信托财产，可以分别存入不同银行或开立不同账户等。

② 自己管理义务。

自己管理义务来源于法律对于委托人信任利益的保护。这种信任具有特定性，它与受托人的能力、人格、信用、同委托人关系等诸多方面有关。委托人将信托财产交受托人管理、处分是出于对受托人本人的完全信赖，认为其可以严格按照信托文件的规定为受益人的利益行事。如果允许受托人任意将信托事务转包或委托他人处理，则破坏了委托人对受托人的信任，也使信托制度的基础崩塌。因此，如无特别事项，受托人均应自己完成对信托财产的管理运用、处分行为。我国《信托法》第30条第1款规定："受托人应当自己处理信托事务，但信托文件另有规定或者有不得已事由的，可以委托他人代为处理。"可见自己管理义务是受托人行为的一项原则，在事先有规定或遇到特别情况时允许打破。事先规定是委托人意思自治的表现，加以允许无可厚非。对特殊情况的允许是出于对保护受益人利益最大化的考量，在遗嘱信托制度中尤有存在之必要。因为，委托人不可能穷尽其身后发生的所有情况，自然也包括受托人一时无法管理信托事务或不委托他人管理将对受益人利益造成损害的情况。在此种不得已的情况下，允许受托人将信托事务委托他人管理不但不违背被继承人的意愿，反而实质上遵循了其遗愿也符合受益人的利益要求。当受托人在法律允许的情况下将信托事务委托他人处理，须对他人处理信托事务的行为承担责任。《中华人民共和国信托法》第30条。

③ 善良管理人的注意义务。

在遗嘱信托中，受托人所要处理的事务往往具有长期性和一定的专业性。被继承人选择以信托方式而非由继承人或受遗赠人直接继承的方式处理遗产，说明其对受托人的信任高于对继承人或受遗赠人的信任。但即使是出于信任，也与自己行为存在区别。所以，当委托人将遗产转移给受托人管理、处分时必然会作出各种指示或限制性要求。这些指示或限制性要求围绕受益权展开但并不能穷尽所有情况。因此，在实际管理信托财产的过程中仍需要受托人发挥能动性。这时就要求受托人在履行义务时应以高于一般人的注意义务，为使受益人获得最大利益将自己置于善良管理人的地位。日本和我国台湾地区的信托法中都明文规定了受托人应履行善良管理人的注意义务。美国《统一信托法》第804条 美国《统一信托法》第804条："审慎管理：受托人应当像一位审慎人一样管理信托，考虑信托的目的、条款、分配要求和其他情况。为达到该标准，受托人应当给予合理的注意（care）、技能和谨慎（caution）。"也要求受托人应对信托事务保持合理的注意，并应发挥其技能和谨慎态度做一位审慎的管理者。

（3）给付信托利益义务。

设立信托的最终目的是使受益人获得信托文件规定的信托利益。在受托人承受信托、管理信托事务之后，给付受益人信托利益是其最终也是最重要的一项义务。我国《信托法》第34条规定："受托人以信托财产为限向受益人承担支付信托利益的义务。"此项义务对应的是受益人的收益权。根据委托人所立遗嘱要求不同，受益人可能享有对信托本金的收益权也可能享有对信托收益的收益权。但无论是信托本金还是信托收益，按照法律均属于信托财产，受托人只需以信任财产为限向受益人交付利益，不可能超出信托财产的范围。此外，给付信托利益义务不仅要求受托人按量给付，还要求其按时、按规定给付，其遵照的标准是委托人生前设立的遗嘱。

（4）其他义务。

以上所述是受托人担负的较重要义务，法律还赋予了受托人很多其他义务。例如，我国信托法要求受托人应对信托事务进行记录并保存，应定期将管理信托事务的情况向委托人和受益人报告，应履行保密义务等。日本信托法要求受托人在接受信托时和之后的每一年度都要编制信托财产目录。美国信托法要求受托人应严格控制信托管理成本 美国《统一信托法》第805条："管理的成本：在管理信托的过程中，受托人只能产生与信托财产、信托目的和受托人的技能合理相关的成本。"，要求受托人履行强制实施信托权利及抗辩的义务，要求新任受托人积极迫使原受托人或其他人交付信托财产的义务等。

（三）遗嘱信托受益人

1. 遗嘱信托受益人的权利

遗嘱信托受益人在信托法律关系中所享有的权利统称为受益权。其主要分为两大部分：一部分是受益人享有的收益权，即依照遗嘱或法律规范对受托人管理的信托财产享有的收益权，以及对收益权的处分权能包括放弃、转让、继承、用于清偿到期债务等。另一部分是从属于收益权、为维护收益权的实现而享有的其他权利。具体包括随时掌握信托财产管理、运用状况的知情权，当受托人管理方法不利于目的实现或受益人利益时享有的调整权，在受托人违背遗嘱信托目的处分财产或管理行为存在重大过失时享有的解任权，对受托人不当处分行为造成信托财产损失时享有的赔偿请求权和撤销权，在受托人空缺时享有的选任权等。

信托受益权来源于英美法系双重所有权的结构设计。在普通法和衡平法并存的英美法系中，信托财产的所有权在普通法层面由受托人享有，衡平法层面上体现为受益人对信托财产享有的受益权。但大陆法系不具有衡平法的土壤，"一物一权"制度使受益权陷入传统民法债权、物权二分世界的归类难题。关于该问题，学界讨论已久，主要形成了物权说、债权说、复合说、新权利说等学说。物权说认为：受托人享有的信托财产所有权受到信托目的和受益人利益的限制，且具有独立性，不是传统意义上的所有权；当受托人违背信托目的或管理职责致使信托财产遭受损失时，受益人所享有的撤销权是可以对抗第三人的、具有对世性的权利，因此具有物权性。债权说认为：在信托存续期间，受益人虽对信托财产享有各种权利但并不能直接予以支配；由于信托财产所有权于信托开始时就转移给了受托人，所以即使受益人是最终权利享有者，也仍需要以请求权的方式向受托人主张权利，故是一种债权性质的权利。

基于以上两种观点，有学者认为受益权是既具有物权属性又具有债权属性的复合性权利。还有学者认为，受益权不仅包含了债权性权利和物权性权利，还包含了诸如监督权、同意权等既不属于债权又不属于物权的权利，所以应该跳脱传统民法体系对财产权利的划分标准，将其看作是一种新型的权利。笔者认为，受益权是以收益权为中心派生出的多权利统一整体。对其性质的讨论不能脱离信托法律关系背景，在传统民法的财产权利二分规则中作简单归类分析。信托制度在传统财产管理制度的基础上突出了被管理财产的独立性，使财产的存在、运用都局限在使受益人获利的单一目的中，并由此衍生出完全倾向于受益人利益的权利义务构建格局。我们应该正视这种制度构建的创新性，也正视信托财产权利的与众不同，将信托财产权作为独立的权利概念予以使用。

2. 遗嘱信托受益人的义务

在遗嘱信托法律关系中真正贯穿信托事务始终的只有受托人和受益人。从权利义务的对等性出发可知，在遗嘱信托法律关系中受托人所享有的权利只要可以对受益人行使，就构成了受益人所应担负的义务。因此，遗嘱信托受益人的义务主要有支付报酬义务和补偿义务两项。例如，日本《信托法》第36条、第37条规定：受托者对信托财产所负担的租税捐税和其他费用，或为了处理信托事务，并非由于自已过失而蒙受的损失，可以要求受益者补偿或提供相应抵押，但受益者并非特别指定及尚未存在或放弃权利的，不承担此义务；受托者应从受益者领取报酬的亦同。[1] 但我国信托法对受益人的义务并未作出明确规定。笔者认为：对于报酬支付问题，委托人可以在遗嘱中注明报酬由受益人支付，即为受益人设立报酬支付义务。但当遗嘱并未注明或无法律明文规定时，不宜将该义务赋予受益人。根据信托财产的独立性原则和受托人对信托财产享有的支配权，可将报酬作为信托财产的债务由信托财产承担，即受托人可直接从信托财产中抽取。对于受托人在履行信托事务过程中非出于自己原因所遭受损失的补偿问题可以此类推。

（四）遗嘱信托监察人

遗嘱信托监察人并非遗嘱信托法律关系中的必要法律主体。我国信托法

[1] 霍玉芬：《信托法要论》，中国政法大学出版社2003年版，第283页，附录四“日本信托法”。

只在公益信托中要求必须设立信托监察人，对于遗嘱信托并无特别要求。但当遗嘱信托是为了信托生效时尚不能确定或尚不存在的受益人利益而创设或存在其他确有必要引入第三者对受托人行为进行监管时，设立遗嘱信托监察人就尤为必要。它不但可以弥补委托人无法监督而受益人又不可能监督受托人行为的空缺，还可以为受益人的利益行使一定的管理权利。

1. 遗嘱信托监察人的权利

信托监察人享有的最主要权利就是对受托人管理、运用、处分信托财产及有关事务处理行为的监督权。无论是基于遗嘱指定的监察人还是依申请由法院指定的监察人，其在任职期间都享有对信托事务处理状况进行监督的权利。尤其在信托生效而受益人尚不能确定或尚不存在的情况下，信托监察人的监督权将替代受益人享有的非专属性权利，为保护受益人利益最大化而为诉讼之上或诉讼之外的行为。我国台湾地区“信托法”第52条第2款规定：“信托监察人得以自己名义，为受益人为有关信托之诉讼上或诉讼外之行为；受益人得请求信托监察人为前项之行为。”❶我国信托法在对公益信托监察人的规定中，也允许其以自己名义为了受益人的利益而为提起诉讼或其他法律行为。据此，信托监察人可以为维护受益人利益对受托人实施的违背信托目的、违背忠诚义务、不利于受益人利益的各种行为以自己名义向法院提出异议、变更、恢复原状、赔付损失等请求或直接要求受托人予以改正。例如：受托人管理信托财产的方式因情势变更不利于受益人利益时，信托监察人可以向法院申请变更。并且，监察人可以通过请求查阅、复制有关信托财产状况的记录文件或请求受托人对信托事务作以说明等方式实现对信托事务的有效监督。当信托监察人为受益人的利益行使上述诸权利产生费用或损失时，享有对受益人的补偿请求权。台湾“信托法”还赋予了信托监察人辞任及向法院申请一定报酬的权利。❷提请注意，在信托存在受益人且受益人能够行使法律赋予的权利时，信托监察人的地位不能与受益人的地位冲突，即其只能享有辅助受益人维权的权利。

---

❶ 赖源河、王志诚：《现代信托法论》，中国政法大学出版社2002年版，第246～247页，附录一“台湾信托法”。

❷ 赖源河、王志诚：《现代信托法论》，中国政法大学出版社2002年版，第247页，附录一“台湾信托法”第56条、第57条。

2. 遗嘱信托监察人的义务

信托监察人是为保护受益人利益和填补监督空缺而设立的职位。所以监察人在职位存续期间应对信托的运行状况承担较高的注意义务。台湾“信托法”第54条明确规定了信托监察人应以善良管理人之注意执行职务。[1] 即：信托监察人于职务始终都应立足受益人的利益，积极行使法律和信托文件赋予的监督、诉讼甚至管理等权利。当监察人怠于行使上述权利时将被原指定人解任或由法院依申请解任。同时，其可能获得的报酬将被剥夺或减少。因其在一般状况下只能行使监督权所以不存在承担损害赔偿的责任，但当监察人行使受益人权利造成信托财产损失并存在重大过错时，应当对受益人承担损害赔偿责任。

四、遗嘱信托的变更与终止

（一）遗嘱信托的变更

任何法律关系一经生效即形成了相对稳定的状态，非因特别事由不得变更。作为以信任为基础遵循设立者意思自治的遗嘱信托法律关系亦是如此。但遗嘱信托法律关系毕竟是为了受益人获得受益权而建立的，如果仅以遗嘱作为唯一的行为标准，忽视受益人享有的各项权利，则会使“从坟墓中伸出的手”固化信托的灵活性和活人的现实利益。因此，为了既不破坏被继承人的生前意愿又保护受益人实现其受益权，法律规定在一定情况下允许对主体、客体和内容进行变更。

1. 遗嘱信托主体的变更

遗嘱信托在生效后实际只存在受托人和受益人两个主要的法律关系主体。所以，有关主体变更主要指遗嘱信托受托人和受益人的变更。

（1）受托人的变更。

受托人的变更发生在受托人无资格或拒绝承诺信托、辞任、解任和丧失资格的情况下。上文已经提及，遗嘱信托不以受托人承诺信托为成立和生效前提，所以在遗嘱生效后可能出现受托人不具备相应资格或拒绝接受信托的情况。此时，为了使信托关系得以维持，各国法律均规定对受托人进行重新

[1] 赖源河、王志诚：《现代信托法论》，中国政法大学出版社2002年版，第247页，附录一“台湾信托法”。

选任。我国信托法在遗嘱无特别规定的情况下，将该选任权赋予了受益人及其监护人。日本和我国台湾地区将该权利赋予了受益人和绝对中立的法院。英美法系的规定与此基本相同，将重新选任受托人的权利赋予了全体合格受益人和法院，排除了受益人的监护人。

关于受托人自己辞任的问题，一般情况下，由于受托人处于被信任地位，除非遗嘱事先设立了变更受托人条款，否则不得任意辞职。但在信托存续期间受托人自身可能发生不适于继续担任的情况，比如身体状况恶化、同受益人的矛盾、专业能力不足等。所以，法律为受托人设置了自动退出机制。同时为了防止受托人随意辞任给受益人利益造成损害，多数国家均对受托人辞职加以限制。我国信托法规定，受托人辞任须经过委托人和受益人的同时准许，属于公益信托的须得到公益事业管理机构批准。日本及我国台湾地区相较中国大陆放宽了对受托人辞任的限制，允许其在有不得已事由的情况下，绕开委托人和受益人，直接请求法院认可其辞任申请。而美国《统一信托法》更加倾向于保护受托人的意思，只要受托人提前30天将辞职意愿通知了全体合格受益人、在世委托人和共同受托人，非经许可即可辞职，不具备上述条件的也可依法院的批准而辞职。在遗嘱信托中，因不存在生存的委托人，所以批准受托人辞职的只有全体受益人和法院。 美国《统一信托法》第705条：“受托人辞任：（a）满足下列条件之一时，受托人可以辞任：（1）至少提前30天通知合格受益人、在世委托人和所有的共同受托人；或者（2）获得法院批准。（b）法院批准受托人辞任时，可以发布命令，并出于保护信托财产的需要强加合理条件。（c）辞任的受托人责任，或者为受托人的行为或遗漏（omissions）提供受托人担保的担保人的责任，并不因为受托人的辞任而解除或收到影响。”

当受托人的自身情况或职责行为不符合信托目的、法律规定或有损于受益人利益时，可以对受托人予以解任。具体可概括为以下几种情况：a受托人的处分行为违反信托目的；b受托人的管理运用、处分行为存在重大过失；c共同受托人的合作不畅，导致信托事务难以开展；d情势变更等。解任受托人的权利在遗嘱信托中一般由受益人、共同受托人、委托人的继承人或者法院享有，但各国规定均存在差异。按照美国《统一信托法》的相关规定，在遗嘱信托中可以向法院提出受托人撤换申请的是受益人或共同受托人，并且法院可以依职权主动对受托人进行撤换。 美国《统一信托法》第706条：“受托人的撤换（removal）：（a）委托人、共同受托人或者受益人可以要求法院撤换受托人，或者受托人可以被法院主动撤换。”日本则将解任遗嘱信托受托人的请求权赋予了委托人的继承人和受益人。当受托人存在应被解任的情形时，法院仅依据委托人的继承人或受益人的解任申请，对是否解任受托人作出判定。[1] 台湾地区“信托法”则仅将申请解任遗嘱信托受托人的权利赋予了受益人。与上述国家和地区的法律规定不同，依照我国信托法的规定，当遗嘱信托出现法律规定的可以解除受托人身份的情形时，只有受益人享有直接解任或请求法院解任的权利。《中华人民共和国信托法》第23条、第49条。我国信托法允许委托人和受益人依照信托文件（遗嘱）的规定直接解任受托人而无须经过法院判定。并且，没有参照美国的规定赋予共同受托人申请的权利，也没有参照日本的规定赋予委托人的继承人该权利，法院也不享有主动撤换受托人的权利。笔者认为，共同受托人因合作不畅等情况对个别受托人的异议可以借助受益人的行为予以解决，即使受益人尚不存在、不能行使有关权利的，可以由监察人替代受益人行使。但委托人的继承人不应享有撤换受托人的权利。因为，遗嘱信托的受托人是以其与被继承人的信任关系为基础而被选任的。而信任关系具有很强的人格属性，继承人不能继承本属于被继承人的信任关系而享有选任或解任受托人的权利。并且，继承人脱离于遗嘱信托法律关系而存在，能否遵从被继承人意思，为了受益人的利益公正、不存私利地行使解任权仍值得商榷。但赋予受益人直接按照遗嘱解任受托人的规定，也存在问题，上文已经提及，此处不再赘述。

当然在受托人出现死亡、丧失民事行为能力、破产、被解散或撤销的情况下，因其丧失了作为受托人的基本条件而由法律规定直接终结其职责，退出原本的信托法律关系。

（2）受益人的变更。

我国《信托法》在第51条对受益人的变更问题作出了法律规定。当受益人对委托人和其他共同受益人存在重大侵权行为或经受益人同意及其他信托文件规定的情形下，信托的委托人可以变更受益人。可见，在我国只有委托人有权在信托文件的规定外对受益人进行变更。但在遗嘱信托中，委托人

[1] 霍玉芬：《信托法要论》，中国政法大学出版社2003年版，第284页，附录四“日本信托法”第47条。

显然无法行使该变更权，因此可以说，在我国现有法律制度中除非遗嘱事先规定了受益人的变更情形，否则遗嘱信托的受益人不会发生变化。但笔者认为，法律将上述情况下的变更权仅赋予委托人是针对契约信托作出的规定，而没有注意到遗嘱信托这种形式。在受益人对被继承人或其他共同受益人存在重大侵权行为的情况下，理应撤销其受益人的地位。这种制度设计同《继承法》第7条的制度设计出发点相同，在上文已有论述。

在实践中，受益人的变更还可能因遗嘱的事先规定而发生。主要存在两种情况：一种是委托人在遗嘱中直接规定了变更受益人的情形。例如：遗嘱规定，自委托人死亡时起由甲和乙作为共同的信托受益人，而当甲成年后，仅由乙作为信托受益人而继续享有信托利益。即遗嘱规定了于甲成年时对信托受益人进行变更。另一种则发生在遗嘱指定的受益人于生效时并不具有特定性的情况下。例如：遗嘱规定由某大赛的冠军得主作为信托受益人而设立遗嘱信托。但当被继承人死亡时该大赛还未产生冠军，待大赛产生冠军后，遗嘱信托的受益人得到确定，但事后大赛因舞弊等撤销了原冠军资格由他人替补，此时遗嘱信托的受益人在实际中发生了变更。

2. 遗嘱信托财产的变更

在遗嘱信托法律关系中，信托财产是最有可能发生变更，且变更最频繁的部分。因为受托人对信托财产的管理方式不是简单的储存和保管，而是尽可能地做保值增值的管理运用或实施处分等行为。例如：将信托财产中的房屋予以出租、对股票进行卖出或买入行为、定期向受益人为支付行为，等等。所有这些管理运用和处分行为都可能造成信托财产价值上的增加或减少，还可能造成信托财产形态上的变化。例如：出卖股票获得金钱，信托财产的属性即从股权变更为货币；将房屋予以出租，信托财产的属性就从不动产变更为不动产加租金。依照我国信托法的规定，凡受托人以信托财产为基础，通过管理运用、处分或其他方式而获得的财产，都是信托财产。其中可以分为两类：一类是受托人依正当的管理、处分行为而获得的财产；另一类是非依受托人的正当行为获得，但按照法律应归入信托财产的财产。例如：受托人利用信托财产为自己谋取的利益法律规定纳入信托财产范围；受托人违背信托目的给信托财产造成损失，受托人给予的补偿或赔偿也纳入信托财产范围。所以，在信托存续期间，任何由信托财产而获得的增值，都将作为信托财产进入接下来的管理、处分、分配环节。

3. 遗嘱信托内容的变更

遗嘱信托的内容包括遗嘱信托的目的、遗嘱信托条款和遗嘱信托的管理方法。在契约信托中委托人有权在信托生效后对信托条款、信托目的等作出变更。但在遗嘱信托中，信托生效时委托人已死亡，变更信托条款和目的的行为只能在遗嘱信托成立但未生效的时间段内完成。一旦遗嘱信托生效，信托条款和信托目的就固定下来不再有变化可能。

至于遗嘱信托的管理方法，一方面受到遗嘱的限制，另一方面受到受益人利益最大化的限制。当受托人对信托财产进行管理时，应该按照遗嘱的要求行事；对于遗嘱没有明文规定的部分，应本着使受益人获得最大利益的原则进行自由裁量。并且，除了直接行使管理权能的受托人，与信托管理方法具有直接利害关系的受益人也享有对其变更的权利。按照我国《信托法》第21条和第49条的规定，因为信托设立时不能预见的特别事由，致使信托财产管理方法不利于信托目的实现或不符合受益人利益时，受益人可以要求受托人对管理方法进行调整。因此，在遗嘱信托财产的实际管理过程中，受托人可以在不影响受托人利益的前提下自行变更管理方法，而对可能影响受益人利益的变更方法应与受益人协商一致。综上，实践中的遗嘱信托管理方法经常会出现变更，是遗嘱信托法律关系变更中的主要部分。

（二）遗嘱信托的终止

同一切法律关系一样，遗嘱信托关系也将经历由设立到变更再至最终消灭的过程。遗嘱信托的终止是指遗嘱信托法律关系因法律或遗嘱规定的事由出现而归于消灭。[1] 由此可知，导致遗嘱信托终止的原因来自两方面：一方面是被继承人在设立遗嘱信托时就事先设定的终止期限或条件，另一方面是由法律予以确认的将信托归于消灭的情形。

1. 遗嘱信托终止的原因

（1）遗嘱中规定的信托终止条件成就或期限届满。

遗嘱信托属于民事法律关系，需要遵循民法的自愿原则，最大限度地维护当事人的意思自治。作为遗嘱信托设立者意思表示载体的遗嘱，在信托事务的实际开展中应得到受托人、受益人、第三人甚至法律的充分尊重。所以，当遗嘱对信托的终止设有特别规定时，应当遵照该要求将信托归于消

[1] 刘永光、陈明添：《信托法》，厦门大学出版社2004年版，第165页。

灭。例如，遗嘱中明确规定了信托的存续期间，那么当期限届满时信托即自动终止，受托人应按照遗嘱或法律的规定完成，如信托财产分割等消灭信托的事务处理。又如，遗嘱中规定当受益人结婚时信托终止，那么该遗嘱信托的效力就应于受益人结婚时消灭。

（2）法定事由成就。

各国信托法都对信托法律关系的终止作出了信托文件以外的特别规定。这是因为信托文件本身具有一定的局限性，设立者对于信托存续期间的各类状况难以完全囊括，所以法律对信托效力的存续期间进行限制，规定在一定事由成就时信托关系将归于消灭。我国《信托法》第53条规定，除信托文件规定的终止事由出现外，信托还将因存续违反信托目的、信托目的已经或无法达成、当事人协商同意、被撤销和解除而终止。又因为信托的撤销和解除是专属于委托人的权利，所以于生效时委托人就死亡的遗嘱信托而言，该两种情况不能成为其终止原因，故不再讨论。

至于其他三种原因，与美国、日本、我国台湾地区的信托法相比较，信托目的已经或无法达成是公认的导致信托法律关系消灭的原因。因为信托是委托人为了达到一定目的而设立的法律关系，当该设立目的已经达成或者不可能再实现时，信托关系也失去了继续存在的意义。并且，当信托目的已经实现或无法再实现时，受托人的信托行为失去了衡量标准，信托事务无法继续开展，其效力理应消灭。

虽然美国、日本和我国台湾地区信托法没有将信托存续违背信托目的作为信托效力终止的原因，但该原因可看作是上一原因的衍生原因。当一项信托的存续已经违背它的设立目的时，该信托目的实际已经无法实现。笔者认为将该原因独立出来加以规定，可以减少信托行为对委托人设立信托所欲达到目的的损害。因为，信托目的无法实现是站在结果角度所作出的判断，并没有考虑到过程性因素带来的损害。当能够得出信托目的无法实现这一结论时，信托目的往往已经遭受到了严重损害。将信托存续违背信托目的这个导致信托目的无法实现的原因单独列为信托效力的终止事由，有助于在信托目的将遭受更大损害之前制止伤害行为，符合信托目的的要求。

而当事人协商终止信托效力的法律规定，笔者认为，这是针对契约信托所作出的规定，在遗嘱信托制度中需要进一步斟酌。契约信托中，受托人、受益人都可在设立信托关系的委托人的意思指导下，对信托效力加以变更或终止。这是对信托设立者意思自治的尊重与保护。但在遗嘱信托关系的存续期间，能够代表委托人意思的只有遗嘱，其他任何人的行为都只可能是对委托人真实意思的解释。在此种情况下，应否赋予受托人和受益人终止信托关系的权利值得探讨。我国《信托法》第53条第4项只规定，经信托当事人协商同意可以终止信托。但是这里所说的当事人是否一定包含委托人、受托人、受益人三方，并未予以具体说明。并且，法条以“当事人”概括之，其用意是将信托债权人等利害关系人包含在内，还是为了简化，认为委托人不存在的情况下该条仍可适用，则不得而知。因此，如何在遗嘱信托下解释与适用该条款应予以明确，问题的关键在于受托人及受益人是否具有依单独意思而终止信托的权利。对此问题各国信托法的态度与规定不一。美国《统一信托法》第411条（a）项中对信托的终止有如下规定：经委托人和全体受益人同意，非慈善性不可撤销信托可以被变更或终止，即使该变更或终止与信托的实质性目的并不一致。 美国《统一信托法》第411条（a）项：“经委托人和全体受益人同意，非慈善性不可撤销信托可以被变更或终止，即使该变更或终止与信托的实质性目的并不一致。委托人同意信托变更或终止的权力可以通过持有代理协议的代理人在代理协议或信托条款明确授权的范围内实施；无上述授权代理人的，可以通过委托人的接管人在获得负责监督该接管关系的法院同意的条件下实施；无上述授权代理人且未指定上述接管人的，可以通过委托人的监护人在获得负责监督该监护关系的法院同意的条件下实施。”并且，委托人的代理人在代理权限内、接管人或监护人在管辖法院的同意下也可以行使属于委托人的同意权。但该条仅在委托人存在代理人的情况下，才可能适用于遗嘱信托。因为该规定要求由委托人和全体受益人同时同意才可终止信托，而遗嘱信托生效后无委托人。所以，当被继承人未指定代理人或者未授予代理人变更、终止信托的权利时不能适用该条。但法律在该条的（b）项中将终止信托的权利单独赋予了全体受益人。其规定：当法院认定一项非慈善性不可撤销信托并非实现信托目的所必要时，经过全体受益人的同意可以被终止。 美国《统一信托法》第411条（b）项：法院认定信托的存续（continuance）并非实现信托的实质性目的所必需时，经全体受益人同意，非慈善性不可撤销信托可以被终止。法院认定信托的变更并非与信托的实质性目的不一致时，经全体受益人同意，非慈善性不可撤销信托可以被变更。因为这是仅赋予全体受益人的权利，所以遗嘱信托可适用该条规定。同样，日本信托法也在一定情形下赋予了受益人终止信托的权利。日本《信托法》第58条规定：“在受益者享受其全部信托利益的情况下，非以信托财产不能偿还其全部债务，或者有其他迫不得已的事由时，法院根据受益者或利害关系人申请，可令其解除信托。”[1]关于该条规定，笔者认为：首先，信托利益本就是受益人享有的利益，不存在全部与部分由受益人享有之分；该条所说“由受益者享受信托全部利益”应是指由受益者享受信托财产全部利益。因为，在一些信托终止时信托财产的本金和收益都由受益者享有，而在有些信托终止时受益者仅享有信托财产收益或其他部分利益。如此分析也可与后文所述“只能用信托财产才能偿清债务”相对应。其次，本条未将解除信托是否符合信托目的作为法院判定的标准，是法律单纯为保护信托受益人及信托财产的债权人或利害关系人所作出的规定。而主要以日本信托法为蓝本的台湾地区“信托法”，在对受益人是否享有终止信托的权利问题上，与日本也持不同观点。按照台湾地区“信托法”的规定，当委托人并非信托唯一的受益人时，委托人和受益人可不考虑受托人的利益共同终止信托。[2]受益人仍没有脱离委托人而单独终止信托的权利。所以，对没有委托人的生效遗嘱信托来说，该条亦不可适用。对于受益人可否单独享有解除遗嘱信托的权利，笔者认为：由受益人解除信托虽符合受益人的利益，但可能不符合委托人设立遗嘱信托的目的。因为，受益人虽是遗嘱信托利益的享有者，但设立遗嘱信托的目的非单纯使受益人获利，否则委托人完全可以将遗产直接分配给受益人而无须交他人管理。事实上，使受益人获得信托利益只是终极目的，通过有效的管理方式达到利益最大化才是设立信托的根本用意。其中包含了诸如担心受益人缺乏管理能力、挥霍财产等多方面的考量。如果允许受益人依自己意思终止信托，这些考量将付诸东流，造成信托目的的失败。因此，受益人不应脱离委托人解除信托。遗嘱信托也不应适用我国《信托法》第53条第4项的规定。

除此之外，信托期限也是导致信托消灭的原因。上文已经说过，被继承人可在遗嘱中对信托期限加以规定，信托将在期限届满时终止。但当委托人没有对信托期限加以规定时，法律是否应作强行性规定，在公益信托和私益信托两种形式下做法不一。对于公益信托，各国法律均未对存续期限作强行

---

[1] 霍玉芬：《信托法要论》，中国政法大学出版社2003年版，第286页，附录四“日本信托法”。

[2] 赖源河、王志诚：《现代信托法论》，中国政法大学出版社2002年版，第248页，附录一“台湾信托法”第64条。

性规定，信托期限的长短完全由委托人决定。而在私益信托中，英美法系和大陆法系的做法不同。英美法系信托制度中存在著名的“反永久归属原则”和“永久蓄积禁止原则”[1]这两种适用于信托制度的原则来源于英美法系对财产所有人永久控制财产权利的禁止。当一项私益遗嘱信托自生效至受益人死亡后21年还未终止时，美国法律规定该信托自受益人死后第22年起效力终止。英国则将遗嘱信托可以存续的期限限定在80年或受益人一生加21年，由委托人任选。但大陆法系国家和地区则没有类似规定，委托人可以按照自己的意愿在遗嘱中选择规定或不规定期限，期限长短也不受法律的强行性约束。

2. 遗嘱信托终止的效果

遗嘱信托终止后，受托人对信托财产的所有权将消灭，信托财产最终应归属于谁成为问题。按照我国《信托法》第54条的规定，遗嘱信托终止后信托财产的归属问题按顺序确定：首先，尊重委托人的意思自治，信托文件对信托财产归属有规定的，从其规定；其次，当信托文件没有专门规定时，信托财产首先归属于受益人或其继承人；最后，当信托文件既无专门规定，受益人及其继承人也不接受或不能接受的，信托财产归属于委托人的继承人。与以上规定一致的还有台湾地区“信托法”。但大陆法系与英美法系在该问题上态度并不一致。英美法系的态度倾向于维护受益人的利益，认为信托的终极目的是使受益人获利，因此在信托文件没有特别规定的情况下应遵循这一目的将信托财产归属于受益人。而大陆法系的态度则倾向于保护委托人的所有权，认为信托财产本就属于委托人，虽为使受益人获得信托利益转移给受托人，但在委托人没有特别说明的情况下应认定受益人只能享有信托文件列明的利益，对没有明确给予受益人的信托财产所有权仍应在信托终止后归属于委托人所有。因此，在大陆法系的日本、韩国等国家，遗嘱信托终止后除遗嘱有规定的，信托财产按继承法由委托人的继承人继承。从两大法系就此问题持有的不同态度可以看出，我国信托法对信托财产的归属问题借鉴了两大法系的不同观点。在受益人利益和委托人所有权之间作出了兼顾二者又倾向于受益人利益的制度选择。

除了信托财产所有权的最终归属问题，信托终止效力何时产生也值得

[1] 赖源河、王志诚：《现代信托法论》，中国政法大学出版社2002年版，第185页。

关注。如果信托自终止事由发生或期限届满即产生终止效力，那么受托人因信托而获得信托财产所有权及管理权能等都将消灭。但受托人只有在信托终止事由发生后才得对信托财产开展清算、整理等工作。当清算、整理、入账等工作完成后才有可能向规定的权利人交付信托财产。也就是说，在信托终止事由发生和所有权转移之间存在一个时间差。如果信托自终止事由成就，即产生终止效力，则信托财产将成为无主物。为避免此种情况，我国《信托法》第55条规定："信托财产的归属确定后，在该信托财产转移给权利归属人的过程中，信托视为存续，权利归属人视为受益人。"台湾地区也有上述规定，并且有学者认为该段期间内存在的信托是一种法定信托，因为此间信托是法律的拟制的结果。笔者也认为如此解释该期间的信托效力较为合理。

五、我国遗嘱信托制度的不足及完善建议

（一）受托人承诺的成立要件不符合遗嘱信托要求

1. 遗嘱信托成立要件存在内部矛盾

遗嘱是被继承人生前对自己身后事务如何安排的意思表示。继承人按照遗嘱要求对被继承人生前财产、事务等进行处理体现了对被继承人意思的尊重。法律在继承制度中明确，遗嘱效力就是对被继承人生前意志延续至身后予以限制他人行为的一种认可。因此，以遗嘱作为设立方式的遗嘱信托，其独立于契约信托的意义就在于，允许委托人按照生前意思利用信托方式实现对固有财产的身后处分。所以，遗嘱信托的设立行为同遗嘱的设立行为属性一致，同为单方法律行为。委托人可以仅以自己意思实现对遗嘱信托的设立。但我国《信托法》第8条第3款却规定：" 采取信托合同形式设立信托的，信托合同签订时，信托成立。采取其他书面形式设立信托的，受托人承诺信托时，信托成立。"该规定将受托人的承诺作为信托成立的必要条件，无疑忽视了遗嘱信托作为单方法律行为所具有的独特性。其实，信托制度属于舶来品，因为在我国主要被运用于商事领域，所以契约信托成为了信托的主要存在形式。但在信托制度的起源地——英国，信托首先是作为单方法律行为而产生的，契约信托才是特殊形式。在英美法系国家，法院不会因为委托人在设立信托时没有选任受托人而否定信托效力，更不会因为受托人不接受信托而判定信托终止。相反，法律设置了一系列受托人选任规则，以避免信托因受托人的空缺而终止。因此，使遗

嘱信托因缺乏受托人的承诺而失去设立的可能，不但不符合信托传统，还侵害了被继承人处分身后事务的权利。

此外，我国信托法存在专门针对遗嘱信托作出的规定，即《信托法》第13条。但将受托人承诺作为信托成立要件的规定造成了该条外部冲突和内部逻辑上的混乱。首先，第13条第1款规定，遗嘱信托的设立应当遵守继承法关于遗嘱的规定。但按照继承法的规定，遗嘱是单方法律行为，这与受托人承诺才成立的第8条规定相冲突。其次，如果按照第8条的规定，没有受托人的承诺，信托关系不能成立。那么以信托关系为基础的，委托人、受托人、受益人的法律地位也均将不复存在。则第13条第2款赋予受益人在受托人拒绝或不能担任受托人时继续选任受托人的权利也丧失了存在的可能。因此，第8条关于信托的设立规定不应该适用于遗嘱信托。

2. 两种解决方案的探讨

（1）第一种解决方案。

修改《信托法》第8条的规定，将作为信托成立要件的受托人承诺删除，恢复信托的单方法律行为性质。

既然作为信托鼻祖的英美法系将设立信托作为一种单方法律行为，那么我国也可考虑将信托恢复依单方意思设立的方法。但是，英美法系如此规定，在于其拥有相对完备的制度设计。例如：法院在信托设立、变更、终止等全过程发挥着重要作用，其可以介入信托关系干预信托管理。在信托设立者没有规定受托人的情况下，法院可依职权判定设立者是否真正具有设立信托的意图，之后确定信托是否得以有效设立。并且，在需要选任受托人的情况下，法院可依职权指定受托人，以其中立者的地位保护委托人的意思和受益人的利益。但综观我国现行法，其基本是以契约信托为基础建立起来的法律制度，更加注重信托当事人的能动作用，而并未赋予法院等司法机关过多介入信托关系的权利。因此，作上述变更并不现实，也不符合信托在我国发展初期的要求。

（2）第二种解决方案。

针对遗嘱信托作特别规定，允许遗嘱信托与遗嘱同时成立。即在第8条中将遗嘱信托从“其他书面形式设立的信托”中独立出来，单独规定遗嘱信托自遗嘱成立时成立。或者借鉴《韩国信托法》第 2 条，规定信托可依委托人的遗嘱而设立。[1] 这样，既避免了对现有信托法契约基础的动摇，又实现了对遗嘱信托依单方意思设立的法律认可。

遗嘱信托为纯粹的单方行为，则被继承人之外其他人的意思不能影响信托的有效成立。如此便存在受托人于委托人生前不知信托事项与委托人死后拒绝接受信托的可能。也就是我国《信托法》第13条《中华人民共和国信托法》第13条。所涉及的情况。笔者认为，既然信托法已专门就受托人拒绝或无能力接受信托时，新受托人的选任问题予以了规定，那么就侧面佐证了受托人不承诺接受，遗嘱信托仍然有效的事实。即，遗嘱信托的有效设立与否与受托人是否接受信托无关。至于受托人拒绝或无能力接受信托时，受托人的再选任问题，第13条已经作出了详细规定。虽然，对于委托人为防止受益人肆意挥霍财产所设立的遗嘱信托或防止受益人的监护人干预遗产使用等情况所设立的遗嘱信托，由受益人或其监护人直接选任新受托人可能与设立遗嘱信托的目的在一定程度上产生冲突，但法律尊重民事主体的意思自治，允许由委托人于设立遗嘱信托时就对受托人空缺后的再选任问题作出特别要求。遗嘱信托生效后，也首先尊重委托人的遗愿，依照其特别要求予以实施。但如果委托人未在遗嘱中作特别规定，就不宜对委托人的意思进行推定，只能视其对新受托人的选任不存在特别要求，允许由受益人或受益人的监护人确定新受托人人选。此时，即按照第13条的规定，由受益人或其监护人选任。

（二）登记生效的制度设计不符合遗嘱信托要求

1. 遗嘱信托登记制度的现状

遗嘱信托应当自遗嘱生效，即委托人死亡时生效。但我国《信托法》第10条对信托的生效设置了特别条款，将其与信托财产的转移公示相连接。该条规定："设立信托，对于信托财产，有关法律、行政法规规定应当办理登记手续的，应当依法办理信托登记。未依照前款规定办理信托登记的，应当补办登记手续；不补办的，该信托不产生效力。"即，如果以房屋、船舶等转移需要办理登记手续的财产作为信托财产时，没有办理信托登记、对财

[1] 霍玉芬：《信托法要论》，中国政法大学出版社2003年版，第294页，附录六"韩国信托法"第2条："信托可根据委托者与受托者签订的契约，或者委托人的遗嘱而设立。"

产上设立信托的事实进行公示的，信托不得生效。[1]但法律仅规定了哪些财产应办理信托登记，登记由谁提出申请进行办理法律却没有进一步的具体要求。在契约信托中，办理信托登记的相关手续既可以由委托人完成，也可以由受托人完成。但在遗嘱信托中，无论是由委托人还是由受托人进行办理，都将因第10条的规定成为不可能达成的任务。当办理信托登记的任务由委托人承担时，登记手续只能在委托人生前由其以遗嘱为信托文件办理有关手续。但遗嘱在委托人存活时可随意被更改、撤销。新的遗嘱一旦设立，旧遗嘱就作废。即使是经过公证的遗嘱在同样经过公证手续的新遗嘱成立时也自动作废。遗嘱只有在委托人死亡时才可能真正确定其内容和效力。所以，作为遗嘱信托委托人的被继承人生前所持的任何一份遗嘱都是效力未定的。而委托人不能以一份效力未定的文件对不知何时生效也不知是否会被更改的信托进行信托登记。当办理信托登记的任务由受托人承担时也面临着类似问题。区别仅在于，此时并非遗嘱没有生效，而是信托没有生效。按照第10条的规定，应办理登记手续的财产没有按规定进行信托登记的，设立在该财产上的信托不生效。如此便造成了信托登记以生效信托为前提，生效信托以信托登记为前提的悖论。

2. 解决登记制度所存问题的方案

笔者认为，从信托财产独立性角度出发。信托财产所具有的不受强制执行、不归入清算财产、不抵销债务等特性都对信托关系外的利害关系人意义重大。例如：委托人用设立了信托的财产为他人提供担保，但因该财产不受强制执行而无法实现担保权利。如果担保权人对财产的信托属性事前并不知情，那么他将遭受巨大损失。因此，法律应当为信托财产设立公示制度，使信托关系外的第三者了解信托财产性质，避免利益受损。但因为现有的登记生效规定不能满足遗嘱信托的需要，所以可以借鉴日本和我国台湾地区的做法，将我国如今实施的信托登记生效主义改为登记对抗主义。即将第10条中“不补办的，该信托不产生效力”改为“不补办的，不得对抗善意第三人”。如此一来，不但实现了对特殊财产的信托公示、对利害关系人的保护，还解决了上述矛盾。在登记对抗主义的规定下，受托人申请信托登记也

---

[1] 扈纪华、张桂龙主编：《〈中华人民共和国信托法〉条文释义》，人民法院出版社2001年8月版，第61页。

不会再陷入悖论，其可以成为遗嘱信托财产的登记申请人。此外，登记对抗主义相较登记生效主义，在对利害关系人的权利维护上还存在一定差距，所以建议增加受托人在利用信托财产为投资、运用、交易时的示明义务，以及未履行该义务所应承担的法律责任。

（三）信托财产权属不明

1. 现行信托法对信托财产的权属问题界定模糊

从英国人创立信托制度时起，信托财产所有权在委托人和受托人之间的移转就是一大特色。可以说，委托人对信托财产的移转是信托制度得以发挥其高效、灵活、高收益等特点的基石。虽然在移植信托制度时，大陆法系所有权制度遭遇了英美法系中普通法和衡平法共存的冲突，但在长期的理论探讨和论证过程中，信托财产所有权于信托存续期间属于受托人的观点已基本得到学界公认。而我国《信托法》在第2条中将信托定义为："是指委托人基于对受托人的信任，将其财产权委托给受托人，由受托人按委托人的意愿以自己的名义，为受益人的利益或者特定目的，进行管理或者处分的行为。"即我国在立法时仍为了规避所有权转移事实可能带来的风险，最终选择运用"委托"这一模糊概念对信托进行定义。这样的定义方式不免使我国信托财产陷入权属不明的状态，也将在信托事务的实际开展中给受托人带来麻烦。实际上，纵观我国《信托法》全文，其在第14条中已变相承认了受托人对信托财产享有的权利是所有权。该条规定："受托人因承诺而取得的财产是信托财产。"笔者认为在法律语言环境下，只有财产所有权的转移可以称为"取得财产"。既然如此，在对信托定义时可以描述得更加明确些。

2. 解决信托财产权属模糊的方案

在现有的定义中，将"委托"这一模糊概念改为"转移"等可以彰显信托财产所有权转移的词语。在法律层面上肯定委托人对信托财产所有权的转移事实，使得受托人在对信托事务进行管理运用、处分的过程中可以充分发挥其专业、谨慎、善良管理人等主观能动性，以此实现对受益人利益最大化的间接支持。

甚至可以进一步明确信托财产权所具有的独特地位，同上文对受益权性质进行的论述中所述，将信托财产权作为独立的财产权概念予以使用。如此，在物权法定主义的我国，就需要在物权法框架内专门对信托财产权予以规定。但以我国现有的信托业发展和普及程度来看，通过信托业的崛起撼动现有的物权种类划分，至少还有很长的一段路要走。

明确受托人对信托财产的所有权无疑扩大了受托人的权利，也在一定程度上增加了受益人及利害关系人的风险。因此，在确认信托财产转移的基础上，还应当注意对受托人行为加以规制以及对受益人和利害关系人的保护。

（四）缺乏对继承法下特留份制度的衔接规则

1. 现有规定存在的问题

我国继承法对遗嘱的有关规定中，特别设立了特留份条款，即“遗嘱应当对缺乏劳动能力又没有生活来源的继承人保留必要的遗产份额。遗产分割时，应当保留胎儿的继承份额。胎儿出生时是死体的，保留的份额按照法定继承办理”《中华人民共和国继承法》第19条、第28条。。而《信托法》第13条又规定：“设立遗嘱信托，应当遵守继承法关于遗嘱的规定。”所以，在我国设立遗嘱信托时应当注意为缺乏劳动能力又没有生活来源的继承人和未出世的继承人留出必要份额。这既是实现法律保护弱者目的的要求，也是避免遗嘱信托违法而被归于无效的要求。但由于遗嘱信托制度是以继承法和信托法两部法律相互配合完成的法律规范，对于有些问题的界定可能存在一定的疏漏或不明确的地方。例如，被继承人在遗嘱中将其全部遗产分为两部分处理，一部分设立遗嘱信托，另一部分直接作分配处理。且在被继承人的继承人中存在缺乏劳动能力又没有生活来源的继承人。但遗嘱通篇均未对特留份人群预留出必要的遗产份额。按照我国最高人民法院《关于贯彻执行〈中华人民共和国继承法〉若干问题的意见》第37条 最高人民法院《关于贯彻执行〈中华人民共和国继承法〉若干问题的意见》第37条：“被继承人未保留缺乏劳动能力又没有生活来源的继承人的遗产份额，遗产处理时，应当为该继承人留下必要的遗产，所剩余部分，才可参照遗嘱确定的分配原则处理。”中的规定，该遗嘱只能在除去特留份的剩余遗产范围内继续适用。那么应在遗嘱信托财产范围内、遗嘱继承财产范围内还是全部财产范围内除去特留份额呢？现有法律并没有对此予以规定。但该问题关系着有效遗嘱信托财产范围、遗嘱信托稳定性等问题，应当予以明确。所以为了避免继承法和信托法存在的衔接问题，应在信托法中对遗嘱信托的特留份问题作出专门规定。

2. 特留份问题的解决方案

笔者认为，为特定人群预留出必要遗产份额，是我国法律公平原则的具体要求，无论在继承法领域还是信托法领域均应得到遵守。但如何为该部分人群分配必要遗产，应当具体问题具体分析。当被继承人以其全部遗产设立遗嘱信托时，应当将缺乏劳动能力又没有生活来源的继承人或胎儿继承人作为信托受益人之一。如此便实现了法律对继承人的保护目的，不再受特留份制度的限制。如果未将二者指定为受益人，为实现对继承人权益的保护，法律可以选择将二者强制列为受益人或者在信托财产中剔除特留份额两种做法。但强制添加受益人的方法在实际操作中难以实现。因为一般情况下，信托财产如何管理、信托利益如何分配被继承人会有明确安排。如果强制添加受益人，将破坏被继承人的意思，造成信托目的的模糊，给受托人的管理、处分行为造成麻烦。而第二种处理方法只要将特留份扣除并分配给应有者即可，相较前一种做法更易操作也更易实现，是处理上述问题的首选。当被继承人以部分遗产设立信托时，只要将缺乏劳动能力又没有生活来源的继承人或胎儿继承人作为信托受益人之一，或者在未设立信托的遗产范围内为其留出必要份额即可。但当遗嘱没有如此规定时，笔者认为，应当首先尊重被继承人为特定受益人为信托设计的意思，作出于有利于信托目的继续实现的选择，将特留份额先在非设立信托的财产范围内予以扣除。

（五）我国遗嘱信托制度缺乏对监察人的设立

1. 现有法律在该问题上存在规范漏洞

我国现有信托法仅要求遗嘱信托在设立阶段须明确受益人或受益人范围。即法律允许被继承人在设立遗嘱信托时只指定受益人的范围，至于该受益人在设立信托或信托生效时是否存在或者是否能够确定并不要求。在这一前提下，就有可能出现遗嘱信托已生效，但信托受益人还未能确定、受托人还不能向特定受益人交付信托收益的情形。此时，遗嘱信托的委托人已经死亡，永久地退出了信托法律关系，受益人又没有确定，整个信托法律关系中实际只存在受托人一方。如果委托人指定了多个受托人，则受托人之间还有可能形成相互牵制的机制。但如果其只指定了单个受托人，则受托人的行为不能得到委托人及受益人的监督，将形成对受托人监管的真空。即使之后委托人在受益人确定时发现受托人于受益人空缺期间存在违反信托目的、信托义务等不当行为造成受益人利益损害，而要求其承担赔偿责任，但损害已经造成，且在信托事务的管理过程中有些不当行为对受益人造成的损害是难以恢复或难以估量的。无论受益人如何主张都只能停留在事后救济层面，这对受益人利益的保护力度是远远不够的，对于受托人行为的规制也是远远不够的。所以，在受益人尚不能确定或尚不存在期间，法律需要引入信托关系外主体对受托人的行为进行监督，代替受益人履行其本应享有的维护自身利益的权利。

2. 弥补监督缺漏，设立遗嘱信托制度下的信托监察人制度

我国在公益信托中建立了信托监察人制度，所以在遗嘱信托为公益设立时无须再另行引入信托监察人制度。需要进一步完善的是将信托监察人制度引入私益遗嘱信托中。在受益人于私益遗嘱信托生效时已确定且存在的情况下，允许委托人生前自行选择设立或不设立信托监察人。当受益人在私益遗嘱信托生效时尚不能确定或尚不存在时，可以设立两种不同的引入机制，实现信托监察人对受托人行为的监督。其一，法律强制引入机制：由法律明确规定在该种情况下应当设立信托监察人，并允许法院依职权直接指定信托监察人。其二，依申请引入机制：由利害关系人向法院提出设立信托监察人的申请，法院依申请对是否设立监察人及信托监察人的人选作出判定。虽然在公益信托中，信托法并未将监察人的选任权赋予法院，而是赋予了同样具有中立地位的公益事业管理机构，但在私益信托中，因不存在除法院外相对中立的事务管理机构，且由法院承担选任监察人的职责更符合信托目的的要求和受益人利益的要求，所以笔者认为赋予法院一定的管辖权较为可取。至于信托监察人在职责期间享有哪些权利及相应义务，笔者认为，应参照受益人的有关权责，在受益人无法实现其合法权利时，由信托监察人在非专属性权利的范围内代为行使。

六、结　语

遗嘱信托制度在妥善处理被继承人遗产方面有着目的明确、方式灵活、减少纠纷等众多优点，是可以满足当今我国在继承实务领域需求的一种新制度。我国2001年颁布的信托法中，虽然已经将遗嘱作为设立信托的方式之一，但是遗嘱信托制度的法律构建并不完善。在针对契约信托而设置的众多信托法相关规定中，专门针对遗嘱信托制定的规则少之又少。对遗嘱信托依单方法律行为即可设立的特点，并未与契约信托相区分，差异也未受到足够重视。这使得遗嘱信托在适用《信托法》各项规定时易因逻辑混乱而遭遇难题。而《信托法》与《继承法》《物权法》之间在有关规定存在的衔接不畅等问题，也阻碍了遗嘱信托的实际运用。最终导致遗嘱信托制度在我国呈现

出理论上有，而实践中无的尴尬局面。

本文从遗嘱信托的定义出发，层层剖析遗嘱信托制度较一般契约信托制度存在的异同及制度原貌，力图根据遗嘱信托的特点找寻我国立法的不足之处，并以遗嘱信托在现有法律环境下的实际运用为出发点，对该制度存在的问题提出解决方案，希望能够通过在法律制度层面上的不断完善，逐步激发遗嘱信托在我国民事领域的活力，将信托制度的优势充分利用在我国财产继承领域。

《首都法学论坛》征稿启示

一、刊物简介

《首都法学论坛》系首都经济贸易大学法学院主办、知识产权出版社出版的正规学术出版物，每年公开出版1~2卷，主要发表法学各领域的研究成果。

《首都法学论坛》既发表各类法学前沿学术作品，也欢迎研究现实法律问题的成果，希望海内外同仁踊跃投稿，不吝赐教。

二、来稿规范

鉴于学术研究统一规范化的要求以及编辑工作的需要，对来稿提出以下几点要求。

1.标题名称。请用宋体4号字格式，并居中。

2.作者名称。请用宋体5号字格式，居中，并用上标星号（*）作为介绍作者注释的标志，在脚注中注明作者姓名、工作单位、职称。

3.摘要、关键词。稿件正文之前请附论文中文摘要（300字左右）、关键词（2~5个）。

4.注释。正文注释一律采用脚注，小5号宋体，每页重新编号，并采用①②③等形式。论文不区分注释与参考文献。

5.注释体例如下：

著作类：作者：《书名》，出版社第几年版，第几页。（前无须“参见”，多个作者中间用顿号，连续页码之间用“~”）

论文类：作者：《文章名》，所载出版物第几年，第几期。

网站类：作者：《文章名》，网站网址，于某年某月某日访问。

外文著作：参照学界通用格式。

6.基金项目。本刊欢迎各类基金项目研究成果。获得基金项目资助的论文应对基金名称、项目名称、项目编号等做出明确标识。

7.文本格式。来稿请用电子稿，A4版面，Word98以上格式，正文采用5号宋体字。

8.来稿篇幅。来稿一般不少于5000字，不超过3万字，优秀稿件可以例外。

三、评审规则

《首都法学论坛》实行责任编辑初审、编委会审定制度。如作者不同意对提交的稿件进行修改或者有特殊要求，请明确提出；否则，本刊编辑部有进行相应修改的权利。

四、来稿须知

1.为了便于本出版物编辑部与作者联系，请于来稿中请详细注明作者的联系方式（电话、电子邮箱）和具体通信地址。

2.除非本出版物事先同意并接受已发表作品，来稿请勿一稿多投。

3.来稿引用的数据、材料请自行核实，文责自负。由于一稿多投及抄袭剽窃所产生的有关法律责任由作者独自完全承担，与本刊概无关。

4.稿件请直接发往本出版物编辑部信箱。

5.本出版物在收到稿件后1个月内决定是否采用，届时未收到通知者即可他投。来稿一律不退，请自留底稿。

五、投稿联系方式

投稿专用邮箱：lawcueb@163.com

《首都法学论坛》编辑部

2015年7月